논어

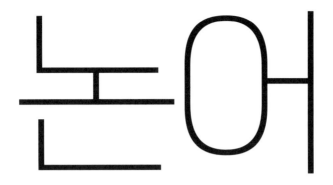

논어

읽고 또 읽어야 할 불멸의 고전

권경자 역해

論語

메이트북스

메이트북스 우리는 책이 독자를 위한 것임을 잊지 않는다.
우리는 독자의 꿈을 사랑하고,
그 꿈이 실현될 수 있는 도구를 세상에 내놓는다.

논어

초판 1쇄 발행 2019년 4월 5일 | **역해자** 권경자
펴낸곳 ㈜원앤원콘텐츠그룹 | **펴낸이** 강현규 · 정영훈
책임편집 안미성 | **편집** 김하나 · 이수민 · 김슬미 · 최유진
디자인 최정아 | **마케팅** 한성호 · 김윤성 | **홍보** 이선미 · 정채훈 · 정선호
등록번호 제301-2006-001호 | **등록일자** 2013년 5월 24일
주소 04778 서울시 성동구 뚝섬로1길 25 서울숲 한라에코밸리 303호 | **전화** (02)2234-7117
팩스 (02)2234-1086 | **홈페이지** www.matebooks.co.kr | **이메일** khg0109@hanmail.net
값 17,000원 | **ISBN** 979-11-6002-205-6 03140

이 도서의 국립중앙도서관 출판시도서목록(CIP)은 e-CIP홈페이지(http://www.nl.go.kr/ecip)에서
이용하실 수 있습니다.(CIP제어번호: CIP2019001153)

어려서부터 가장 감명받아 좌우에 두는 책을 들라면
서슴지 않고 『논어』라고 말할 수밖에 없다.
나라는 인간을 형성하는 데
가장 큰 영향을 미친 책은 바로 『논어』다.
나의 생각이나 생활이 논어의 세계에서
벗어나지 못한다고 해도 오히려 만족한다.

• 이병철 삼성그룹 창업주의 자서전 「호암자전」 중 •

『논어』,
내 인생의 나침반

·

·

·

어린 시절 아버지는 내게 작은 나침반을 사주셨다. 늘 바늘 끝이 떨고 있는 나침반은 방향이 바뀔 때마다 작은 원 안에서 크게 요동치다가 이내 붉은 바늘 끝이 북쪽을 가리키고는 미세하게 흔들렸다. 나침반을 들고 방향을 바꾸며 노는 것은 의외로 재미있었다. 오래전 신영복 선생님의 『지남철』을 읽으며 잊고 있던 내 나침반이 떠올랐다. 떨림을 멈추지 않은 채 북쪽을 가리키려 애쓰던 내 나침반은 어디에 있을까?

『논어』는 어릴 적 내 나침반과 같다. 살면서 흔들릴 때마다 지향해야할 방향을 가리켜주는 내비게이션이며, 걸어야 할 길이다. 거기에는 인간의 삶과 이야기가 있으며, 그 중심에 위대한 스승 공자가 있다.

공자는 굴곡진 역사 속에서 때론 찬사를 받기도 하고, 때론 공허한 공

론만을 일삼는다는 오해와 비난도 받았다. 동아시아의 역사와 정치, 사회와 문화 전 영역에 걸쳐 큰 영향을 미쳤음에도 오해와 몰이해 그리고 무관심 속에서 그 가치를 인정받지 못하던 때도 있었다. 그런데도 때와 시대를 넘어 공자와 『논어』는 늘 우리 곁에 있었다. 제대로 모르는데도 아는 것 같고, 읽지 않았는데도 읽은 것 같은 책이 『논어』이며, 알지 못해도 몇 마디 입에 올릴 수 있는 말이 '공자님 말씀'이었다. 『논어』와 공자는 그렇게 우리와 함께했다.

21세기가 열리면서 『논어』는 화려하게 부활했다. 어느 순간 『논어』가 인문학의 정수精髓로 꼽히면서 기업의 조찬 모임, 학교, TV, 각 문화센터에서 『논어』 강의 열풍이 불기 시작했다. 그와 함께 공자에 대한 관심도 일어났다. 이상적이지만 비현실적이고, 이론은 좋지만 실천이 따르지 않는 인물로 낙인 찍혔던 그가 실천적이고 진보적이며 현실적인 이상적 인물로 거듭났다.

2,500년 전 어지럽고 혼란한 세상에서 사람과 존재에 대해 질문하고, 세상의 몰이해 속에서도 길을 내던 공자의 삶이 현실의 우리가 걸어야 할 길임을 깨닫게 된 것이다. 그는 우리보다 먼저 방황하고, 고민하고, 깨달은 선각자였다. 그는 사람이 어떤 존재인지, 어떻게 살아야 하는지, 고뇌하고 질문하며 답을 찾았다. 길과 방향을 가리키는 그의 떨림은 이제 우리가 걸어야 할 길이 되었다.

그 길은 단조로우면서도 깊이가 있고, 조용하면서도 울림이 있다. 또한 가슴을 뛰게 하기도 하지만 조용히 자신을 돌아보게 한다. 앞으로만 나갈 수 없을 때 간간히 발을 멈추고 그 이야기에 귀를 기울이노라면 세월을 넘어 하나가 된다. 켜켜로 쌓인 세월을 꿰는 공감대가 낯설기도 하지만 익숙하기도 하다. 그래서 쉽게 빠져든다. 한 발 한 발 내디딜수록 깊어진다. 우리가 『논어』를 읽어야 할 이유다.

이 책은 원문을 최대한 현대어에 가깝게 직역한 후 단어를 풀이하고, 이해를 돕기 위해 간단히 강을 붙였다. 원문의 장은 주자朱子의 『논어집주論語集註』를 따랐으며, 정약용의 『논어고금주論語古今註』, 성백효 역주의 『논어집주』, 유교문화연구소의 『논어』, 이기동의 『논어강설』과 남회익, 김원중, 김형찬, 배병삼, 리쩌허우 등이 쓴 각각의 『논어』와 H.G.크릴, 천웨이핑, 이덕일이 쓴 공자에 관한 평전의 도움을 받았다. 이 자료들은 어떤 식으로든 내 글에 묻어 있을 것이다. 그리고 『맹자』『대학』『중용』『서경』『시경』『주역』『춘추』『사기』『공자가어孔子家語』 등에서 힘을 얻었다. 이 책을 마칠 수 있었던 것은 시공時空을 넘어 길을 열어준 스승들이 있어 가능했다. 모든 분들에게 감사드린다.

권경자

『논어』는 살면서 흔들릴 때마다 지향해야 할
방향을 가리켜주는 내비게이션이며, 걸어야 할 길이다.
거기에는 인간의 삶과 이야기가 있으며,
그 중심에 위대한 스승 공자가 있다.

차례

일러두기

1. 『논어』를 접하는 사람들이 읽기 쉽고, 이해하기 쉽도록 하는 것에 초점을 두고, 직역에 충실하면서 필요에 따라 뜻을 해치지 않는 범위 내에서 의역하였습니다.

2. 한자를 모르더라도 원문을 읽을 수 있도록 음을 붙이고, 토를 달았습니다. 본문의 토는 인조 9년(1631년)에 간행한 경진신간庚辰新刊 내각장판內閣藏板을 위주로 하였고, 필요에 따라 조정하였습니다.

3. 각 편마다 편을 관통하는 제목을 붙이고, 각 장에도 제목을 붙였습니다.

4. 장이 길거나 각 문단의 설명이 필요한 경우에는 장을 나누었습니다.

5. 각 장마다 간단한 강講을 붙여 이해를 돕도록 하였습니다.

6. 이 책에서 사용한 몇 가지 부호는 다음과 같습니다.

　『　』: 서명, 「　」: 편명, (　): 문장의 뜻을 명확하게 하기 위한 접속사나 부연 설명, [　]: 참고 원어 및 한자.

제1편

학이
學而

· · · ·

배움, 사람의 길

· ·

학이편은 『논어』 전체를 아우르는 글이다. 학이편에
는 학學·인仁·군자君子·성찰省察 등 공자 사상의 핵심이
응축되어 있으며, 무엇보다 유교적 존재에 대한 지향
이 담겨 있다. 주자朱子는 학이편을 "인간의 길로 들
어서는 문이요, 덕을 쌓기 위한 터전[적덕지기積德之
基]"이라고 했다. 즉 '배운 사람'이 아닌 지금 여기에
서 '배우는 사람' '배우는 과정 속의 사람' '배움을 통
해 자신을 변화시키는 사람'에 대한 추구와 '어떻게'
에 대한 고민이 담겨 있다. 그것은 배움의 기쁨과 연
결되어 삶의 길잡이가 된다. 모두 16장이다.

1. 군자다운 사람

子曰 學而時習之하니 不亦說乎아 有朋自遠方來하니 不亦樂乎아 人不知
자왈 학 이 시 습 지   불 역 열 호   유 붕 자 원 방 래   불 역 락 호   인 부 지

而不慍하니 不亦君子乎아
이 불 온   불 역 군 자 호

국역 배우고 때에 맞추어 익히니 기쁘지 아니한가? 벗이 먼 곳에서
도 찾아오니 즐겁지 아니한가? 남들이 알아주지 않아도 성나지 않으니
군자답지 아니한가?

글자풀이 子 선생님. 남자에 대한 미칭美稱. 子曰 "공자께서 말씀하셨다."를 의미
하는데, 성스러운 덕[성덕聖德]이 스승의 모델이 되었기에 '자왈'은 공자를 가리킨다. 學
가르침을 받다. 본받다. 배우다. '배우다'는 '배다'에서 파생한 단어로 '스며들다'라는 의
미가 있다. 時 때에 맞게. 而 접속사. 習 배운 것을 익혀서 행하다. 거듭하다. 주자는
새가 나는 것에 비유하였는데, 아기 새가 숱한 날갯짓을 통해 날게 됨을 의미한다. 之
타동사의 목적어. 習의 목적어로 쓰인다. 不 동사나 형용사 부정. 亦 또한. 역시. 어

찌. '不亦'은 긍정의 반문구反問句. '乎'와 연결되어 '~하지 않은가'라는 긍정으로 쓰인다. 說 열悅과 같다. 가슴 속에서 우러나오는 기쁨 의미. 有 조음소. 한 글자 단어에 붙여 두 글자를 만들어 음률을 부드럽게 한다. 朋 벗, 친구. 주자는 동류同類, 공양전公羊傳에서는 동문同門, 주례周禮의 주에서는 동사同師, 율곡栗谷은 동지同志, 다산茶山은 "뜻이 같고 의가 합하는 사람[지동이의합자志同而意合者]"이라고 했다. 自 ~로부터. 方 장소. 지방의 공간적 개념과 방금·이제·바야흐로로의 시간적 개념으로 쓰이는데, 여기서는 두 의미가 다 가능하다. 樂 함께 즐거워하는 것. 人 일반적으로 '사람'이라는 뜻으로 쓰이지만, 여기서는 나의 상대개념인 '남'으로 쓰였다. 慍 성나다. 흔히 '성내다'로 해석하는데, 이는 노여움을 품었지만 드러내지 않는 것이니 속과 겉이 다른 자다. 군자는 안과 밖이 여일한 사람으로, 불온不慍은 남들의 시선과 평가에 동요되지 않음을 의미한다. 君子 위정자. 지위에 있는 자. 공자는 덕이 있는 자를 군자라고 해 군자의 의미를 바꾸었다. 여기서는 형용사로 쓰여서 '군자답다'로 해석해야 한다.

강講　배움으로 자신을 닦고 남에게 선한 영향력을 끼치며 묵묵히 제 길을 가는 사람이야말로 군자라 할 수 있다. 이 문장은 이상적 인간인 군자가 지향해야 할 총론적 선언이다.

2. 인을 행하는 근본

有子曰 其爲人也孝弟요 而好犯上者鮮矣니 不好犯上이요 而好作亂者未之
유 자 왈　기 위 인 야 효 제　　이 호 범 상 자 선 의　　불 호 범 상　　　이 호 작 란 자 미 지
有也니라 君子는 務本이니 本立而道生하나니 孝弟也者는 其爲仁之本與인저
유 야　　군 자　무 본　　본 립 이 도 생　　　효 제 야 자　기 위 인 지 본 여

국역　유자가 말했다. "그 사람의 됨됨이가 부모에게 효도하고 어른들을 공경하면서 윗사람 해치는 것을 좋아하는 사람은 드물다. 윗사람

해치는 것을 좋아하지 않으면서 난을 일으키기 좋아하는 자는 없다. 군자는 근본에 힘쓰니, 근본이 확립되면 도가 생겨난다. 효도와 공경은 그 인을 행하는 근본일 것이다."

有子 공자의 제자인 유약有若. 유는 성姓이고 이름은 약若이며, 자字는 자유子有다. 爲人 사람의 됨됨이. 弟 동생. 동생의 마음으로 형을 섬긴다는 의미에서 '공경하다' '우애가 있다'로 해석한다. 犯上 윗사람을 해치다. 윗사람에게 덤비다. 鮮 적다. 드물다. 作亂 어기고 거스름, 즉 시역弑逆과 반역反逆. 난을 일으키다. 未之有 미유未有. 아직 ~있지 않다. 務 힘쓰다. 本 근본. 道 방법. 仁 사랑의 원리. 나를 미루어서 너와 하나 됨. 爲仁 인을 행하다. 與 추측의 뜻을 나타내는 조사.

강講 부모에게 효도하고 어른들을 공경하는 사람이라면, 그 마음을 넓혀서 모든 사람을 사랑하고 따뜻하게 대할 것이다. 이 때문에 효도와 공경이 인을 행하는 근본이 되니, 군자가 효제를 갖추어 근본을 확립할 때 안정된 나라를 이룰 수 있다.

3. 교언영색과 인

子曰 巧言令色이 鮮矣仁이니라
자 왈 교 언 영 색   선 의 인

국역 공자께서 말씀하셨다. "말을 교묘하게 하고, 얼굴빛을 상냥하게 꾸미는 사람 중에는 인한 사람이 드물다."

글자풀이　巧 듣기 좋게 꾸미다. 교묘하다. 말의 이중성. 令 상냥하고 보기 좋게 꾸미다. 표리부동. 鮮 드물다. 矣 긍정문이나 상황의 실현을 나타내는 어조사.

강講　듣기 좋은 달콤한 말과 상냥하고 보기 좋게 꾸민 얼굴을 싫어하는 사람은 없다. 하지만 조심해야 한다. 자신의 욕심과 야망을 위해 말과 얼굴을 꾸미는 경우가 많기 때문이다. 그것은 인과 비슷하지만 인이 아니다.

4. 성찰의 세 거울

曾子曰 吾日三省吾身하노니 爲人謀而不忠乎아 與朋友交而不信乎아 傳不習
증 자 왈 오 일 삼 성 오 신　　위 인 모 이 불 충 호　　여 붕 우 교 이 불 신 호　　전 불 습

乎아니라
호

국역　증자가 말했다. "나는 날마다 세 가지로 나 자신을 살핀다. 남을 위해 일을 도모하면서 진실한 마음으로 하지 않았는가? 벗과 사귀면서 신실한 마음으로 하지 않았는가? (선생님께) 전수받은 것을 익히지 않았는가?"

글자풀이　曾子 공자의 제자. 이름은 삼參이며 자字는 자여子與다. 노나라 사람으로 공자보다 46세 아래다. 謀 도모하다. 꾀하다. 忠 진정성. 진실한 마음. 信 신실한 마음. 미더움. 傳 스승의 가르침. 習 익숙해져서 자연스럽게 행하는 것.

강講　거울을 통해 외면을 살피듯 내면을 살피는 거울이 있어야 한다.

증자는 충忠·신信·습習 세 가지를 거울로 삼아 늘 자신의 내면을 살핌으로써 공자의 도를 후세에 전하는 공을 세웠다.

5. 통치자의 자세

子曰 道千乘之國하되 敬事而信하며 節用而愛人하며 使民以時니라
자 왈 도 천 승 지 국　　 경 사 이 신　　 절 용 이 애 인　　 사 민 이 시

국역 　공자께서 말씀하셨다. "천승의 나라를 다스리는 방법은 나랏일을 경건하게 하고 (백성들의) 신뢰를 얻으며, (국가재정을) 절도 있게 쓰고 인재를 아끼며, 백성을 부리되 때에 맞게 해야 한다."

글자풀이 　道 다스리다. 인도하다. 도導와 같음. 千乘 제후의 나라. 병거兵車 천승千乘을 낼 수 있는 나라. 乘 4필의 말이 끄는 전차戰車. 1승一乘에 갑사甲士 3인, 보졸步卒 72인, 그 외 25인으로, 도합 100인으로 구성되었다. 敬 경건함을 유지하다. 마음을 진실되게 하는 것. 하나에 몰두해 다른 생각이 끼어들지 않도록 집중하는 것. 절용節用 국가의 재정을 절약하다. 人 인재. 군자. 민民과 구별된다. 民 백성. 時 농사짓는 사이의 틈. 농한기.

강講 　통치자의 경건한 자세는 백성들의 신뢰를 끌어낸다. 국가의 재정을 절도 있게 씀으로써 국가와 백성들의 삶을 풍요롭게 하고, 인재들을 아껴 역량을 발휘할 수 있도록 하며, 백성들의 때를 소중히 여긴다면 통치는 절로 될 것이다.

6. 공부의 순서

子曰 弟子入則孝하고 出則弟하며 謹而信하며 汎愛衆하되 而親仁이니 行有餘
자왈 제자입즉효   출즉제   근이신   범애중   이친인   행유여

力이어든 則以學文이니라
력   즉이학문

국역 공자께서 말씀하셨다. "자제들은 집에 들어와서는 부모에게 효
도하고, 나가서는 어른들을 공경하며, (행동은) 신중하게 하고, (말은)
믿음직스럽게 하며, 널리 사람들을 사랑하되 인한 사람과 친해야 한다.
(이러한 것을) 행하고서 남은 힘이 있거든 글을 배운다."

글자풀이 弟子 아우와 자식. 謹 신중하고 공손하게 행동하는 것. 행실에 떳떳함
이 있는 것. 信 말이 믿음직스럽고 성실한 것. 汎 널리. 衆 여러 사람. 많은 사람. 親 하
나 되다. 친하다. 文 글. 시서詩書와 육예六藝의 문文.

강講 공부는 사람다운 사람이 되는 길이다. 먼저 자식의 도리를 행하
고, 어른들을 공경하며, 행동과 말을 신중하고 믿음직스럽게 하여 신뢰
를 얻고, 사람들을 사랑하되 인한 사람을 가까이 한다면 사람다운 사람
이 될 수 있다. 그런 뒤 글을 익혀야 한다. 먼저 인성을 갖춘 후 글을 배
우는 것, 이것이 공부의 순서다.

7. 행함이 배움이다

子夏曰 賢賢하되 易色하며 事父母하되 能竭其力하며 事君하되 能致其身하며
자 하 왈 현 현　　역 색　　사 부 모　　능 갈 기 력　　사 군　　능 치 기 신

與朋友交하되 言而有信이면 雖曰未學이라도 吾必謂之學矣라하리라
여 붕 우 교　　언 이 유 신　　수 왈 미 학　　오 필 위 지 학 의

국역　자하가 말했다. "어진 이를 어진 이로 대하기를 이성을 좋아하
듯이 하며, 부모를 섬길 때는 그 힘을 다하고, 임금을 섬길 때는 자신을
바치며, 벗과 사귈 때 말에 믿음직함이 있으면 비록 아직 배우지 못했다
고 말하더라도 나는 반드시 그를 배웠다고 평가하겠다."

글자풀이　子夏 공자의 제자로 성姓은 복卜. 이름은 상商. 자하는 그의 자字다. 賢
어질게 여기다. 존경하다. 易 바꾸다. 色 여색. 이성에 대한 사랑. 竭 다하다. 致 바치
다. 謂 평가하다. 之 그. 대명사.

강講　배움은 몰랐던 것을 알게 하고 행하게 한다. 어진 이를 공경하
고, 효와 충을 행하며, 벗과의 관계에서 믿음직한 것이 배움의 내용이다.
자하는 누군가 배우지 않고도 이를 행한다면 배운 것과 같다고 보았다.

8. 군자의 위엄

子曰 君子不重則不威니 學則不固니라 主忠信하며 無友不如己者요 過則勿
자 왈 군 자 부 중 즉 불 위　　학 즉 불 고　　주 충 신　　부 우 불 여 기 자　　과 즉 물

憚改니라
탄 개

국역 공자께서 말씀하셨다. "군자가 중후하지 않으면 위엄이 없으니, 배우면 고루하지 않게 된다. 진실함과 신실함을 위주로 하고, 자기만 못한 자와 벗하지 말며, 허물이 있으면 고치는 것을 꺼리지 말아야 한다."

글자풀이 君子 리더. 위정자. 重 중후하다. 신중하다. 威 위엄. 공경하는 마음을 가지게 하는 힘. 固 고루하다. 앞뒤가 꽉 막히다. 주자는 '견고하다'로 보았다. 無 금지사 毋와 같다. 過 잘못. 허물. 勿 금지사. 憚 두려워하고 어렵게 여겨서 꺼리는 것.

강講 군자의 위엄은 중후한 말과 행동에서 비롯된다. 이를 위해 배워야 한다. 진실하고 신실하며, 자신보다 나은 사람과 함께하며, 허물을 고쳐 떳떳하고 부끄럼이 없어야 한다. 이것이 배움의 내용으로, 군자가 위엄을 갖추는 방법이다.

9. 백성의 거울

曾子曰 愼終追遠이면 **民德**이 **歸厚矣**리라
증 자 왈 신 종 추 원　　민 덕　 귀 후 의

국역 증자가 말했다. "초상을 신중하게 치르고, 조상의 제사에 정성을 다하면 백성들의 덕이 두터워질 것이다."

글자풀이 愼 예를 다하다. 終 부모님께서 돌아가시다. 초상. 追 추모하다. 정성을 다하다. 遠 조상의 제사. 歸厚 백성들이 교화되어 그 덕이 두터워지다.

통치자가 상례에 최선을 다하고, 먼 조상까지 정성과 예로 제사를 지내면, 백성들이 통치자와 국가를 신뢰하여, 넉넉한 마음으로 배려하고 양보하여 덕이 두터워진다. 통치자는 백성의 거울이다.

10. 정사를 얻는 조건

子禽이 問於子貢曰 夫子至於是邦也하사 必聞其政하시나니 求之與아 抑與之
자금   문 어 자 공 왈 부 자 지 어 시 방 야   필 문 기 정   구 지 어   억 여 지

與아 子貢曰 夫子는 溫良恭儉讓以得之시니 夫子之求也는 其諸異乎人之
여   자 공 왈 부 자 온 량 공 검 양 이 득 지   부 자 지 구 지 야   기 저 이 호 인 지

求之與인저
구 지 어

국역 자금이 자공에게 물었다. "선생님께서 이 나라에 이르시면 반드시 그 정사에 대해 들으시는데, 요구하신 것입니까? 아니면 그 나라에서 준 것입니까?" 자공이 말했다. "선생님께서는 온화하고 어질며 공경하고 검소하며 자신을 낮춤으로써 얻으시는 것이니, 선생님의 구하심은 남들이 구하는 것과는 다르다."

글자풀이 子禽 공자의 제자 또는 자공의 제자라고 한다. 성은 진陳, 이름은 항亢. 子貢 공자의 제자, 성은 단목端木, 이름은 사賜. 재화를 불리는 재주와 언변에 능했고 영특했다. 夫子 스승, 선생님. 是邦 이 나라. 공자가 방문한 나라. 抑 반어사. 溫 성질이 온후해 남과 조화를 이루고 후덕함. 良 어질다. 순수하다. 마음이 평탄하고 곧다. 恭 장중하고 공손함. 儉 절제가 있고 검소하다. 讓 자기를 낮추고 겸손하다.

강講　나라의 정사에 참여하여 조언하는 것은 구한다고 되는 일이 아
니다. 인품과 덕망과 능력이 갖춰져야 한다. 공자가 통치자의 초청으로
정사를 들은 것은 요구한 것도, 준 것도 아니다. 온후하고 어질며 공손하
고 검소하며 배려하는 공자의 인품으로 자연스레 얻은 것이다.

11. 진정한 효

子曰 父在에 觀其志요 父沒에 觀其行이니 三年을 無改於父之道라야 可謂孝
자왈 부재　관기지　　부몰　관기행　　삼년　무개어부지도　　가위효
矣니라
의

국역　공자께서 말씀하셨다. "아버지가 살아계실 때는 (자식이 지닌)
뜻을 살피고, 아버지가 돌아가셨을 때는 (자식의) 행동을 살펴보아야 한
다. 3년 동안 아버지의 방식을 고치지 않아야 효라고 말할 수 있다.

글자풀이　在 살아계시다. 觀 관찰하다. 살피다. 其志 자식이 지닌 뜻. 沒 돌아가
시다.

강講　아버지가 살아계시면 뜻대로 할 수 없지만, 돌아가신 후에는 자
신이 원하는 대로 행동하는 경우가 많다. 부모의 뜻과 방식을 3년 동안
유지한다는 것은 아버지의 뜻을 존중하여 이루고자 노력하는 것이다.

12. 예와 조화

有子曰 禮之用이 和爲貴하니 先王之道斯爲美라 小大由之니라 有所不行하
유자왈 예지용 화위귀 선왕지도사위미 소대유지 유소불행

니 知和而和요 不以禮節之면 亦不可行也니라
지화이화 불이예절지 역불가행야

국역　유자가 말했다. "예의 쓰임은 조화를 귀하게 여긴다. 선왕의 도
는 이것을 아름답게 여겨서 작은 일과 큰일이 이것을 따랐다. 행하지 못
할 것이 있으니, 조화가 좋다는 것을 알아서 조화만을 이루려 하고 예로
써 절제하지 않는다면 또한 행할 수 없게 된다."

글자풀이　和 조화를 이룸. 자연스러움. 先王 요堯·순舜·우禹 삼대. 節 대나무에 마
디가 있는 것처럼 때와 장소에 맞게 지켜야 할 예.

강講　갈등과 분열, 모순과 대립이 첨예한 공동체에서 조화를 이루는
것은 매우 중요하다. 하지만 조화만을 강조해 원칙을 무시하고 예로 절
제하지 않으면 그것은 조화가 아니다. 조화는 원칙을 지키고 예로 절제
할 때 진정한 조화가 된다.

13. 군자의 덕목

有子曰 信近於義면 言可復也며 恭近於禮면 遠恥辱也며 因不失其親이면 亦可
유자왈 신근어의 언가복야 공근어례 원치욕야 인불실기친 역가

宗也니라
종야

유자가 말했다. "약속이 의에 가까우면 말이 실천될 수 있으며, 공손함이 예에 가까우면 치욕을 멀리할 수 있다. 의탁하여도 그와 하나 됨을 잃지 않는다면 또한 종주가 될 수 있다."

글자풀이 信 약속. 義 의宜와 같음. 일의 마땅함이며 올바름. 復 말이 실천되다. 因 의지함, 의탁함. 可 ~할 만하다. 宗 종주, 으뜸. 지도자. 리더.

강講 군자가 갖춰야 할 덕목인 올바름, 예, 하나 됨이 이루어질 때 약속은 실천되고 공손함이 이루어지며 의탁하는 자도 편안하다. 이것이 지도자가 될 수 있는 덕목이다.

14. 호학자의 자세

子曰 君子食無求飽하며 居無求安하며 敏於事而慎於言이요 就有道而正焉이
자 왈 군 자 식 무 구 포   거 무 구 안   민 어 사 이 신 어 언   취 유 도 이 정 언

면 可謂好學也已니라
가 위 호 학 야 이

국역 공자께서 말씀하셨다. "군자가 먹음에 배부름을 구하지 않고, 거처함에 편안함을 구하지 않으며, 일은 민첩하게 하고 말은 신중하게 하며, 도 있는 이에게 나아가 (자신을) 바르게 한다면 배우기를 좋아한다고 이를 만하다."

글자풀이 飽 배부르다. 만족하다. 탐욕스러움. 居 거처. 安 편안함. 안락함. 敏 부지런하다. 민첩하다. 慎 삼가다. 신중하다. 조심하다. 正 바로잡다.

진정한 배움은 지키고 실천해야 할 도를 익혀 자신을 바르게 하여 행하는 것이다. 도로써 자신을 바르게 하면 먹고 거처하는 것에 휘둘리지 않고, 말은 신중하고 행함은 민첩해진다. 이것이 호학자의 자세다.

15. 낙도樂道와 호례好禮

子貢曰 貧而無諂하며 富而無驕면 何如하니잇고 子曰 可也나 未若貧而樂
자공왈 빈이무첨 부이무교 하여 자왈 가야 미약빈이락

하며 富而好禮者也니라 子貢曰 詩云 如切如磋하며 如琢如磨라하니 其斯之
부이호례자야 자공왈 시운 여절여차 여탁여마 기사지

謂與인저 子曰 賜也는 始可與言詩已矣로다 告諸往而知來者온여
위여 자왈 사야 시가여언시이의 고저왕이지래자

국역 자공이 말했다. "가난하면서도 아첨하지 않고, 부유하면서도 교만하지 않다면 어떻겠습니까?" 공자께서 말씀하셨다. "괜찮지만, 가난하면서도 즐거워하며 부유하면서도 예를 좋아하는 것만은 못하다." 자공이 말했다. "시에 '자르는 듯하고 미는 듯하며, 쪼는 듯하고 가는 듯하다'라고 했는데, 이것을 이르는 듯합니다." 공자께서 말씀하셨다. "사야, 비로소 너와 함께 시를 말할 수 있겠다. 지나간 것을 알려주니 올 것을 아는구나."

글자풀이 諂 아첨하다. 비굴하게 낮추다. 굽히다. 驕 교만하다. 자랑하고 함부로 하다. 未若 ~만 같지 않다. 詩 『시경』. 「위풍衛風·기욱淇奧」의 내용. 切磋 뿔과 뼈를 자르고 거친 면을 다듬음. 琢磨 옥과 돌을 쪼고 거친 면을 갊. 往 이미 말해준 것. 來 아직 말해주지 않은 것.

강講 자공이 가난과 부유함에도 아첨하거나 교만하지 않는 데 뜻을 두었다면, 공자는 자연스레 도를 즐기고 예를 좋아할 것을 제시한다. 군자는 빈부에 상관없이 도를 즐기고 예를 행하는 존재다.

16. 남을 아는 것이 중요하다

子曰 不患人之不己知요 患不知人也니라
자 왈 불 환 인 지 불 기 지   환 부 지 인 야

국역 공자께서 말씀하셨다. "남들이 자신을 알아주지 않는 것을 걱정하지 말고, 내가 남을 알지 못함을 걱정해야 한다."

강講 많은 사람들이 남들의 인정에 연연하면서 알아주기를 원한다. 하지만 그것은 내 영역이 아니다. 내가 할 수 있는 것은 남을 제대로 아는 것이다. 그것을 걱정해야 한다.

제2편

위정

爲政

·

·

·

덕으로 다스리는 세상

·

·

위정편은 덕의 정치로 문을 연다. 통치자의 능력과
가치관, 철학에 따라 피치자의 삶의 질이 좌우된다는
점에서 공자는 정치를 중시했다. 또한 효에 관한 내
용도 많은데, 공자는 가정의 질서인 효를 정치의 영
역으로까지 확장한다. 그런가 하면 정치의 한 축을
담당하는 군자에 관한 내용도 적지 않다. 즉 정치는
위정편을 관통하는 키워드다. 조화로운 정치인 덕치
를 통해 이상적인 세계를 이루고자 한 공자의 세계관
을 만날 수 있다. 모두 24장이다.

1. 덕치의 효과

子曰 爲政以德이 譬如北辰이 居其所어든 而衆星共之니라
자 왈 위 정 이 덕   비 여 북 신   거 기 소   이 중 성 공 지

국역　 공자께서 말씀하셨다. "덕으로 정치를 행하는 것은, 비유하자면 북극성이 제자리에 있으면 모든 별들이 그에게로 향하는 것과 같다."

글자풀이　 譬 비유하다. 北辰 북극성. 居 일정한 장소에 머무는 것. 其所 제자리. 共 향하다.

강講　 공자는 정치를 통치자의 덕에 감화된 백성들이 스스로 향하는 것이라고 여겼다. 즉 정치는 사람을 살리는 살림이며 사람다움을 행하도록 하는 것이다. 그 중심에 통치자의 덕이 있다.

2. 시, 순수함을 담다

子曰 詩三百을 一言以蔽之하니 曰思無邪니라
자 왈 시 삼 백 　 일 언 이 폐 지 　 　 왈 사 무 사

국역　공자께서 말씀하셨다. "『시경』 삼백 편의 내용을 한마디 말로 표현하자면 '생각에 삿됨이 없다'는 말이다."

글자풀이　詩 『시경』. 『시경』 전체는 311편이지만 6편은 제목만 있어 305편이 수록 되어 있다. 300편이라고 한 것은 큰 수로 말한 것이다. 蔽 표현하다. 덮다. 종합하다. 思 생각. 邪 삿됨. 사악함. 거짓됨. 思無邪 『시경』 「노송魯頌·경駉」의 마지막 구절.

강講　인간의 감정에는 늘 욕망과 욕구가 꿈틀거리고, 거짓과 사악함, 간사함과 어긋남이 불쑥불쑥 올라와 순수한 마음을 가린다. 그런데 시는 인간의 순수한 마음이 그대로 표현된 것이다. 이 때문에 공자는 거짓이 없다고 보았다.

3. 법치와 덕치의 차이

子曰 道之以政하고 齊之以刑이면 民免而無恥니라 道之以德하고 齊之以禮면
자 왈 도 지 이 정 　 　 제 지 이 형 이 면 　 민 면 이 무 치 　 　 도 지 이 덕 　 　 제 지 이 례

有恥且格이니라
유 치 차 격

국역　공자께서 말씀하셨다. "정치로 인도하고 형벌로 가지런하게 하

면 백성들은 면하려고만 하고 부끄러워함이 없다. 덕으로 인도하고 예로써 가지런하게 하면 (백성들은) 부끄러워하고 또한 바르게 된다.”

글자풀이　道 인도하다. 도導와 같다. 政 법제法制와 금령禁令으로 다스리다. 齊 가지런하게 하다. 통일시키다. 刑 형벌. 免而無恥 구차하게 면하려고만 할 뿐 부끄러움이 없다. 禮 사람다움을 지키는 제도와 품절. 格 이르다. 바로잡다. 바르게 되다.

강講　공자는 정치와 덕치의 차이를 부끄러움의 여부로 보았다. 법과 형벌로 다스릴 경우 법망만 피하려 하지만, 덕과 예는 백성의 마음에 파고 들어 잘못이 있으면 부끄러워하여 자발적으로 바르게 되려고 한다.

4. 공자를 이룬 여섯 개의 변곡점

子曰 吾十有五而志于學하고 三十而立하고 四十而不惑하고 五十而知天命하
자 왈 오 십 유 오 이 지 우 학　　　삼 십 이 립　　　사 십 이 불 혹　　　오 십 이 지 천 명
고 六十而耳順하고 七十而從心所欲호대 不踰矩호라
　　육 십 이 이 순　　　칠 십 이 종 심 소 욕　　　불 유 구

국역　공자께서 말씀하셨다. “나는 열다섯 살에 학문에 뜻을 두었고, 서른 살에 확립했으며, 마흔 살에 미혹됨이 없었고, 쉰 살에 천명을 알았으며, 예순 살에 귀가 순해졌고, 일흔 살에는 마음이 하고자 하는 바를 따라도 법도에 어긋나지 않았다.”

글자풀이　志 한 번 마음먹은 것을 끝까지 유지함. 立 자신의 자리를 확립하다. 물질적·정신적 자립을 의미한다. 不惑 흔들림이 없다. 욕심이 없다. 知天命 하늘의 뜻을

알게 되었다. 지금까지의 삶이 바로 하늘의 뜻이었음을 깨닫게 되었다. 耳順 말을 아는 경지[지언知言]. 귀가 열리다. 순조롭게 이해하다. 從 따르다. 踰 넘다. 矩 네모를 만드는 데 필요한 자. 법도. 不踰矩 힘쓰지 않아도 저절로 도에 맞았다. 불면이중不勉而中과 같다.

강講　일흔이 넘은 공자가 자신의 삶을 이룬 여섯 개의 변곡점을 회고했다. 열다섯 살에 학문에 뜻을 둔 삶이 일흔 살에 이르러 자유인의 경지에 이를 수 있었던 것은 늘 공부를 놓지 않았던 공자의 치열함이 이룬 업적이다.

5. 효, 예에 맞게 행하라

孟懿子問孝한대 子曰 無違니라 樊遲御러니 子告之曰 孟孫이 問孝於我어늘
맹 의 자 문 효　　　자 왈 무 위　　번 지 어　　　자 고 지 왈 맹 손　　문 효 어 아

我對曰 無違라호라 樊遲曰 何謂也잇고 子曰 生事之以禮하며 死葬之以禮하며
아 대 왈 무 위　　　번 지 왈 하 위 야　　자 왈 생 사 지 이 례　　　사 장 지 이 례

祭之以禮니라
제 지 이 례

국역　맹의자가 효에 대해 물었다. 공자께서 말씀하셨다. "(예를) 어김이 없어야 합니다." 번지가 수레를 몰고 있었는데, 공자께서 그에게 말씀하셨다. "맹손씨가 나에게 효에 대해 묻기에 어김이 없어야 한다고 대답했다." 번지가 물었다. "무엇을 말씀하신 것입니까?" 공자께서 대답하셨다. "살아계실 때는 섬기기를 예로써 하고, 돌아가시면 장사를 예로써 지내며, 제사를 예로써 지내는 것이다."

孟懿子 노魯나라 대부인 맹손씨, 또는 중손씨仲孫氏라고 한다. 이름은 하기何忌이며, 의懿는 자字다. 無違 어김이 없다. 어긋남이 없다. 樊遲 성은 번樊, 이름은 수須, 자는 자지子遲다. 공자보다 36세 어린 제자로 공자의 수레를 끌었다. 御 수레를 몰다. 禮 이치理致의 절문節文. 상황에 맞추어 분수를 알맞게 행하는 것.

강講 공자가 맹의자에게 말한 효는 '예를 어기지 않는 것'이다. 이는 살아계실 때뿐 아니라 죽음을 넘어서까지 예를 어기지 않고 예에 맞게 행하는 것이다. 그것이 효다.

6. 효, 걱정을 끼치지 않는 것

孟武伯問孝한대 **子曰 父母**는 **唯其疾之憂**시니라
맹 무 백 문 효　　자 왈 부 모　　유 기 질 지 우

국역 맹무백이 효에 대해 물었다. 공자께서 말씀하셨다. "부모는 오직 자식이 병들까만을 근심하게 해야 한다."

글자풀이 孟武伯 맹의자의 아들로 이름은 체彘. 시호는 무武다.

강講 맹무백은 성질이 급하고 화가 많고 싸움이 잦았다. 부모의 근심이 깊을 수밖에 없다. 이에 대해 공자는 어쩔 수 없는 걱정만 하도록 하는 것이 효라고 말씀하신다.

7. 효, 공경하는 마음

子游問孝한대 子曰 今之孝者는 是謂能養이니 至於犬馬하여도 皆能有養이니
자유문효   자왈 금지효자   시위능양   지어견마   개능유양

不敬이면 何以別乎리오
불경   하이별호

국역   자유가 효에 대해 물었다. 공자께서 대답하셨다. "지금의 효라
는 것은 물질적으로 봉양을 잘하는 것을 이른다. 하지만 개나 말도 모두
길러줌이 있으니, 공경하지 않는다면 무엇으로 구별하겠는가?"

글자풀이   子游 공자보다 45세 어린 제자. 성은 언言, 이름은 언偃이다. 문학에
뛰어났다. 能養 봉양을 잘 하다.

강講   많은 사람들이 안정된 거처에서 편안히 모시는 것을 효라고 생
각한다. 하지만 개나 말도 잘 먹여 기르지 않는가? 부모를 공경하는 마
음이 없다면 짐승 기르는 것과 구별됨이 없다. 공경하는 마음이 효다.

8. 효, 온화한 얼굴빛

子夏問孝한대 子曰 色難이니 有事어든 弟子服其勞하고 有酒食어든 先生饌이
자하문효   자왈 색난   유사   제자복기로   유주사   선생찬

曾是以爲孝乎아
증시이위효호

국역   자하가 효에 대해 물었다. 공자께서 말씀하셨다. "얼굴빛을 온

화하게 하는 것이 어렵다. 일이 있으면 동생이나 자식들이 그 수고로움을 대신하고, 술과 밥이 있으면 아버지와 형이 드시게 하는 것이 일찍이 효라고 할 수 있겠느냐?"

글자풀이　色難 부모를 섬길 때 낯빛을 온화하게 하는 어려움. 服 대신하다. 勞 수고. 노고. 食 밥을 의미할 때는 '사'라고 읽는다. 先生 아버지와 형. 饌 먹이고 마시게 하는 것. 반찬. 曾 일찍이. 嘗과 같다. 以爲 ~라고 여기다. ~라고 생각하다.

강講　자식의 표정과 얼굴빛이 달라져도 부모는 걱정한다. 이 때문에 부모 앞에서는 온화한 얼굴빛을 갖춰 걱정하지 않도록 해야 한다.

9. 안회의 실천

子曰 吾與回言終日에 不違如愚러니 退而省其私한대 亦足以發하나니 回也不
자 왈 오 여 회 언 종 일　　불 위 여 우　　퇴 이 성 기 사　　역 족 이 발　　회 야 불

愚로다
우

국역　공자께서 말씀하셨다. "내가 안회와 함께 종일 이야기를 했으나 어기는 것이 없어서 마치 어리석은 사람처럼 보였다. 하지만 물러난 뒤에 그가 사사롭게 행하는 모습을 살펴보니 충분히 실천하고 있었다. 안회는 어리석은 것이 아니었다."

글자풀이　回 공자가 가장 사랑한 수제자로 단명했다. 성은 안顔, 자는 연淵, 이름이 회回다. 기록에 따라 공자보다 40세 혹은 30세 어리다고 되어 있다. 不違 선생님의 말

씀을 어김이 없었다. *私* 사적인 행동. *省* 성찰하다. 살펴보다. *發* 일으키다. 실천하다.

강講　공자의 안회에 대한 소회다. 그의 삶은 배운 것을 실천하는 삶이었다. 아는 체와 잘난 체하면서 행하지 않는 똑똑한 바보도 있지만 안연은 배운 것을 행하는, 진정한 배움의 사람이었다.

10. 사람을 아는 방법

子曰 視其所以하며 觀其所由하며 察其所安이면 人焉廋哉리오 人焉廋哉리오
자 왈 시 기 소 이　　관 기 소 유　　찰 기 소 안　　인 언 수 재　　인 언 수 재

국역　공자께서 말씀하셨다. "그 사람이 하는 것을 보고, 그 말미암는 것을 살펴보며, 그 편안하게 여기는 것을 관찰한다면, 사람이 어떻게 자신을 숨길 수 있겠는가? 사람이 어떻게 자신을 숨길 수 있겠는가?"

글자풀이　*視* 보다. 살펴보다. *其* 그 사람. *以* 위爲와 같다. 하는 행동. *觀* 자세하게 보다. *由* 마음으로 따르다. *察* 관觀보다 더 자세하다. *廋* 숨기다. 닉匿과 같다.

강講　사람을 아는 것은 쉽지 않아 외모나 행동, 편견과 선입견으로 사람을 판단하기 쉽다. 하지만 무심히 하는 행동, 의도와 동기, 편안하게 여기는 것 등을 보고 살피며 관찰한다면 그 사람의 됨됨이를 알 수 있다. 더이상 숨길 수 없다.

11. 스승의 역할

子曰 溫故而知新이면 **可以爲師矣**니라
자 왈 온 고 이 지 신　가 이 위 사 의

국역　공자께서 말씀하셨다. "옛것을 익히고 연구해 새로운 것을 알면 스승이 될 수 있다."

글자풀이　溫 익숙하다. 익히다. 故 옛날의 전적과 고전. 현재의 거울이 되는 역사와 문물. 新 지금 새로이 터득한 것으로, 옛것이 바탕이 되기에 과거와 미래를 잇는 현재를 말한다. 可以 ～할 수 있다.

강講　스승은 방향을 가리키는 나침반과 같고, 미래로 길을 안내하는 지팡이와 같다. 즉 과거의 지식과 지혜를 통해 현재의 위치를 짚어주고, 미래로 향하는 길을 열어주어야 한다. 그런 존재가 스승이다.

12. 군자는 한정된 존재가 아니다

子曰 君子는 **不器**니라
자 왈 군 자　불 기

국역　공자께서 말씀하셨다. "군자는 그릇처럼 한정된 존재가 아니다."

글자풀이　器 그릇. 한계와 용도.

모양과 크기에 따라 그릇의 용도가 다르듯 사람도 그렇다. 그런데 공동체를 이끄는 군자는 한정되어서는 안 된다. 세상의 이치를 파악하고 귀와 마음을 열어 넓게 소통할 수 있는 덕의 사람이며 폭넓은 전문가여야 한다. 제너럴리스트^{generalist}가 그것이다.

13. 군자의 말

子貢이 **問君子**한대 **子曰 先行其言**이요 **而後從之**니라
자 공　　문 군 자　　　자 왈 선 행 기 언　　　이 후 종 지

자공이 군자에 대해 물었다. 공자께서 대답하셨다. "먼저 자신이 말할 것을 실천하고, 이후에 말이 따르도록 해야 한다."

군자의 말이 귀한 것은 말이 실행되기 때문이다. 따라서 군자는 말이 무거워야 한다. 말하기 전에 자신의 말을 행하고, 그런 후에 말을 한다면 전폭적인 지지와 신뢰를 받을 수 있다.

14. 군자와 소인

子曰 君子는 **周而不比**하고 **小人**은 **比而不周**니라
자 왈 군 자　　주 이 불 비　　　소 인　　비 이 부 주

공자께서 말씀하셨다. "군자는 두루두루 어울려 조화를 이루면서

도 편을 나누지 않으며, 소인은 편을 나누고 두루두루 어울리지 않는다."

글자풀이　周 두루두루 어울리다. 조화를 이루다. 比 편을 나누다. 같은 사람들끼리만 어울리다.

강講　군자는 다름을 긍정적으로 생각하여 자신과 다른 사상과 견해에도 귀기울이고 조화를 이룬다. 소인은 자신과 생각이 같은 사람들과만 편을 이루며, 사람을 나누고 공동체를 분열시킨다.

15. 배우고 생각하고

子曰 學而不思則罔하고 **思而不學則殆**니라
자 왈 학 이 불 사 즉 망　　사 이 불 학 즉 태

국역　공자께서 말씀하셨다. "배우기만 하고 생각하지 않으면 텅 비고, 생각하기만 하고 배우지 않으면 위태롭다."

글자풀이　罔 물정에 어두워 얻는 것이 없음. 텅 비다. 殆 자신의 생각에 빠져 독단적이고 위태롭다.

강講　공부는 배운 것이 생각하는 과정을 거칠 때 자신의 것이 된다. 배우는 데 그치면 나와 상관없는 지식이 되어 텅 비게 되고, 생각에만 빠지면 독단적이 되어 세상과 소통되지 않아 매우 위태롭다. '배우고 생각하기'가 함께 이루어질 때 진정한 배움이 된다.

16. 이단을 조심하라

子曰 攻乎異端이면 斯害也已니라
자 왈 공 호 이 단　　사 해 야 이

국역　공자께서 말씀하셨다. "이단을 전공하면 해가 될 뿐이다."

글자풀이　攻 전공하다. 전적으로 다스리다. 異端 기이한 것. 성인의 도가 아닌 별도의 것. 也已 ~할 뿐이다. ~할 따름이다.

강講　이단은 올바르지 않은 사상이나 공부로, 자극적이며 솔깃하다. 이 때문에 자신이 가야 할 길을 해치고 어지럽힌다. 해가 될 뿐이다.

17. 앎이란 무엇인가?

子曰 由아 誨女知之乎인저 知之爲知之요 不知爲不知가 是知也니라
자 왈 유　회 여 지 지 호　　지 지 위 지 지　　부 지 위 부 지　　시 지 야

국역　공자께서 말씀하셨다. "유야! 너에게 안다는 것에 대해 가르쳐 주마. 아는 것을 안다고 하고 모르는 것을 모른다고 하는 것, 이것이 아는 것이다."

글자풀이　由 공자보다 9세 어린 제자. 성은 중仲, 자는 자로子路. 誨 가르치다. 女 여汝와 같다. 너.

자신이 무엇을 모르는지 모를 때도 있고, 모르는데도 아는 척할 때가 있다. 공자는 아는 것과 모르는 것을 바르게 알고, 솔직하게 표현하는 것을 아는 것이라고 말한다.

18. 벼슬 구하는 방법

子張이 學干祿한대 子曰 多聞闕疑요 愼言其餘則寡尤며 多見闕殆요 愼行其
자장   학간록   자왈 다문궐의   신언기여즉과우   다견궐태   신행기

餘則寡悔니 言寡尤하며 行寡悔면 祿在其中矣니라
여즉과회   언과우   행과회   녹재기중의

국역 자장이 벼슬 구하는 방법을 배우고자 했다. 공자께서 말씀하셨다. "많이 듣되 의심스러운 것은 빼버리고 그 나머지를 신중하게 말하면 허물이 적다. 많이 보되 위태로운 것을 빼버리고 그 나머지를 신중하게 행동하면 후회가 적다. 말에 허물이 적고 행동에 후회가 적으면 벼슬이 그 가운데 있을 것이다."

글자풀이 子張 공자보다 48세 어린 제자. 성은 전손顓孫, 이름은 사師. 자는 자장이다. 干 구하다. 祿 벼슬. 녹봉. 당시에 벼슬을 하는 자는 쌀로 봉급을 주었기 때문에 녹은 벼슬을 말한다. 闕 빼다. 빠지다. 疑 의심나는 것. 愼 신중하다. 삼가다. 조심하다. 寡 적다. 尤 허물. 죄가 밖으로 드러난 것. 殆 위험스러운 것. 위태롭다. 悔 후회. 이치가 마음에서부터 나오는 것. 中 적중하다. 억지로 구하려 노력하지 않아도 이른다.

강講 어느 시대든 사실을 근거로 오감을 자극하는 가짜뉴스가 호기심을 자극한다. 공직자가 되려고 한다면 그런 가짜뉴스에 귀 기울여서는

안 된다. 넓게 보고 듣되 가려서 신중하게 말하고 행동하여 허물과 후회가 없어야 한다. 바로 그것이 위와 아래의 신뢰를 얻는 길이며, 벼슬에 이르는 길이다.

19. 백성들의 복종

哀公이 問曰 何爲則民服이니잇고 孔子對曰 擧直錯諸枉이면 則民服하고 擧枉錯
애공　문왈　하위즉민복　　　공자대왈　거직조저왕　　즉민복　　거왕조

諸直이면 則民不服이니이다
저직　　즉민불복

국역　애공이 물었다. "어떻게 다스리면 백성들이 복종하겠습니까?" 공자께서 대답하셨다. "곧은 사람을 등용해서 굽은 사람 위에 놓으면 백성들이 복종하고, 굽은 사람을 등용해서 곧은 사람 위에 놓으면 백성들이 복종하지 않습니다."

글자풀이　哀公 노나라 임금으로 성은 희姬, 이름은 장蔣, 애공은 시호다. 공자가 노나라에 돌아왔을 당시의 왕이었다. 對曰 임금을 높여서 대답한 것이다. 擧 등용하다. 直 곧고 바른 사람. 정직한 사람. 錯 올려놓다. 주자는 '버려두다'라고 보았다. 諸 지어之於의 의미로 '저'라고 읽는다. 枉 굽은 사람. 사사로운 욕망에 사로잡혀 왜곡된 사람.

강講　백성의 복종은 신뢰에서 비롯된다. 먼저 올바른 사람을 등용하면 조직이 바르게 되어 백성들이 따른다. 하지만 믿지 못할 사람을 자리에 두면 백성들은 통치자에 대한 기대와 신뢰를 거두게 된다.

20. 백성의 경과 충

季康子問 使民敬忠以勸호대 如之何리잇고 子曰 臨之以莊則敬하고 孝慈
계강자문 사민경충이권   여지하   자왈 임지이장즉경   효자
則忠하고 擧善而教不能則勸이니라
즉충   거선이교불능즉권

국역　계강자가 물었다. "백성으로 하여금 (윗사람을) 공경하고 충성
하는 것을 힘쓰게 하려면 어떻게 해야 합니까?" 공자께서 말씀하셨다.
"임하기를 장엄하게 하면 백성들이 공경하고, (부모에게) 효도하고 (백
성에게) 자애로우면 충성하며, 뛰어난 사람을 등용해서 능력이 부족한
사람을 가르치면 힘쓰게 될 것입니다."

글자풀이　季康子 노나라 대부인 계손씨로 이름은 비肥이며 강康은 시호다. 노년
의 공자와 자주 만났다. 敬 공경하다. 忠 충성. 진정성 있는 마음과 행동이 충이지만,
여기서는 국가와 권력에 대한 충성이다. 勸 권하다. 힘쓰다. 莊 용모가 단정하고 엄숙
하다. 善 능력이 뛰어난 자. 不能 능력이 없는 자.

강講　백성들의 공경과 충성을 바라는 계강자에게 공자는 먼저 갖춰
야 할 자세를 말한다. 위엄을 갖추고, 부모에게 효도하고, 백성에게 자애
로우며, 뛰어난 사람을 등용하는 것, 백성들의 경과 충은 여기에서 시
작된다.

21. 정치의 출발

或謂孔子曰 子는 奚不爲政이시닛고 子曰 書云孝乎인저 惟孝하며 友于兄
혹 위 공 자 왈   자   해 불 위 정   자 왈   서 운 효 호   유 효   우 우 형

弟하여 施於有政이라하니 是亦爲政이니 奚其爲爲政이리오
제   시 어 유 정   시 역 위 정   해 기 위 위 정

　어떤 사람이 공자에게 물었다. "선생님은 어찌하여 정치를 하지 않으십니까?" 공자께서 말씀하셨다. "『서경』에 이르기를 '효로다. 오직 효도하며 형제간에 우애하여 정사에 베푼다'라고 했으니 이 또한 정치를 하는 것이오. 어찌 벼슬하는 것만이 정치하는 것이라 하겠소?"

　或 어떤 사람. 子 그대. 선생님. 奚 어찌. 書 『서경』「주서周書·군진君陳」편. 友 우애. 형제간에 잘하는 것을 말한다.

　공자는 부모·형제와의 관계가 바르게 정립되는 것을 정치의 출발이라고 보았다. 제가가 되지 않았는데, 그보다 넓은 국가 구성원과의 관계가 바르게 될 리 없다. 효도와 우애가 정치의 출발인 이유다.

22. 신뢰가 사람이다

子曰 人而無信이면 不知其可也로라 大車無輗하고 小車無軏이면 其何以行之
자 왈 인 이 무 신   부 지 기 가 야   대 거 무 예   소 거 무 월   기 하 이 행 지

哉리오
재

국역　공자께서 말씀하셨다. "사람으로서 신뢰가 없으면 사람 노릇이 가능한지 모르겠다. 큰 수레에 멍에를 매는 가로나무가 없고, 작은 수레에 멍에를 거는 멍에막이가 없다면 그 무엇을 가지고 갈 수 있겠는가?"

글자풀이　信 신뢰. 성실성. 大車 짐수레. 소가 끈다. 輗 멍에 끝에 가로지른 나무. 가로나무. 小車 밭두렁에서 쓰는 전거田車, 병거兵車와 승거乘車. 말이 끈다. 軏 가로로 댄 나무에 멍에를 걸어서 말에 메는 것. 끌채끝.

강講　공자는 신뢰를 수레의 연결고리에 비유했다. 소나 말이 끄는 수레는 평상시 따로 보관하다가 필요할 때 연결하여 쓰는데, 연결고리가 없으면 수레는 움직일 수 없다. 사람과 사람을 연결하는 신뢰도 이와 같다.

23. 역사는 반복된다

子張이 問 十世를 可知也잇가 子曰 殷因於夏禮하니 所損益을 可知也며 周因於
자장　문 십세　　가지야　　자왈 은인어하례　　소손익　가지야　　주인어

殷禮하니 所損益을 可知也니 其或繼周者면 雖百世라도 可知也니라
은례　　소손익　가지야　기혹계주자　수백세　　가지야

국역　자장이 물었다. "열 세대 뒤의 일을 알 수 있습니까?" 공자께서 말씀하셨다. "은나라는 하나라의 예를 따랐으니 덜거나 더한 것을 알 수 있으며, 주나라는 은나라의 예를 따랐으니 덜거나 더한 것을 알 수 있다. 누군가 주나라를 계승하는 자가 있다면 비록 백 세대 뒤의 일일지라도 알 수 있을 것이다."

十世 열 세대. 열 왕조. 世 세대. 정현鄭玄은 왕조의 성이 바뀌는 30년의 기간으로, 부자父子의 세대교체 시기라고 보았다. 因 근본. 연유하다. 따르다. 損益 덜 거나 더한 것. 或 혹. 누군가.

강講 역사는 순환하고 반복된다. 세상이 바뀌어도 앞 세대를 덜고 더하여 새로운 시대를 이어나간다. 이 때문에 백 세대 뒤라 할지라도 계승하는 자가 있다면 충분히 미래를 예측할 수 있다.

24. 아첨과 무용

子曰 非其鬼而祭之는 諂也요 見義不爲는 無勇也니라
자 왈 비기귀이제지 첨 야 견 의불위 무용야

국역 공자께서 말씀하셨다. "자기가 제사 지내야 할 귀신이 아닌데도 제사 지내는 것은 아첨하는 것이고, 의로운 일을 보고서도 하지 않는 것은 용기가 없는 것이다."

글자풀이 其鬼 자신의 돌아가신 조상. 諂 아첨하다. 잘 보이려고 알랑거리다. 義 의로운 일. 마땅함.

강講 제사는 자신의 뿌리인 조상을 추모하는 일로, 남의 조상에게 제사를 지내는 것은 잘 보이기 위한 아첨일 뿐이다. 또 마땅히 해야 하는데 하지 않는 것은 용기가 없는 것이다. 이 두 가지는 모두 불의不義를 말한다.

제3편

팔일
八佾

· · · ·

예의 근본 세우기

· ·

팔일편은 예악에 관한 논의가 중심을 이룬다. 혼란스러웠던 당시 예악도 어지러웠다. 무질서한 정치는 국가의 제도이며 사회의 질서인 예악을 어지럽히고, 인간의 성정에까지 영향을 미쳤다. 이 때문에 공자는 예악을 정치의 중심에 두었다. 예의 근본을 세워 인간의 길을 이루고자 한 공자의 간절한 마음이 담겨있다. 모두 26장이다.

1. 팔일무와 계씨

孔子謂季氏하시되 八佾로 舞於庭하니 是可忍也면 孰不可忍也리오
공 자 위 계 씨   팔 일   무 어 정   시 가 인 야   숙 불 가 인 야

국역　공자께서 계씨에 대해 말씀하셨다. "팔일무를 뜰에서 추게 하니, 이것을 차마 한다면 무엇인들 차마 하지 못하겠는가?"

글자풀이　謂 이르다. 평가하다. 季氏 노나라 대부 계손씨季孫氏. 八佾 일佾은 줄 춤을 가리킨다. 가로세로 8줄로 늘어서서 총 64명이 추는 춤으로, 천자의 뜰에서 추는 춤이다. 제후는 육일六佾, 대부는 사일四佾, 사는 이일二佾을 춘다. 庭 조정. 뜰. 忍 차마 하다.

강講　대부인 계씨가 자신의 뜰에서 천자의 의식인 팔일무를 거행했다. 한갓 대부가 천자의 의식을 스스럼없이 행한다면 그 무엇인들 하지 못하겠는가? 공자의 근심이 더욱 깊어진다.

2. 옹을 노래하는 삼가

三家者以雍徹이러니 **子曰 相維辟公**이어늘 **天子穆穆**을 **奚取於三家之堂**고
삼 가 자 이 옹 철   자 왈 상 유 벽 공   천 자 목 목   해 취 어 삼 가 지 당

국역　세 대부의 집안에서 (제사를 마친 후) 옹雍을 노래하면서 제기를 거두었다. 공자께서 말씀하셨다. "'제후들이 돕거늘 천자는 엄숙하고 근엄하도다'라는 노래를 어찌 세 대부의 집안에서 쓸 수 있는가?"

글자풀이　三家 노나라 대부인 맹손·중손·계손씨. 雍 천자의 종묘 제사를 마친 후 제기를 거둘 때 부르는 노래. 『시경』「주송周頌·신공지십臣工之什」. 徹 제사를 마치고 제기를 거두는 것. 相 돕다. 辟公 제후. 穆穆 심원하고 그윽하다. 근엄하다. 천자의 엄숙한 용모를 말한다.

강講　노나라를 좌지우지하는 세력가인 세 대부가 집안 제사를 지낸 후 '제후가 천자의 제사를 돕는다'는 옹 노래를 부르면서 제기를 거두었다. 제후보다 낮은 대부의 도를 넘는 무례에 대한 공자의 탄식이다.

3. 예악의 핵심

子曰 人而不仁이면 **如禮何**며 **人而不仁**이면 **如樂何**리오
자 왈 인 이 불 인   여 례 하   인 이 불 인   여 악 하

국역　공자께서 말씀하셨다. "사람으로서 인하지 않으면 예를 어떻게

하겠으며, 사람으로서 인하지 않으면 음악을 어떻게 하겠는가?"

　而 ~이면서. ~으로서. 如~ 何 ~를 어떻게 하겠는가?

강講　예악은 사람만이 행하는 행위로, 그 바탕은 인이다. 따라서 인한 마음으로 행할 때 예와 악은 자연스레 행해진다. 인하지 않더라도 예와 악을 행할 수는 있지만 진실된 예와 악은 할 수 없다.

4. 예의 근본

林放이 問禮之本한대 子曰 大哉라 問이여 禮는 與其奢也론 寧儉이요 喪은 與
임 방　문 예 지 본　　자 왈 대 재　문　　예　여 기 사 야　영 검　　상　여

其易也론 寧戚이니라
기 이 야　　영 척

국역　임방이 예의 근본에 대해서 질문했다. 공자께서 말씀하셨다. "훌륭하도다, 질문이여! 예는 사치하기보다는 차라리 검소한 것이 낫고, 상사는 빈틈없이 잘 치르기보다는 차라리 슬퍼하는 것이 낫다."

글자풀이　林放 노나라 사람. 자는 자구子丘. 問 질문. 與其~寧… ~하기보다는 차라리 …한 것이 낫다. 易 빈틈없이 잘 진행되는 것. 戚 슬퍼하다.

강講　예의 근본은 남과 하나 되는 것이다. 사치가 남에게 위화감을 주는 반면 검소는 배려와 양보로 남과 하나 되는 것이며, 부모와의 마지막인 상례는 슬퍼함으로 부모와 하나 되는 것이다.

5. 문명의 힘

子曰 夷狄之有君이 不如諸夏之亡也니라
자 왈 이 적 지 유 군　　불 여 제 하 지 무 야

국역　공자께서 말씀하셨다. "오랑캐의 나라에 임금 있는 것이, 중원의 여러 제후국에 임금이 없는 것만 못하다."

글자풀이　夷狄 오랑캐 나라. 諸夏 중국의 여러 제후국. 亡 없다. 무無와 통용.

강講　중원 땅의 여러 제후국들의 혼란은 임금이 있다 해도 그 역할을 못하고 있다. 하지만 오랜 세월 속에 다져진 문명과 예가 남아 있어 뛰어난 지도자만 나오면 곧 다스려질 수 있다. 이것이 문명의 힘이다.

6. 신을 속일 수 있는가?

季氏旅於泰山이러니 子謂冉有曰 女弗能救與아 對曰 不能이로소이다 子曰 嗚
계 씨 려 어 태 산　　자 위 염 유 왈 여 불 능 구 여　　대 왈 불 능　　　　자 왈 오

呼라 曾謂泰山이 不如林放乎아
호　　증 위 태 산　　불 여 임 방 호

국역　계씨가 태산에서 여旅 제사를 지내려 했다. 공자께서 염유에게 말씀하셨다. "네가 바로잡을 수 없겠는가?" 염유가 대답했다. "불가능합니다." 공자께서 말씀하셨다. "아아! 일찍이 태산의 신이 임방만도 못하다고 생각하는가?"

旅 천자가 지내는 제사 명칭. 국경 안의 산천에서 지내는 제사. 泰山 노나라의 명산. 천자가 제사 지내는 산의 이름. 謂 말하다. 冉有 공자의 제자로 이름은 구求. 당시 계씨의 가신이었다. 女 여汝와 같음. 너. 救 바로 잡다. 嗚呼 감탄사. 謂 생각하다.

강講 산천에 지내는 천자의 제사까지 지내려 하는 계씨를 가신인 염유에게 막을 것을 권했지만 그는 불가능하다며 거절한다. 신까지 함부로 여기는 계씨의 오만함을 볼 수 있다.

7. 군자다운 다툼

子曰 君子無所爭이나 必也射乎인저 揖讓而升하여 下而飮하나니 其爭也君子니라
자 왈 군 자 무 소 쟁   필 야 사 호   읍 양 이 승   하 이 음   기 쟁 야 군 자

국역 공자께서 말씀하셨다. "군자는 다투는 일이 없으나 반드시 활쏘기에서는 한다. 읍하고 사양하면서 (자리에) 오르고, 내려와서는 (벌주를) 마시니, 그 다투는 모습이 군자답도다."

글자풀이 爭 다투다. 경쟁하다. 射 활쏘기. 활쏘기는 예악사어서수禮樂射御書數의 육례六禮 중 하나. 군자가 익혀야 할 덕목. 揖讓 짝지어 나아가 세 번 읍하는 것. 「대사례大射禮」에서는 짝지어 나아가 세 번 읍한 뒤에 당에 오른다고 되어 있다. 飮 마시다.

강講 활쏘기는 경쟁이 아닌 자신과의 싸움을 목적으로 한다. 또한 자

리에 오르고 내려가는 모습, 경기에서 진 후 벌주를 마시는 모습까지도 예에 맞다. 이 때문에 군자가 행한다.

8. 바탕이 먼저다

子夏問曰 巧笑倩兮며 **美目盼兮**여 **素以爲絢兮**라하니 **何謂也**잇고 **子曰 繪事**
자 하 문 왈 교 소 천 혜   미 목 반 혜   소 이 위 현 혜   하 위 야   자 왈 회 사

後素니라 **曰 禮後乎**인저 **子曰 起予者**는 **商也**로다 **始可與言詩已矣**로다
후 소   왈 예 후 호   자 왈 기 여 자   상 야   시 가 여 언 시 이 의

국역　자하가 물었다. "'어여쁜 미소에 아름다운 보조개여! 아름다운 눈에 반짝이는 눈동자여! 흰 바탕으로 무늬를 만들었구나!'라고 했으니, 무엇을 말한 것입니까?" 공자께서 말씀하셨다. "그림 그리는 일은 흰 바탕이 마련된 뒤의 일이다." 자하가 물었다. "예가 뒤라는 것입니까?" 공자께서 말씀하셨다. "나를 일깨우는 자는 상이로구나. 비로소 함께 시를 말할 수 있겠구나."

글자풀이　巧笑 어여쁜 미소. 倩 보조개. 美目 아름다운 눈. 盼 반짝이는 눈동자. 명료한 눈동자. 素 흰 비단. 깨끗한 마음. 絢 무늬. 문채. 繪事 그림 그리는 일. 商 자하의 이름.

강講　아름다운 보조개도 반짝이는 눈동자도, 미소와 아름다운 눈이 있어야 빛을 발하듯 그림을 그리려면 흰 바탕이 있어야 한다. 예 역시 인한 마음이 바탕이 되어야 가능하다.

9. 증거가 중요하다

子曰 夏禮를 吾能言之나 杞不足徵也며 殷禮를 吾能言之나 宋不足徵也는 文
자왈 하례   오능언지   기부족징야   은례   오능언지   송부족징야   문

獻이 不足故也니 足則吾能徵之矣로리라
헌   부족고야   족즉오능징지의

국역   공자께서 말씀하셨다. "하나라의 예를 내가 말할 수 있으나 기
나라에서 증거로 삼을 만한 것이 부족하고, 은나라의 예를 내가 말할 수
있으나 송나라에서 증거로 삼을 만한 것이 부족하다. 문헌이 부족하기
때문이니 충분하다면 내가 증명할 수 있을 것이다."

글자풀이   杞 기나라. 하나라의 후손으로 하나라의 제사를 지낸다. 徵 증거 대다.
宋 송나라. 은나라의 후손으로 은나라의 제사를 지낸다. 文 전적典籍. 獻 현賢과 통용.
어진 사람. 존경받는 원로.

강講   심증이 있어도 물증이 없으면 믿어주지 않듯이, 증거가 부족하
면 신뢰받기 어렵다. 예 전문가인 공자가 하나라와 은나라의 예에 대해
서 말을 아꼈던 것은 두 나라를 잇는 기나라와 송나라에 문헌이 부족했
기 때문이다.

10. 성의 없는 제사

子曰 禘自旣灌而往者는 吾不欲觀之矣로라
자왈 체자기관이왕자   오불욕관지의

국역   공자께서 말씀하셨다. "체제사는 술을 땅에 부어 신을 부르는 의식 뒤로는 내가 보고 싶지 않다."

글자풀이   禘 종묘의 제사 이름. 왕이 시조의 묘廟에서 드리는 큰 제사. 灌 관주灌酒. 울창주를 땅에 부어 신을 부르는 의식. 往 ~뒤. 後後와 같다.

강講   예가 무너진 당시, 국가에서 지내는 제사마저도 성의가 없었다. 그나마 형식이 남아 있는 분향과 관주까지는 참여할 만했지만 그 이후로는 볼 수가 없다.

11. 체제사의 의미

或이 問禘之說한대 子曰 不知也로라 知其說者之於天下也에 其如示諸斯乎
혹   문 체 지 설   자 왈 부 지 야   지 기 설 자 지 어 천 하 야   기 여 시 저 사 호

인저하시고 指其掌하시다
        지 기 장

국역   어떤 사람이 체제사에 관한 견해를 물었다. 공자께서 말씀하셨다. "모르겠소이다. 그 내용을 아는 자라면 천하를 다스리는 것이 이것을 보는 것과 같을 것이오." 그러고는 자신의 손바닥을 가리키셨다.

글자풀이   說 설명. 내용. 示 示視와 같다. 諸 지어之於와 같다. 其掌 자신의 손바닥.

강講   천하를 다스리는 천자의 제사는 통치를 위한 의식으로, 하늘을 두려워하고 백성을 아끼는 마음을 담아 행해야 한다. 이러한 제사의 핵

심을 천자가 안다면 백성과 하나 되어 천하를 다스리는 일은 저절로
된다.

12. 제사의 핵심

祭如在하시며 **祭神如神在**러시다 **子曰 吾不與祭**면 **如不祭**니라
제 여 재   제 신 여 신 재   자 왈 오 불 여 제   여 부 제

국역　　제사를 지낼 때는 (조상이) 계신 듯이 하셨으며, 신에게 제사를
지낼 때는 마치 신이 계신 듯이 하셨다. 공자께서 말씀하셨다. "내가 제
사에 참여하지 않으면 제사를 지내지 않은 것과 같다."

글자풀이　　祭 선조를 위한 제사. 祭神 신에게 드리는 제사. 與祭 제사에 참여하다.

강講　　제사는 나와 조상, 나와 신의 만남으로 공경하고 감사하는 마음
으로 정성스럽게 해야 한다. 당연히 직접 참여하여 그 뜻을 되새겨야
한다.

13. 하늘에 죄를 얻으면

王孫賈問曰 與其媚於奧론 **寧媚於竈**라하니 **何謂也**잇고 **子曰 不然**하다 **獲罪**
왕 손 가 문 왈 여 기 미 어 오   영 미 어 조   하 위 야   자 왈 불 연   획 죄

於天이면 **無所禱也**니라
어 천   무 소 도 야

국역 왕손가가 물었다. "'안방 신에게 잘 보이기보다는 차라리 부엌 신에게 잘 보이는 것이 낫다'라고 하는데, 무엇을 말하는 것입니까?" 공자께서 말씀하셨다. "그렇지 않소이다. 하늘에 죄를 얻으면 빌 곳이 없소."

글자풀이 王孫賈 위나라 대부. 영공 때의 국방장관. 媚 아첨하다. 잘 보이다. 奧 집의 서남쪽 모퉁이. 웃어른이 자리하는 곳. 竈 부엌을 관장하는 신. 조왕신.

강講 실권을 지닌 자신에게 잘 보일 것을 권하는 왕손가의 은밀한 제안을 공자는 단호히 거부한다. 공자가 추구한 것은 도가 통하는 세상이지 벼슬이 아님을 왕손가는 몰랐다.

14. 주나라의 거울

子曰 周監於二代하니 **郁郁乎文哉**라 **吾從周**호리라
자 왈 주 감 어 이 대　　욱 욱 호 문 재　 오 종 주

국역 공자께서 말씀하셨다. "주나라는 하와 은, 두 왕조를 거울로 삼았으니, 문채가 찬란하구나! 나는 주나라를 따르겠다."

글자풀이 監 거울 삼다. 본보기로 삼다. 二代 두 왕조. 하나라와 은나라. 郁郁 문이 성대한 모양. 매우 찬란하다. 文 문채. 문화.

강講 주나라는 이전 두 왕조의 예와 제도, 문물을 거울로 삼아 단점은 덜고 장점은 더해 계승했다. 주나라의 문채가 찬란한 이유다.

15. 진정한 예

子入大廟하사 每事를 問하신대 或曰 孰謂鄹人之子를 知禮乎오 入大廟하여
자 입 태 묘   매 사 문   혹 왈 숙 위 추 인 지 자   지 례 호   입 태 묘

每事를 問이온여 子聞之하시고 曰 是禮也니라
매 사 문   자 문 지   왈 시 례 야

국역　공자께서 태묘에 들어가서 매사를 물었다. 어떤 사람이 말했다.
"누가 추인의 아들이 예를 안다고 했는가? 태묘에 들어와서 매사를 묻
는구나." 공자께서 그것을 들으시고 말씀하셨다. "이것이 바로 예다."

글자풀이　大廟 주공의 사당. 원래 태묘는 천자나 제후가 제사를 모시는 곳이다.
노나라의 경우 주공을 모신 사당을 가리킨다. 孰 누구. 鄹人之子 추땅 사람의 아들.
비아냥거리는 말. 공자의 아버지인 숙량흘이 추읍의 대부였기에 이같이 폄하했다.

강講　예의 형식은 상황과 때에 따라 가변적이며 남과의 조화를 귀하
게 여긴다. 공자가 태묘의 제사에 참석하여 일일이 물은 이유다.

16. 활쏘기의 도

子曰 射不主皮는 爲力不同科니 古之道也니라
자 왈 사 부 주 피   위 력 부 동 과   고 지 도 야

국역　공자께서 말씀하셨다. "활을 쏠 때 과녁의 가운데인 가죽 뚫는 것
을 위주로 하지 않는 것은 힘을 씀이 같지 않기 때문이니, 옛날의 도이다."

主 위주로 하다. 皮 과녁의 가운데에 있는 가죽을 뚫는 것. 정곡正鵠을 뚫다. 科 등급. 道 이치. 방법. 도.

강講 활쏘기는 과녁의 중앙인 정곡에 집중한 후 활을 쏘는 것으로, 자신을 성찰하고 수양하는 운동이다. 당시 과녁을 뚫는 것으로 변질된 활쏘기에 대한 공자의 일침이다.

17. 형식이 본질을 기억하게 한다

子貢이 **欲去告朔之餼羊**한대 **子曰 賜也**아 **爾愛其羊**가 **我愛其禮**하노라
자공   욕 거 곡 삭 지 희 양   자 왈 사 야   이 애 기 양   아 애 기 례

국역 자공이 초하룻날 사당에 고하면서 바치는 희생양을 없애려고 했다. 공자께서 말씀하셨다. "사야, 너는 그 양을 아끼느냐? 나는 그 예를 아낀다."

글자풀이 去 제거하다. 告朔 초하룻날 사당에 제사를 지내며 달력을 청하는 의식. 섣달에 천자가 다음 해의 달력을 제후에게 주면 제후는 달력을 받아 조상의 사당에 보관했다가 매월 초하루에 희생양을 바치면서 사당에 고유하고 달력을 시행했다. '곡삭'이라고 읽는다. 餼羊 희생양. 愛 아끼다.

강講 당시 곡삭의 예가 제대로 진행되지 않았는데도 양을 바치는 의식은 지속되었다. 허례라고 여긴 자공이 이 예를 없애려 하자 공자는 형식이 남아 있으면 언젠가 예의 의미가 되살아날 수 있음을 상기시킨다.

18. 예와 아첨

子曰 事君盡禮를 人以爲諂也로다
자왈 사군진례 인이위첨야

국역 공자께서 말씀하셨다. "임금을 섬김에 예를 다하는 것을 사람들은 아첨한다고 하는구나."

강講 예는 지켜야 할 질서이고, 아첨은 자신의 이익을 위해 취하는 행동이다. 질서가 무너진 사회에서는 예와 아첨이 뒤섞여 구분되지 않는다. 임금에게 예를 다하는 공자를 사람들이 아첨이라 여긴 이유다.

19. 임금의 부림과 신하의 섬김

定公問 君使臣하며 臣事君하되 如之何잇고 孔子對曰 君使臣以禮하며 臣事
정공문 군사신 신사군 여지하 공자대왈 군사신이례 신사

君以忠이니이다
군이충

국역 정공이 물었다. "임금이 신하를 부리고, 신하가 임금을 섬기는 것을 어떻게 해야 합니까?" 공자께서 대답하셨다. "임금은 예로써 신하를 부리고, 신하는 진실한 마음으로 임금을 섬겨야 합니다."

글자풀이 定公정공 노나라의 임금. 공자가 사공司空과 대사구大司寇의 벼슬에 오른 것이 정공 때의 일이다. 忠충 진실한 마음. 진정성.

임금과 신하는 함께 정치를 행하는 동반자다. 임금이 신하를 예로 대하면 신하의 충성을 끌어내 임금을 존경하고 진실한 마음으로 섬긴다. 정치는 여기서부터 시작된다.

20. 시, 감정의 조화

子曰 關雎는 樂而不淫하고 哀而不傷이니라
자 왈 관 저   낙 이 불 음   애 이 불 상

국역 공자께서 말씀하셨다. "『시경』의 「관저」는 즐거우면서도 지나치지 않고, 슬프면서도 (마음을) 상하게 하지 않는다."

글자풀이 關雎 『시경』 「주남周南」의 첫 편이다. 淫 지나치다. 즐거움을 넘어 지나친 것. 傷 슬픔을 넘어 몸을 상하게 하는 것.

강講 「관저」편은 남녀 간의 사랑을 그린 시로, 그리움, 애탐, 슬픔, 기쁨 등 사람의 다양한 감정이 그대로 담겨 있다. 공자는 이 감정을 자연스러운 것으로 보았다.

21. 무엇을 말하랴?

哀公이 問社於宰我한대 宰我對曰 夏后氏는 以松이요 殷人은 以栢이요 周人은
애 공   문 사 어 재 아   재 아 대 왈 하 후 씨   이 송   은 인   이 백   주 인

以栗이니 曰使民戰栗이니이다 子聞之하시고 曰成事라 不說하며 遂事라 不諫하
이 률   왈 사 민 전 률   자 문 지   왈 성 사   불 설   수 사   불 간

며 旣往이라 不咎로다
  기 왕   불 구

국역　애공이 재아에게 사社에 대해 물었다. 재아가 대답했다. "하후씨
는 소나무로 하였고, 은나라 사람들은 잣나무로 하였으며, 주나라 사람
들은 밤나무로 하였으니, (밤나무로 한 것은) 백성들로 하여금 두렵게
하기 위한 것이었다고 합니다." 공자께서 들으시고 말씀하셨다. "이루어
진 일이라 말하지 않겠고, 끝난 일이라 따지지 않겠으며, 이미 지나간 일
이라 탓하지 않겠다."

글자풀이　社 토지신. 토질에 맞는 나무를 심어 신을 상징하고 제사 지냈다. 하夏·
은殷·주周 3대의 사社가 달랐다. 宰我 공자의 제자. 노나라 사람으로 자는 여予. 말재주
가 뛰어났다. 夏后 하나라. 栗 율慄과 같아서 전율戰慄로 쓰였다. 成事 이미 이루어진
일. 遂事 이미 다 된 일. 굳어져서 바꿀 수 없는 일. 旣往 이미 지난 일.

강講　주나라를 상징하는 밤나무에 대해 재아는 전율로 해석해 '백성
들을 두렵게 하기 위해서'라고 애공에게 설명했다. 정치를 '바르게'라고
보는 공자 입장에서는 전율을 느낄 만한 대답이다. 이미 뱉은 말은 주워
담을 수 없다. 탓한들 되돌릴 수 없다.

22. 관중의 됨됨이

子曰 管仲之器小哉라 或曰 管仲은 儉乎잇가 曰 管氏有三歸하며 官事를 不攝
자왈 관중지기소재   혹왈 관중   검호   왈 관씨유삼귀   관사 불섭

하니 焉得儉이리오 然則管仲은 知禮乎잇가 曰 邦君이야 樹塞門이어늘 管氏
언득검   연즉관중   지례호   왈 방군   수색문   관씨

亦樹塞門하며 邦君이야 爲兩君之好에 有反坫이어늘 管氏 亦有反坫하니 管氏
역수색문   방군   위양군지호   유반점   관씨 역유반점   관씨

而知禮면 孰不知禮리오
이지례   숙부지례

국역 공자께서 말씀하셨다. "관중의 그릇이 작구나." 어떤 사람이 물었다. "관중은 검소했습니까?" 공자께서 말씀하셨다. "관씨는 삼귀를 두었으며 관리의 일을 겸직시키지 않았으니 어찌 검소하다 하겠는가?" "그렇다면 관중은 예를 알았습니까?" 공자께서 말씀하셨다. "나라의 임금이어야 색문을 세울 수 있는데 관씨도 색문을 세웠으며, 나라의 임금이어야 두 임금의 우호를 위해 반점을 두는데 관씨도 반점을 두었으니, 관씨가 예를 안다면 누가 예를 알지 못하겠는가?"

글자풀이 管仲 성은 관, 이름은 이오夷吾. 제나라의 대부로 명재상. 器 그릇. 국량이 작고 좁다. 군주가 왕도를 행하도록 돕지 못했다. 三歸 여러 설이 있는데 누대樓臺의 명칭, 재화 창고, 세 명의 부인을 취함 등을 의미한다. 주자는 대의 이름으로 보았다. 攝 겸하다. 겸직. 제후는 업무에 따라 각각의 담당자를 두지만, 대부의 가신은 한 사람이 업무를 겸직하는 것이 당시 규정이었다. 樹 병풍. 담장. 塞門 나무를 심어 안이 보이지 않도록 문을 가리다. 천자는 대문 밖에, 제후는 문 안에 세우며, 대부는 발을, 사는 장막을 친다. 好 우호友好. 反坫 흙으로 빚은 대臺. 제후가 연회 때 두 임금의 우호를 다지기 위해 동과 서 두 기둥 사이에 두는 것으로, 술을 마신 후 술잔을 되돌려놓는 자리.

강講　제환공을 패자로 만든 춘추시대 초기의 명재상 관중에 대한 공자의 평가다. 제나라의 명재상으로 추앙받고 있지만, 분수에 넘친 그의 행동이 군자답지 않았음을 의미한다.

23. 음악의 힘

子語魯大師樂曰 樂은 其可知也니 始作에 翕如也하여 從之에 純如也하며
자 어 노 태 사 악 왈　악　기 가 지 야　시 작　흡 여 야　종 지　순 여 야

皦如也하며 繹如也하여 以成이니라
교 여 야　역 여 야　이 성

국역　공자께서 노나라 태사에게 음악에 대해 말씀하셨다. "(이제야) 음악을 알 수 있을 듯합니다. 처음 시작할 때는 가락이 합해지고, 이어서 (소리가) 풀어지면서 여러 악기가 조화를 이루며, 각각 음이 밝아지고 분명해지다가 서로 이어져 끊어지지 않으면서 한 악장이 완성됩니다."

글자풀이　大師 악관의 명칭. 翕 합하다. 從 방放과 같다. 풀어놓다. 純 화和와 같다. 조화를 이루다. 화합하다. 皦 명明과 같다. 밝다. 분명하다. 繹 서로 이어져 끊어지지 않음. 成 음악이 한 번 끝나는 것.

강講　음악의 조화는 이상사회를 의미한다. 각각의 음과 소리가 어우러져 여러 악기가 조화를 이루면서 하나가 된다는 점에서 공자는 음악의 가치를 높이 여겼다.

24. 하늘의 목탁

儀封人이 請見曰 君子之至於斯也에 吾未嘗不得見也로라 從者見之한대 出曰
의 봉 인 　청 현 왈 　군 자 지 지 어 사 야 　　오 미 상 부 득 견 야 　　　종 자 현 지 　　출 왈

二三子는 何患於喪乎리오 天下之無道也 久矣라 天將以夫子로 爲木鐸이시리라
이 삼 자 　하 환 어 상 호 　　천 하 지 무 도 야 　구 의 　천 장 이 부 자 　위 목 탁

국역 　의 땅의 국경을 관장하는 관원이 뵙기를 청하며 말했다. "군자
가 이곳에 오시면 내가 일찍이 뵙지 않은 적이 없었습니다." 수행자가
뵙게 해주자 나와서 말했다. "그대들은 어찌 (선생님께서) 벼슬을 잃었
다고 걱정하시오? 천하에 도가 없어진 지 오래되었소이다. 하늘이 장차
선생님을 목탁으로 삼으실 것이오."

글자풀이 　儀 위나라의 읍. 封人 국경을 관장하는 관원. 君子 당시의 현자賢者.
二三子 공자를 수행하는 제자들. 喪 벼슬을 잃다. 夫子 공자. 木鐸 쇠로 입을 만들고
나무로 혀를 만든 것. 사람의 주의를 끌기 위해 쓰였다.

강講 　국경을 지키면서 많은 군자를 만났던 의 땅의 봉인은 공자를 만
난 후 벼슬과 비교할 수 없는 하늘의 사명이 주어졌음을 꿰뚫고, 공자가
세상의 어둠을 깨우는 목탁이 될 것임을 선언한다.

25. 소악과 무악의 차이

子謂韶하시되 盡美矣요 又盡善也라하시고 謂武하시되 盡美矣요 未盡
자 위 소   진 미 의   우 진 선 아   위 무   진 미 의   미 진

善也라하시다
선 야

국역　공자께서 소韶를 평가하셨다. "지극히 아름답고 지극히 선하도
다." 무武를 평가하셨다. "(소리는) 지극히 아름답지만 (내용은) 선함을
다하지 않았다."

글자풀이　謂 평가하다. 韶 순임금의 음악. 美 소리와 모양의 성대함. 善 아름다움
의 실제 내용. 武 무왕의 음악.

강講　음악은 정치와 현실을 반영한다. 태평성대를 이룬 순임금의 음악
인 소가 소리도 내용도 아름답고 선한 반면, 혁명으로 천하를 얻은 무왕
의 음악인 무는 소리는 아름답지만 내용은 그렇지 않음을 평가한 것이다.

26. 지배층의 자세

子曰 居上不寬하며 爲禮不敬하며 臨喪不哀면 吾何以觀之哉리오
자 왈 거 상 불 관   위 례 불 경   임 상 불 애   오 하 이 관 지 재

국역　공자께서 말씀하셨다. "윗자리에 있으면서 너그럽지 않고, 예를
행하되 경건하지 않으며, 초상에 임해서 슬퍼하지 않는다면, 내가 무엇

으로 그를 평가하겠는가?"

글자풀이　居上 지배계층. 寬 관대하다. 너그럽다. 禮 국가 차원의 의전행사인 오례五禮와 개인 차원의 사례四禮. 오례는 길례吉禮·흉례凶禮·군례軍禮·빈례賓禮·가례嘉禮이고, 사례는 관혼상제의 예다.

강講　너그러우면 사람을 모으고, 경건하게 예를 행하면 신뢰를 얻으며, 초상에서 슬퍼하면 마음을 얻는다. 윗사람이 되어서 이를 행하지 않는다면 평가할 가치조차 없다.

제4편

이인
里仁

. . . .

인仁과 군자

. . .

이인편은 유학의 핵심사유인 인仁에 관한 문장이 주를 이룬다. 인이 무엇인지, 왜 인에 뜻을 두고 사명으로 삼아야 하는지 구체적인 예例를 제시하고 설명했다. 그와 함께 군자와 소인을 구분해 어떻게 다른지 밝혔으며, 군자의 도를 추구해야 하는 이유가 담겨 있다. 모두 26장이다.

1. 지혜로운 사람

子曰 里仁이 爲美하니 擇不處仁이면 焉得知리오
자 왈 이 인 위 미   택 불 처 인   언 득 지

국역　　공자께서 말씀하셨다. "마을이 인한 것이 아름다우니, (마을을) 골라서 인한 곳에 거처하지 않는다면 어찌 지혜롭다고 하겠는가?"

글자풀이　　里 마을. 마을의 풍속. 25가의 마을. 擇 가리다. 고르다. 知 지智와 같다. 지혜롭다.

강講　　환경은 인성과 성품뿐 아니라 가치관에도 영향을 미친다. 이 때문에 어떤 곳에서, 누구와 함께 하느냐는 매우 중요하다. 인한 곳을 고르고 선택하여 거처하는 것, 이것이 지혜로운 것이다.

2. 불인자, 인자, 지자

子曰 不仁者는 不可以久處約이며 不可以長處樂이니 仁者는 安仁하고 知者는
자 왈 불 인 자   불 가 이 구 처 약   불 가 이 장 처 락   인 자   안 인   지 자

利仁이니라
이 인

국역　공자께서 말씀하셨다. "불인한 사람은 오래도록 곤궁함에 처하
지 못하며, 오래도록 즐거움에 처하지 못한다. 인한 사람은 인을 편안하
게 여기고, 지혜로운 자는 인을 이롭게 여긴다."

글자풀이　久 오래도록. 處 처하다. 살다. 約 곤궁하다. 가난하다. 利 이롭다. 탐하다.

강講　불인자는 이익에 따라 움직이기에 가난을 견디지 못하며, 즐거
우면 방탕해지기 쉽다. 인자는 하늘의 이치를 따르기에 자연스레 인을
행하며 편하게 여기지만, 지자는 인을 행하는 것이 자신에게 이롭기에
행한다.

3. 인자의 공정함

子曰 惟仁者아 能好人하며 能惡人이니라
자 왈 유 인 자   능 호 인   능 오 인

국역　공자께서 말씀하셨다. "오직 인한 사람이라야 사람을 좋아할
수 있으며 사람을 미워할 수 있다."

강講 인한 사람도 사사로운 감정이 있지만, 감정에 휘둘려 사람을 판단하지 않는다. 바름을 지렛대로 삼아 좋아하고 미워함을 공정하게 한다.

4. 인에 뜻을 두면

子曰 苟志於仁矣면 無惡也니라
자 왈 구 지 어 인 의   무 악 야

국역 공자께서 말씀하셨다. "진실로 인에 뜻을 두면 악함이 없다."

글자풀이 苟 성誠과 같다. 진실로. 志 진심으로 추구하는 마음. 주자는 "마음이 가는 바"라고 했다.

강講 인에 뜻을 둔 사람은 본의 아니게 잘못을 범하고 실수할 수는 있지만, 의도적으로 남을 해치거나 악한 일을 행하지는 않는다.

5. 군자라는 이름

子曰 富與貴는 是人之所欲也나 不以其道로 得之어든 不處也하며 貧與賤은 是
자 왈 부 여 귀 시 인 지 소 욕 야 불 이 기 도 득 지   불 처 야   빈 여 천   시

人之所惡也나 不以其道로 得之라도 不去也니라 君子去仁이면 惡乎成名이리
인 지 소 오 야 불 이 기 도 득 지   불 거 야   군 자 거 인   오 호 성 명

오 君子無終食之間을 違仁이니 造次에 必於是하며 顚沛에 必於是니라
  군 자 무 종 식 지 간 위 인   조 차 필 어 시   전 패 필 어 시

국역 공자께서 말씀하셨다. "부유함과 귀함은 사람들이 바라는 것이지만 정당한 방법으로 얻은 것이 아니라면 처하지 않아야 하며, 가난함과 천함은 사람들이 싫어하는 것이지만 정당한 방법으로 얻지 않았다 할지라도 버리지 않아야 한다. 군자가 인을 버리면 어찌 (군자라는) 이름을 이룰 수 있겠는가? 군자는 밥을 먹는 동안에도 인을 어김이 없어야 하니, 경황중에도 반드시 인에 의거하며, 위급한 순간에도 반드시 인에 의거해야 한다."

글자풀이 其道 제대로 된 방법. 정당한 방법. 成名 이름을 이루다. 終食之間 밥 먹는 동안. 짧은 시간. 造次 경황 중. 급하고 구차한 때. 顚沛 위급한 순간. 넘어지려는 순간. 是 인仁을 가리킨다.

강講 부귀는 누구나 바라는 것이고, 빈천은 싫어하는 것이지만, 정당한 방법으로 얻을 때 의미가 있다. 군자는 어떤 순간에도 인에 뜻을 두고 따라야 군자라는 이름을 이룰 수 있다.

6. 인에 힘 쓰는가?

子曰 我未見好仁者와 惡不仁者로라 好仁者는 無以尙之요 惡不仁者는 其爲
자왈 아 미 견 호 인 자   오 불 인 자   호 인 자   무 이 상 지   오 불 인 자   기 위

仁矣에 不使不仁者로 加乎其身이니라 有能一日用其力於仁矣乎아 我未見力
인 의   불 사 불 인 자   가 호 기 신   유 능 일 일 용 기 력 어 인 의 호   아 미 견 력

不足者로라 蓋有之矣어늘 我未之見也로다
부 족 자   개 유 지 의   아 미 지 견 야

공자께서 말씀하셨다. "나는 아직 인을 좋아하는 자와 불인을 미워하는 자를 보지 못했다. 인을 좋아하는 자는 더할 나위 없지만, 불인을 미워하는 자는 인을 행할 때 불인한 것으로 하여금 자신의 몸에 더해지지 않도록 할 것이다. 하루라도 자신의 힘을 인에 쓰는 자가 있는가? 나는 아직 힘이 부족한 자를 보지 못했다. 아마도 그런 자가 있겠지만 내가 아직 보지 못했다."

글자풀이 尙 가장 높음. 더하다. 加 시施와 같다. 베푼다.

강講 인을 좋아하면 마땅히 인을 행하고, 불인을 미워하면 적어도 불인을 행하려 하지 않을 것이다. 그런데 인을 좋아한다고 하면서 인에 힘을 쓰는 자를 현실에서 찾기 어렵다.

7. 허물을 보면 알 수 있다

子曰 人之過也는 各於其黨이니 觀過에 斯知仁矣니라
자 왈 인 지 과 야   각 어 기 당   관 과   사 지 인 의

국역 공자께서 말씀하셨다. "사람의 허물은 각각 그 집단에 기인하니, 허물을 보면 이에 인한지를 알 수 있다."

글자풀이 過 잘못. 과실. 허물. 黨 집단. 무리. 동류. 斯 이.

사람의 허물은 추구하는 것과 속해 있는 집단에 따라 다르다. 부나 명예, 권력을 추구하면 그에 따른 허물이 있게 된다. 이 때문에 허물을 통해 그가 인한지를 알 수 있다.

8. 도를 듣는다면

子曰 朝聞道면 夕死라도 可矣니라
자 왈 조 문 도   석 사   가 의

국역 공자께서 말씀하셨다. "아침에 도를 듣는다면 저녁에 죽어도 좋다."

강講 공자의 삶의 목표는 도를 듣고 행하는 것이다. 도가 목표인 만큼 목표를 이룬다면 곧 죽는다 해도 두렵지 않다. 삶과 죽음이 하나의 이치임을 깨달은 자의 고백이다.

9. 선비의 됨됨이

子曰 士 志於道而恥惡衣惡食者는 未足與議也니라
자 왈 사 지 어 도 이 치 악 의 악 식 자   미 족 여 의 야

국역 공자께서 말씀하셨다. "선비가 도에 뜻을 두고서도 나쁜 의복과 나쁜 음식을 부끄러워한다면 더불어 논의할 수 없다."

강講 선비란 도에 뜻을 두고 따르는 사람으로, 도의 실천에 관심을 두어야 한다. 그런데 도가 아닌 겉치레와 먹을거리에 신경쓰며 부끄러워한다면 함께 도를 논의하고 진리를 말할 수 없다.

10. 의를 따르다

子曰 君子之於天下也에 無適也하며 無莫也하여 義之與比니라
자 왈 군 자 지 어 천 하 야　무 적 야　　무 막 야　　의 지 여 비

국역 공자께서 말씀하셨다. "군자는 천하에서 꼭 해야 한다는 것도 없고, 절대로 해서는 안 된다는 것도 없으며, 의만을 따를 뿐이다."

글자풀이 適 꼭 해야 한다고 주장하는 것. 가하다. 莫 절대로 안 된다. 불가하다. 比 따르다.

강講 천칭저울의 추는 물건의 무게에 따라 달라진다. 군자는 천칭저울과 같아서 의를 중심에 두고 때와 상황에 따라 알맞게 처하여 유연하게 행하는 존재다.

11. 군자와 소인의 생각

子曰 君子는 懷德하고 小人은 懷土하며 君子는 懷刑하고 小人은 懷惠니라
자왈 군자 회덕 소인 회토 군자 회형 소인 회혜

국역　공자께서 말씀하셨다. "군자는 덕을 생각하지만 소인은 땅을 생각하며, 군자는 법을 생각하지만 소인은 (잘못을 하면) 혜택받을 것을 생각한다."

글자풀이　懷 생각하다. 품다. 그리워하다. 土 땅 등 재물을 늘리는 것. 땅에서 소출되는 이익. 刑 잘못을 했을 경우 형벌을 받는 것. 惠 잘못을 했을 때 혜택받는 것.

강講　평상시 군자는 덕을 품고 행할 것을 생각하는 반면, 소인은 땅의 소출로 재물을 늘릴 것을 생각한다. 군자는 법에 저촉되지 않는 삶을 생각하며 바르게 행하려 하지만, 소인은 잘못했을 때 혜택받을 것만을 생각한다.

12. 이익만을 추구하면

子曰 放於利而行이면 多怨이니라
자왈 방어리이행 다원

국역　공자께서 말씀하셨다. "이익에 따라 행동하면 원망이 많다."

글자풀이 放 따르다. 의지하다. 利 자기만의 이익.

강講 한정된 이익을 보다 많이 얻기 위해선 경쟁하고 다투며 이로움에 따라 행동해야 한다. 이 때문에 사람들의 원망을 받을 수밖에 없다.

13. 예악의 정치

子曰 能以禮讓이면 爲國乎에 何有며 不能以禮讓으로 爲國이면 如禮何리오
자 왈 능 이 례 양   위 국 호   하 유   불 능 이 례 양   위 국   여 례 하

국역 공자께서 말씀하셨다. "예와 겸양으로 할 수 있으면 나라를 다스는 데 무슨 어려움이 있겠으며, 예와 겸양으로 나라를 다스릴 수 없다면 예를 어떻게 하겠는가?"

글자풀이 讓 사양하다. 겸양하다. 배려. 爲 다스리다. 何有 하난지유何難之有의 준말. 무슨 어려움이 있겠는가?

강講 정치는 예로 이루어져야 한다. 통치자가 배려와 양보, 사양으로 예를 행하며 통치한다면 국민의 전적인 신뢰로 나라가 다스려져 어려울 것이 없다.

14. 먼저 실력을 길러라

子曰 不患無位요 患所以立하며 不患莫己知요 求爲可知也니라
자왈 불환무위   환소이립   불환막기지   구위가지야

국역　공자께서 말씀하셨다. "지위가 없는 것을 걱정하지 말고 설 수 있는 능력 갖출 것을 걱정하며, 자신을 알아주지 않는 것을 걱정하지 말고 알아줄 만한 사람이 되기를 힘써야 한다."

강講　지위를 바란다면 지위에 걸맞는 실력과 인품을 갖추는 것이 먼저다. 알아주기를 바란다면 그렇게 되도록 노력해야 한다. 실력을 갖추어야 인정과 신뢰를 받을 수 있다.

15. 선생님의 도

子曰 參乎아 吾道는 一以貫之니라 曾子曰 唯라 子出커시늘 門人이 問曰 何
자왈 삼호   오도   일이관지   증자왈유   자출   문인   문왈하

謂也잇고 曾子曰 夫子之道는 忠恕而已矣시니라
위야   증자왈부자지도   충서이이의

국역　공자께서 말씀하셨다. "삼아, 나의 도는 하나의 이치로 관통한다." 증자가 대답했다. "네!" 공자께서 나가시니 문인들이 물었다. "무엇을 말씀하신 것이오?" 증자가 말했다. "선생님의 도는 충과 서일 뿐입니다."

글자풀이　參 증자의 이름. 貫 통通과 같다. 꿰다. 관통하다. 唯 빨리 대답하고 실행에 옮기는 것. 門人 문하의 제자들. 忠 중심에 있는 마음. 진실한 마음. 자기의 마음을 다하는 것으로, 진정성을 의미한다. 恕 '너와 나의 마음이 같다'는 뜻으로, 자기의 마음을 미루어 남의 마음까지 헤아리는 것이다. 而已矣 ~할 뿐이다. ~할 따름이다.

강講　자기의 마음을 다하는 '충'과 같은 마음을 의미하는 '서'는 동전의 양면이다. 충을 통해 서를 이루고, 서로써 충이 온전해진다. 즉 충과 서가 '인'으로, 공자는 이 이치로 모든 것을 꿰뚫었음을 '일이관지'로 설명했다.

16. 군자와 소인의 깨달음

子曰 君子는 喩於義하고 小人은 喩於利니라
자 왈 군 자　유 어 의　　소 인　유 어 리

국역　공자께서 말씀하셨다. "군자는 의에서 깨닫고, 소인은 이익에서 깨닫는다."

글자풀이　喩 깨닫다. 깨우치다. 밝다. 효曉와 같다.

강講　본마음을 따르는 군자는 의로움을 추구하지만, 욕심을 따르는 소인은 이익에 따라 행동한다. 이 때문에 군자와 소인은 깨닫는 것이 의와 이익에 기반하여 나타난다.

17. 사람이 거울이다

子曰 見賢思齊焉하며 見不賢而內自省也니라
자 왈 견 현 사 제 언   견 불 현 이 내 자 성 야

국역　공자께서 말씀하셨다. "어진 이를 보면 그와 같아질 것을 생각하고, 어질지 못한 이를 보면 안으로 자신을 살펴야 한다."

글자풀이　齊 같아지다. 가지런하다. 省 성찰하다. 살피다. 반성하다.

강講　자신을 바르게 하는 방법 중 하나가 다른 사람의 좋은 점을 본받고, 잘못을 보면 자신을 살펴 고치는 것이다. 사람을 거울로 삼아 성찰하는 것, 자기다움을 이루는 길이다.

18. 부모 섬기는 법

子曰 事父母호되 幾諫이니 見志不從하고 又敬不違하며 勞而不怨이니라
자 왈 사 부 모   기 간   견 지 부 종   우 경 불 위   노 이 불 원

국역　공자께서 말씀하셨다. "부모를 섬기되 (잘못에 대해) 은밀하게 간해야 한다. (내) 뜻을 따르지 않더라도 더욱 공경하고 (부모의 뜻을) 어기지 않으며, 수고롭더라도 원망하지 않아야 한다."

글자풀이　幾 은밀하다. 가만히. 살며시. 諫 간하다. 志 부모의 뜻.

강講 때로 부모의 잘못을 대할 때가 있는데, 섬기는 마음으로 은밀하게 간하여 고치도록 해야 한다. 설사 내 뜻을 따라주지 않더라도 공경하며, 힘들더라도 원망하지 말아야 한다.

19. 장소를 알려라

子曰 父母在어시든 **不遠遊**하며 **遊必有方**이니라
자 왈 부 모 재   불 원 유   유 필 유 방

국역 공자께서 말씀하셨다. "부모가 생존해 계시거든 멀리 가서 놀지 말며, 놀더라도 반드시 일정한 장소가 있어야 한다."

글자풀이 在 생존해 계시다. 方 일정한 장소. 자신이 있는 장소.

강講 부모의 걱정의 반은 자식 걱정이다. 어디에 있는지, 무엇을 하는지 알린다면 걱정이 덜어지고 유사시에 연락을 받을 수 있다. 스마트폰 시대에도 지녀야 할 자세다.

20. 효도, 이렇게 한다

子曰 三年을 **無改於父之道**라야 **可謂孝矣**니라
자 왈 삼 년   무 개 어 부 지 도   가 위 효 의

공자께서 말씀하셨다. "3년 동안 아버지의 방식을 고치지 않아야 효라고 말할 수 있다."

강講 「학이」편 11장에 나왔다.

21. 부모의 나이를 기억하라

子曰 父母之年은 不可不知也니 一則以喜요 一則以懼니라
자왈 부모지년 불가부지야 일즉이희   일즉이구

국역 공자께서 말씀하셨다. "부모의 나이는 알지 않을 수 없다. 한편으로는 그 때문에 기쁘고, 한편으로는 그 때문에 두렵다."

글자풀이 年 나이. 知 기억하다. 一則 한편으로는. 以 나이 때문에.

강講 부모의 건강과 장수는 자식에게 큰 기쁨이지만, 세월이 갈수록 돌아가실 날이 가깝다고 생각하면 두려울 수밖에 없다. 이 때문에 부모의 날을 아끼고 사랑해야 한다.

22. 말을 조심하라

子曰 古者에 言之不出은 恥躬之不逮也니라
자왈 고자 언지불출 치궁지불체야

공자께서 말씀하셨다. "옛사람들이 말을 함부로 내지 않았던 것은 몸소 행함이 미치지 못할까 부끄러워해서다."

躬 몸소 행하다. 逮 미치다.

말은 쉽고 빠르다. 하지만 말만 하고 행하지 않으면 신뢰는 무너진다. 말은 행해질 때 무게가 실리고 생명력을 갖춘다. 말을 신중히 하고 부끄러워하는 것, 군자의 시작이다.

23. 절제하라

子曰 以約失之者 鮮矣니라
자 왈 이 약 실 지 자 선 의

공자께서 말씀하셨다. "절제함으로써 잃는 자는 드물다."

約 절제하다. 수렴하고 단속하다. 失 잃다. 실수하다.

사람의 실수는 대부분 넘치거나 지나칠 때 일어난다. 조심하고 절제하면 미치지 못할 수는 있지만 그다지 크게 실수하거나 잃지는 않는다. 절제가 필요하다.

24. 행동하는 지성

子曰 君子는 欲訥於言而敏於行이니라
자 왈 군 자　 욕 눌 어 언 이 민 어 행

국역　공자께서 말씀하셨다. "군자는 말은 어눌하게 하고, 행동은 민첩하게 하고자 한다."

글자풀이　訥 과묵해 말을 함부로 하지 않는다. 조심하다. 敏 민첩하다. 부지런하다.

강講　군자는 말의 힘을 잘 알기 때문에 신중하고 조심스럽게 말하지만, 행동하는 것은 민첩하고 부지런하다. 행동하는 지성, 이것이 바로 군자다.

25. 덕은 이웃이 있다

子曰 德不孤라 必有隣이니라
자 왈 덕 불 고　 필 유 린

국역　공자께서 말씀하셨다. "덕은 외롭지 않다. 반드시 이웃이 있다."

글자풀이　隣 친親과 같다. 마음을 나누는 존재.

강講　덕은 모두에게 있지만 모두가 행하지는 않는다. 나누고 배려하며 하나가 되는 덕을 행하게 되면 많은 사람들이 모인다. 마음과 마음으로 통하기에 홀로 있어도 혼자가 아니다.

26. 간언과 충고

子游曰 事君數이면 **斯辱矣**요 **朋友數**이면 **斯疏矣**니라
자유왈　사군삭　　　사욕의　　붕우삭　　　사소의

국역　자유가 말했다. "임금을 섬김에 자주 간하면 치욕을 당하고, 벗에게 자주 충고하면 소원해진다."

글자풀이　數 자주. 辱 치욕. 수치. 疏 멀어진다. 소원해진다.

강講　간언과 충고는 상대방이 잘못됐다는 것을 전제하고 있다. 누구든 싫어한다. 상대방이 고치기를 바란다면 신중하게 접근해야 한다. 그것이 치욕도 면하고 벗도 잃지 않는 방법이다.

제5편

공야장
公冶長

공자의 인물 품평

공야장편에는 공자의 인물평이 많다. 사위와 조카사위, 제자뿐 아니라 역사 속 인물과 당시의 정치인 등 총 24명을 평가한다. 그들의 뛰어난 점과 그렇지 못한 점, 얻음과 잃음 등을 통해 공자가 중시한 것을 파악할 수 있다. 특히 공자가 이루고자 하는 세상과 함께 공자의 긍지도 엿볼 수 있다. 모두 27편이다.

1. 사위와 조카사위에 대한 평

子謂公冶長하사대 可妻也로다 雖在縲絏之中이나 非其罪也라하시고 以其子로
자 위 공 야 장   가 처 야   수 재 류 실 지 중   비 기 죄 아   이 기 자

妻之하시다 子謂南容하사대 邦有道에 不廢하며 邦無道에 免於刑戮이라하시
처 지   자 위 남 용   방 유 도   불 폐   방 무 도   면 어 형 륙

고 以其兄之子로 妻之하시다
   이 기 형 지 자   처 지

국역 　공자께서 공야장을 평가하셨다. "사위 삼을 만하다. 비록 검은
포승줄에 묶여 있었으나 그의 죄가 아니었다"라고 하시고는 자신의 딸
을 그에게 시집보내셨다. 공자께서 남용을 평가하셨다. "나라에 도가 있
으면 버려지지 않을 것이고, 나라에 도가 없더라도 형벌과 죽음을 면할
것이다"라고 하시고 형의 딸을 그에게 시집보내셨다.

글자풀이 　謂 평가하다. 公冶長 공자의 제자이자 사위. 자는 자장子長. 妻 시집 보
내다. 아내를 얻게 하다. 사위 삼다. 縲 검정색의 포승줄. 絏 묶다. 南容 공자의 제자이

자 조카사위. 이름은 도綯 혹은 괄适이며, 자는 자용子容, 시호謚號는 경숙敬叔. 맹의자孟懿子의 형이다. *不廢* 반드시 쓰인다.

강講 공야장은 감옥에 갇힌 적이 있지만 자신의 잘못이 아니었다. 그의 됨됨이는 공자가 사위 삼기에 충분했다. 남용은 어떤 경우에도 잘못될 일이 없을 만큼 말과 행동에 신중했다. 공자가 조카사위로 선택한 이유다.

2. 자천의 군자다움

子謂子賤하사되 君子哉라 若人이여 魯無君子者면 斯焉取斯리오
자 위 자 천   군 자 재   약 인   노 무 군 자 자   사 언 취 사

국역 공자께서 자천을 평가하셨다. "군자답구나! 이 사람이여! 노나라에 군자가 없었다면 이 사람이 어디에서 이러한 덕을 취했겠는가?"

글자풀이 子賤 공자의 제자. 성은 복宓이고 이름은 부제不齊다. 斯 차인此人. 인칭대명사. 焉 어디에서. 斯 이러한 덕. 차덕此德.

강講 군자라는 평가에 신중한 공자가 자천을 군자답다고 평가했다. 그런데 그가 군자다울 수 있는 것은 노나라에 군자가 있었기 때문이다. 공자의 조국에 대한 자부심을 엿볼 수 있다.

3. 너는 그릇이다

子貢問曰 賜也는 何如하니잇고 子曰 女는 器也니라 曰 何器也잇고 曰 瑚璉
자공문왈 사야 하여   자왈 여 기야   왈 하기야   왈 호련

也니라
야

국역　자공이 여쭈었다. "저는 어떻습니까?" 공자께서 말씀하셨다.
"너는 그릇이다." 자공이 말했다. "어떤 그릇입니까?" 공자께서 말씀하
셨다. "호와 련이다."

글자풀이　賜 자공의 이름. 瑚 하나라의 제기 명칭. 璉 은나라의 제기 명칭. 호瑚
와 연璉은 모두 옥으로 장식한 귀한 그릇으로, 종묘宗廟에서 재물로 쓰는 곡식인 서직黍
稷을 담는다.

강講　자신에 대해 묻는 자공에게 공자는 망설임 없이 그릇이라고 말
한다. 귀한 그릇인 호와 련이지만 그릇은 그릇이다. 자공이 재능은 뛰어
나지만 군자에는 미치지 못함을 의미한다.

4. 말재주를 조심하라

或曰 雍也는 仁而不佞이로다 子曰 焉用佞이리오 禦人以口給하여 屢憎於
혹왈 옹야 인이불녕   자왈 언용녕   어인이구급   누증어

人하나니 不知其仁이어니와 焉用佞이리오
인   부지기인   언용녕

국역 어떤 사람이 말했다. "옹은 인하긴 하지만 말재주가 없습니다." 공자께서 말씀하셨다. "말재주를 어디에 쓰겠는가? 재주 있는 말솜씨로 남의 말을 막아서 자주 남에게 미움을 받으니, 그가 인한지는 알지 못하겠으나 말재주를 어디에 쓰겠는가?"

글자풀이 雍 중궁仲弓의 이름. 성은 염冉. 자는 중궁仲弓이다. 덕행이 뛰어난 제자다. 佞 말재주. 아첨하는 말. 禦 막다. 남의 말을 막다. 給 넉넉하다. 말 잘하다. 屢 자주. 憎 미워하다.

강講 인품도 덕도 뛰어난 옹이지만 말솜씨는 부족했던 것 같다. 누군가 그것을 지적하자 공자는 말솜씨가 지닌 문제점을 지적한다. 말재주 때문에 미움을 받는다면 차라리 부족한 것이 낫다.

5. 칠조개의 공부

子使漆雕開로 仕하신대 對曰 吾斯之未能信이로소이다 子說하시다
자 사 칠 조 개 　 사 　 　 대 왈 오 사 지 미 능 신 　 　 　 자 열

국역 공자께서 칠조개로 하여금 벼슬하도록 하셨다. 칠조개가 대답했다. "저는 벼슬에 대해 아직 자신이 없습니다." 공자께서 기뻐하셨다.

글자풀이 使 ～로 하여금. 漆雕開 공자의 제자로 자는 자약子若, 칠조漆雕가 성이고 개開가 이름이다. 斯 벼슬. 信 자신.

강講 공자가 칠조개에게 벼슬을 권한 것은 인품과 실력을 갖췄다고 여겼기 때문이다. 그런데 자신이 없다고 사양하자 그의 공부가 벼슬이 목적이 아님을 알았다. 그것이 기뻤다.

6. 공자의 탄식

子曰 道不行이라 乘桴하여 浮于海하리니 從我者는 其由與인저 子路聞之하고
자왈 도불행　　승부　　부우해　　종아자　기유어　　자로문지

喜한대 子曰 由也는 好勇이 過我나 無所取材로다
희　　자왈유야　호용　　과아　무소취재

국역 공자께서 말씀하셨다. "도가 행해지지 않는구나. 뗏목을 타고 바다로 떠날까 보다. 나를 따를 자는 아마도 유由일 것이다." 자로가 이 말을 듣고 기뻐하자 공자께서 말씀하셨다. "유가 용勇을 좋아하는 것은 나보다 낫지만 재목으로 취할 것이 없구나."

글자풀이 桴 뗏목. 浮 둥실둥실 떠다니다. 過 뛰어나다. 낫다. 材 재목. 재주. 마름질 하다.

강講 도가 행해지지 않는 이곳을 떠나고 싶다는 공자의 말에는 절망이 담겨 있다. 그런데 공자가 자신을 동행자로 꼽자 자로가 기뻐한다. 용맹스럽긴 하지만 분별을 못하는 자로다. 공자의 안타까움이 전해진다.

7. 맹무백의 질문

孟武伯이 問 子路仁乎잇가 子曰 不知也로라 又問한대 子曰 由也는 千乘之
맹 무 백   문 자 로 인 호   자 왈 부 지 야   우 문   자 왈 유 야   천 승 지

國에 可使治其賦也어니와 不知其仁也로라 求也는 何如하니잇고 子曰 求也는
국   가 사 치 기 부 야   부 지 기 인 야   구 야   하 여   자 왈 구 야

千室之邑과 百乘之家에 可使爲之宰也어니와 不知其仁也로라 赤也는 何如하
천 실 지 읍   백 승 지 가   가 사 위 지 재 야   부 지 기 인 야   적 야   하 여

니잇고 子曰 赤也는 束帶立於朝하여 可使與賓客言也어니와 不知其仁也로라
          자 왈 적 야   속 대 입 어 조   가 사 여 빈 객 언 야   부 지 기 인 야

국역   맹무백이 물었다. "자로는 인합니까?" 공자께서 말씀하셨다.
"모르겠습니다." 또 물었다. 공자께서 말씀하셨다. "유는 천승의 나라에
서 군대를 다스릴 수 있지만 그가 인한지는 모르겠습니다.""구는 어떻
습니까?" 공자께서 대답하셨다. "구는 천실 정도 되는 큰 읍과 백승의 집
안에서 재상이 될 수는 있겠지만 그가 인한지는 모르겠습니다.""적은
어떻습니까?" 공자께서 대답하셨다. "적은 띠를 매고 조정에 서서 빈객
과 더불어 대화를 나눌 수 있겠지만 그가 인한지는 모르겠습니다."

글자풀이   賦 군대. 옛날에는 토지의 세금을 따져서 군사를 냈다. 그 때문에 군대
를 부賦라고 했다. 求 제자인 염유冉有의 이름. 千室 큰 읍. 百乘 대부의 집안. 宰 읍장
과 가신의 총칭. 赤 제자인 공서화公西華의 이름. 자는 자화子華. 束帶 띠를 매다. 예복을
입는다. 벼슬.

강講   인을 정치적 스킬이라고 여긴 맹무백이 자로, 염유, 공서화가 인
한지를 물었다. 공자는 그들의 능력을 구체적으로 알려주었다. 맹무백이
알고 싶은 것이 제자들의 정치적 능력임을 간파한 것이다.

8. 안회와 자공의 차이

子謂子貢曰 女與回也로 孰愈오 對曰 賜也는 何敢望回리잇고 回也는 聞一以
자위자공왈 여여회야 숙유 대왈 사야 하감망회   회야 문일이

知十하고 賜也는 聞一以知二하노이다 子曰 弗如也니라 吾與女의 弗如也하노라
지십   사야 문일이지이   자왈 불여야   오여여 불여야

국역　공자께서 자공에게 말씀하셨다. "너와 회는 누가 나으냐?" 자공
이 대답했다. "제가 어찌 감히 회를 바라볼 수 있겠습니까? 회는 하나를
들으면 열을 알고, 저는 하나를 들으면 둘을 압니다." 공자께서 말씀하셨
다. "(안회만) 못하지. 나는 네가 (안회만) 못하다고 한 것을 인정한다."

글자풀이　謂 말하다. 愈 낫다. 뛰어나다. 승勝과 같다. 與 인정하다. 허여하다.

강講　자공도 뛰어나지만 안회와는 비교되지 않는다. 자공은 안연과
자신의 차이를 명확하게 알고 있었다. 그릇을 넘어 인품과 덕을 갖춘 군
자가 되길 바란 공자의 의도가 담겨 있다.

9. 재여의 낮잠

宰予晝寢이어늘 子曰 朽木은 不可雕也요 糞土之牆은 不可杇也니 於予與에
재여주침   자왈 후목 불가조야 분토지장   불가오야   어여여

何誅리오 子曰 始吾於人也에 聽其言而信其行이러니 今吾於人也에 聽其言
하주   자왈 시오어인야 청기언이신기행   금오어인야   청기언

而觀其行하노니 於予與에 改是로라
이관기행   어여여   개시

국역 　재여가 낮잠을 자고 있자 공자께서 말씀하셨다. "썩은 나무에는 조각할 수 없고, 거름흙으로 만든 담장은 흙손질할 수가 없다. 재여에 대해 무엇을 꾸짖겠는가?" 공자께서 말씀하셨다. "처음에 나는 사람에 대해 그의 말을 듣고 그의 행실을 믿었다. 그런데 지금 나는 사람에 대해 그의 말을 듣고 그의 행실을 살피게 되었다. 재여 때문에 이것을 바꾼 것이다."

글자풀이 　畫寢 낮잠. 朽 썩다. 雕 조각하다. 糞土 거름흙. 牆 담장. 杇 흙손질하다. 誅 꾸짖다.

강講 　낮잠을 잔 재여를 썩은 나무와 거름흙으로 만든 담장에 비유한 공자는 재여 때문에 사람의 말을 듣고 행실을 살피게 되었다고 말한다. 말과 행동의 불일치는 신뢰를 잃는다.

10. 굳셈과 욕심

子曰 吾未見剛者로라 **或對曰 申棖**이니이다 **子曰 棖也**는 **慾**이어니 **焉得剛**이리오

자왈 오미견강자　　　혹대왈 신정　　　자왈 정야　는 욕　　　언득　강

국역 　공자께서 말씀하셨다. "나는 아직 군센 자를 보지 못했다." 어떤 사람이 대답했다. "신정입니다." 공자께서 말씀하셨다. "정은 욕심으로 하는 것이니 어찌 굳세다고 할 수 있겠는가?"

글자풀이 剛 굳세다. 申棖 공자의 제자. 慾 욕심. 강과 반대다.

강講 신정은 힘이 굳세고 용맹스러운 사람으로, 사람들이 굳세다고 여겼다. 하지만 진정한 굳셈은 의롭고 올바르게 판단하여 행동하는 것이다. 공자가 신정의 굳셈을 욕심이라고 한 이유다.

11. 자공의 포부

子貢曰 我不欲人之加諸我也를 吾亦欲無加諸人하노이다 子曰 賜也아 非爾所
자 공 왈 아 불 욕 인 지 가 저 아 야   오 역 욕 무 가 저 인   자 왈 사 야   비 이 소
及也니라
급 야

국역 자공이 말했다. "저는 남들이 제게 가하기를 원하지 않는 일을 저 또한 남에게 하지 않으려 합니다." 공자께서 말씀하셨다. "사야, 네가 미칠 수 있는 바가 아니다."

글자풀이 人 남. 諸 ~에게. 爾 너.

강講 자공의 포부는 인을 행하는 것이다. 하지만 인은 너를 나처럼 여기고, 너와 하나 될 때 자연스럽게 이루어지는 것으로, 나와 남을 나누는 자공이 미칠 경지가 아니었다.

12. 선생님의 가르침

子貢曰 夫子之文章은 可得而聞也어니와 夫子之言性與天道는 不可得而聞
자공왈 부자지문장   가득이문야   부자지언성여천도   불가득이문
也니라
야

국역   자공이 말했다. "선생님의 문장은 들을 수 있었으나, 선생님께
서 성性과 천도天道에 대해 말씀하시는 것은 들을 수 없었다."

글자풀이   文章 덕이 밖으로 드러난 것으로, 위의威儀와 문사文辭를 말한다. 聞 듣
다. 가르침을 받다. 性 하늘로부터 부여받은 이치. 天道 하늘의 이치.

강講   공자는 제자의 수준에 따라 맞춤교육을 행했다. 그 때문에 하늘
로부터 부여받은 이치인 성과 형상도 없고 심오하며 깊고 정밀한 천리
의 본체인 천도는 제자들이 이해하기 힘들기 때문에 섣불리 말하지 않
았다.

13. 자로의 성정

子路는 有聞이오 未之能行하야서 唯恐有聞하더라
자로   유문   미지능행   유공유문

국역   자로는 (가르침을) 들은 것이 있는데, 아직 실행하지 못했으면
오직 또 들을까 두려워했다.

有聞 선생님으로부터 들은 좋은 말씀. 가르침을 듣다. 唯 오직.

강講 자로는 가르침을 들으면 실천으로 옮기고자 했다. 그런데 일일이 행하다보니 늘 시간이 부족해 다른 것을 들을까봐 걱정했다. 그가 인을 추구했다면 배움이 즐거웠을 것이다. 자로의 성정을 보여준다.

14. 공문자의 장점

子貢이 問曰 孔文子를 何以謂之文也잇고 子曰 敏而好學하며 不恥下問이라
자공 문왈 공문자 하 이 위 지 문 야 자 왈 민 이 호 학 불 치 하 문

是以謂之文也니라
시 이 위 지 문 야

국역 자공이 물었다. "공문자는 무엇 때문에 문이라고 일컫는지요?" 공자께서 말씀하셨다. "명민하면서도 배우기를 좋아하고, 아랫사람에게 묻는 것을 부끄러워하지 않았다. 이 때문에 문이라고 한 것이다."

글자풀이 孔文子 위衛나라의 대부인 어圉. 文 시호諡號. 『춘추좌전』 애공 11년을 보면 그는 딸인 공길孔姞을 태숙질太叔疾에게 시집보내고자 그 외 본부인을 내쫓게 했다. 그런데 태숙질이 본처의 여동생과 정을 통하자 그를 송나라로 내쫓고는 태숙질의 동생인 유遺에게 다시 시집을 보낸 인물이다.

강講 공자가 말하는 공문자의 장점은 명민한 자공의 단점으로, 그가 깨닫기를 바라는 공자의 의도를 엿볼 수 있다.

15. 자산이 갖춘 군자의 도

子謂子産하사대 有君子之道가 四焉이니 其行己也恭하며 其事上也敬하며
자 위 자 산　　　　유 군 자 지 도　　사 언　　기 행 기 야 공　　　기 사 상 야 경

其養民也惠하며 其使民也義니라
기 양 민 야 혜　　기 사 민 야 의

국역　공자께서 자산을 평가하셨다. "(그는) 군자의 도 네 가지를 갖
추었으니, 몸가짐이 공손했고, 윗사람 섬김에 공경스러웠으며, 백성을
기름에 은혜로웠고, 백성을 부림에 의로웠다."

글자풀이　子産 정鄭나라의 대부 공손교公孫僑(기원전582~기원전522년). 恭 공손하다.
敬 공경하다. 惠 백성을 사랑하고 이롭게 해 은혜를 베풀다. 義 올바름과 마땅함을 행
하다.

강講　약소국인 정나라를 강소국으로 만든 명재상 자산이 행한 군자
의 도다. 그는 몸가짐은 공손했고, 네 명의 임금을 섬기면서도 공경을
다했으며, 백성의 삶에 은혜를 베풀었고, 올바름으로 통치를 행했다.
이로써 혼란했던 나라를 안정되고 든든한 나라로 거듭나게 했다.

16. 안평중의 사귐

子曰 晏平仲은 善與人交로다 久而敬之온여
자 왈 안 평 중　　선 여 인 교　　구 이 경 지

국역 공자께서 말씀하셨다. "안평중은 남과 사귀기를 잘하였도다. 오래되어도 공경하는구나!"

글자풀이 晏平仲 제齊나라의 대부로 이름은 영嬰이다. 영공靈公·장공莊公·경공景公의 삼대 임금을 모시고 제나라를 잘 다스려 명재상으로 이름을 높였다.

강講 대부분의 사람들이 오래 사귈수록 상대방에게 소홀해지는 경향이 있는데, 안영晏嬰의 사귐은 흐트러짐 없이 한결같은 모습으로 사람을 대했다. 공자가 찬탄한 이유다.

17. 지혜란 무엇인가?

子曰 臧文仲이 居蔡호되 山節藻梲하니 何如其知也리오
자 왈 장 문 중   거 채   산 절 조 절   하 여 기 지 야

국역 공자께서 말씀하셨다. "장문중이 큰 거북을 보관하면서 기둥머리에 산을 조각하고 들보 위 동자기둥에는 마름풀을 그렸다. 어찌 그를 지혜롭다고 하겠는가?"

글자풀이 臧文仲 노魯나라 대부인 장손씨臧孫氏로 이름은 신辰. 50여 년 동안 장공莊公·민공閔公·희공僖公·문공文公 등 네 명의 임금을 섬겼으며, 지혜롭다는 평판을 받았다. 居 장藏과 같다. 보관하다. 蔡 큰 거북. 천자가 점을 칠 때 쓴다. 節 기둥머리의 모진 나무. 藻 마름풀. 수초의 이름. 梲 동자기둥. 대들보 위의 짧은 기둥.

지혜롭다고 알려진 장문중은 잔꾀로 세상을 어지럽히고, 임금의 예를 행하며 귀신에게 아첨했다. 과연 그를 지혜롭다 할 수 있는가?

18. 충과 청

子張이 問曰 令尹子文이 三仕爲令尹호되 無喜色하며 三已之호되 無慍色
자장　문왈　영윤자문　삼사위영윤　　무희색　　삼이지　　무온색

하여 舊令尹之政을 必以告新令尹하니 何如하니잇고 子曰 忠矣니라 曰 仁矣
　구영윤지정　필이고신영윤　　하여　　　자왈충의　　왈인의

乎잇가 曰 未知로라 焉得仁이리오 崔子弑齊君이어늘 陳文子有馬十乘이러니
호　　왈미지　　언득인　　최자시제군　　진문자유마십승

棄而違之하고 至於他邦하여 則曰 猶吾大夫崔子也라하고 違之하며 之一邦하
기이위지　지어타방　즉왈　유오대부최자야　　위지　　지일방

여 則又曰 猶吾大夫崔子也라하고 違之하니 何如하니잇고 子曰 淸矣니라 曰
　즉우왈　유오대부최자야　　위지　　하여　　　자왈청의　　왈

仁矣乎잇가 曰 未知로라 焉得仁이리오
인의호　　왈미지　　언득인

국역 자장이 물었다. "영윤인 자문은 세 번 벼슬해서 영윤이 되었는데 기뻐하는 기색이 없었고, 세 번이나 그만두면서도 성내는 기색이 없었으며, 지난날 자신이 맡았던 영윤의 정사를 반드시 새로 부임하는 영윤에게 알려주었습니다. 어떻습니까?" 공자께서 말씀하셨다. "충성스럽구나." 자장이 물었다. "인합니까?" 공자께서 말씀하셨다. "모르겠다. 어찌 인하다고 할 수 있겠는가?" "최자가 제나라 임금을 시해하자, 진문자가 말 10승을 소유하고 있었는데, 버리고 그 나라를 떠났습니다. 다른 나라에 이르러 말하기를 '우리 대부 최자와 같구나'라고 하고 그 나라를 떠났습니다. 다른 나라에 가서 또 말하길 '우리 대부 최자와 같구나'라고

하고 그 나라를 떠났습니다. 어떻습니까?" 공자께서 대답하셨다. "청렴하구나." 자장이 물었다. "인합니까?" 공자께서 대답하셨다. "모르겠다. 어찌 인하다고 할 수 있겠는가?"

글자풀이　슈尹 관직의 명칭. 초나라의 상경上卿. 子文 성은 투鬪, 이름은 누오도穀於菟. 陳文子 제나라 대부로 이름은 수무須無. 崔子 제나라의 대부로 이름은 저杼. 違 떠나다. 淸 청렴하다. 욕심이 없다.

강講　자문은 지위에 연연하지 않았고, 진문자는 부귀영화에 흔들리지 않았다. 자장은 그들이 인한지 질문했지만, 공자는 충과 청이라고 대답한다. 인은 더불어 살고, 남과 하나 되어 사람답게 사는 세상을 만드는 것이다. 이들을 인하다고 할 수 없는 이유다.

19. 두 번이면 된다

季文子三思而後에 行하더니 子聞之하시고 日 再斯可矣니라
계문자삼사이후　행　　자문지　　왈 재사가의

국역　계문자는 세 번 생각한 뒤에 행동으로 옮겼다. 공자께서 들으시고 말씀하셨다. "두 번이면 된다."

글자풀이　季文子 노魯나라 대부인 행보行父. 문공文公·선공宣公·성공成公·양공襄公 4대에 걸쳐 벼슬했다. 斯 어조사. ~면.

강講 생각을 깊이 하는 것은 주도면밀하고 신중함을 의미한다. 하지만 세 번이나 생각하는 것은 자신에게 유리한지를 계산하는 것이다. 공자가 두 번이면 괜찮다고 한 이유다.

20. 영무자의 지혜

子曰 甯武子邦有道則知하고 邦無道則愚하니 其知는 可及也어니와 其愚는
자왈 영무자방유도즉지   방무도즉우   기지   가급야   기우

不可及也니라
불가급야

국역 공자께서 말씀하셨다. "영무자는 나라에 도가 있을 때는 지혜로웠고, 나라에 도가 없을 때는 어리석은 듯했다. 그 지혜는 따를 수 있으나 그 어리석음은 (아무나) 따를 수 없다."

글자풀이 甯武子 위나라 대부로 이름은 유俞, 시호는 무자武子. 문공文公과 성공成公을 모셨다. 知 지혜. 지智와 같다.

강講 영무자는 문공의 치세 때는 지혜를 드러냈고, 난세가 되어 성공이 나라를 잃고 떠돌아다닐 때도 묵묵히 곁을 지키면서 변란을 평정했다. 치세에 지혜롭긴 쉽지만 난세에 떠도는 임금 곁을 지키기는 힘들다. 공자가 그것을 칭찬한 것이다.

21. 돌아가자꾸나

子在陳하사 曰 歸與歸與인저 吾黨之小子狂簡하여 斐然成章이요 不知所以
자 재 진   왈 귀 어 귀 어   오 당 지 소 자 광 간   비 연 성 장   부 지 소 이

裁之로다
재 지

국역　공자께서 진나라에 계실 때 말씀하셨다. "돌아가자꾸나! 돌아가
자꾸나! 우리 고을의 젊은이들이 뜻은 크지만 막상 일에는 소략하여, 찬
란하게 문장을 이루었으나 그것을 마름질할 줄을 모르는구나."

글자풀이　吾黨 노나라에 있는 공자의 문인들. 黨 고을, 고향. 類와 같다. 小子
젊은이들. 狂簡 뜻은 크지만 행실은 소략한 것. 斐然 문채 나는 모양. 成章 문장을 이
루다. 裁 마름질하다. 마무리하다.

강講　공자가 진나라에 있을 때 노나라에서 도에 뜻을 둔 젊은이들이
나타났다. 그들의 뜻은 원대했지만 막상 일에는 미숙하고 실천에는 소략
했다. 이에 공자가 돌아가 그들의 뜻을 도울 것을 다짐한다.

22. 백이와 숙제

子曰 伯夷叔齊는 不念舊惡이라 怨是用希니라
자 왈 백 이 숙 제   불 념 구 악   원 시 용 희

국역　공자께서 말씀하셨다. "백이와 숙제는 (사람들이) 예전에 저지른 악을 염두에 두지 않았다. 원망하는 사람이 이 때문에 드물었다."

글자풀이　伯夷·叔齊 은나라 말기 고죽국孤竹國의 두 왕자. 효孝와 제弟를 몸소 실천했다. 舊惡 예전 사회의 악습이나 병폐. 남이 이전에 저지른 잘못. 用 ~때문에. 이以와 같다. 希 드물다. 희稀와 같다.

강講　백이와 숙제는 꼿꼿함으로 절개를 지키면서 오로지 의를 따르고 실천했다. 악은 미워했지만 사람은 미워하지 않았으며 과거에 얽매지 않았다. 이 때문에 그들을 원망하는 사람이 드물었다.

23. 정직이란 무엇인가?

子曰 孰謂微生高直고 或이 乞醯焉이어늘 乞諸其鄰而與之온여
자 왈 숙 위 미 생 고 직　　혹　 걸 혜 언　　　걸 저 기 린 이 여 지

국역　공자께서 말씀하셨다. "누가 미생고를 정직하다고 하는가? 어떤 사람이 식초를 빌리려고 하자 그의 이웃집에서 빌려서 주었다고 하는구나."

글자풀이　微生高 노나라 사람으로 평소에 곧고 정직한 사람이라는 평판이 있었다. 直 곧다. 바르다. 정직. 乞 빌리다. 醯 식초. 與 주다.

강講　흔한 식품인 식초를 남에게 빌려서 준 것은 미생고가 남들의 평

가에 연연했기 때문이다. 정직은 곧게 나온 마음으로 당당함이며 자신감이다. 그렇지 못할 때 정직을 해치고 자신을 속인다.

24. 부끄러운 두 가지

子曰 巧言令色足恭을 左丘明이 恥之러니 丘亦恥之하노라 匿怨而友其人을
자왈 교언영색주공   좌구명   치지   구역치지   닉 원 이 우 기 인

左丘明이 恥之러니 丘亦恥之하노라
좌 구 명   치 지   구 역 치 지

국역　공자께서 말씀하셨다. "교묘하게 말하고 얼굴빛을 아름답게 꾸미며 지나치게 공손한 것을 좌구명이 부끄러워했는데, 나 또한 그것을 부끄러워한다. 원망을 감추고 그 사람과 벗하는 것을 좌구명이 부끄러워했는데, 나 또한 그것을 부끄러워한다.

글자풀이　足 과過와 같다. 지나치다. '주'라고 읽는다. 左丘明 노나라의 군자. 좌구左丘가 성이고 명明이 이름으로 옛날에 유명했던 사람이다. 匿 숨기다. 감추다.

강講　부끄러움은 사람만이 지닌 특징이요 감정이다. 공자는 교언영색과 지나친 공손, 원망을 감추고 벗하는 것을 부끄럽게 여겼다. 이익을 위해 자신을 속이며 행동하는 것을 부끄러워한 것이다.

25. 공자와 안연과 자로의 꿈

顔淵季路侍러니 子曰 盍各言爾志리오 子路曰 願車馬와 衣輕裘를 與朋友共
안 연 계 로 시   자 왈 합 각 언 이 지   자 로 왈 원 거 마   의 경 구   여 붕 우 공

하여 敝之而無憾하노이다 顔淵曰 願無伐善하며 無施勞하노이다 子路曰 願聞
      폐 지 이 무 감   안 연 왈 원 무 벌 선   무 시 로   자 로 왈 원 문

子之志하노이다 子曰 老者安之하며 朋友信之하며 少者懷之니라
자 지 지   자 왈 노 자 안 지   붕 우 신 지   소 자 회 지

국역　안연과 계로가 공자를 모시고 있을 때 공자께서 말씀하셨다.
"어찌 각각 너희들의 포부를 말하지 않는가?" 자로가 말했다. "수레와
말과 가벼운 갖옷을 친구와 함께 공유하다가 해지더라도 유감이 없고자
합니다." 안연이 말했다. "잘하는 것을 자랑하지 않고, 공로를 과시함이
없고자 합니다." 자로가 말했다. "선생님의 뜻을 듣고자 합니다." 공자께
서 말씀하셨다. "노인들을 편안하게 하고, 벗들을 믿어주며, 젊은이들을
품어주고자 한다."

글자풀이　季路 자로. 盍 어찌 ~아니한가. 何不과 같다. 爾 너희. 願 원하다.
원컨대. 輕裘 가벼운 가죽 옷. 共 공유하다. 함께 입다. 敝 해지다. 憾 서운해 하다. 유
감. 伐 자랑하다. 施 과시하다. 懷 품다. 감싸다.

강　공자와 안연과 자로의 꿈이다. 자로는 물욕에서 벗어나고자 했
고, 안연은 과시함이 없고자 했으며, 공자는 사회구성원 모두가 편안하
고 믿는 따뜻한 세상을 추구하고자 했다. 이에 대해 정자程子는 "공자는
인을 편안하게 행한 것이고[안인安仁], 안연은 인을 떠나지 않은 것이며
[불위인不違仁], 자로는 인을 구한 것[구인求仁]"이라고 했다.

26. 공자의 탄식

子曰 已矣乎라 吾未見能見其過而內自訟者也로라
자 왈 이 의 호   오 미 견 능 견 기 과 이 내 자 송 자 야

국역　공자께서 말씀하셨다. "그만두자꾸나! 나는 아직 자신의 허물을 보고서 안으로 스스로를 꾸짖는 자를 보지 못했다."

글자풀이　已 그만 두다. 어쩔 수 없다. 內 내심. 마음속. 自訟 자책自責하다. 꾸짖다.

강講　"남을 대할 때는 봄바람처럼 따사롭고, 자신에게는 가을서리처럼 매섭게 대하라[대인춘풍待人春風, 지기추상持己秋霜]"는 말처럼, 늘 자신을 성찰하여 허물이 있으면 스스로 꾸짖어야 한다. 이것이 군자다.

27. 호학을 자부하다

子曰 十室之邑에 必有忠信이 如丘者焉이어니와 不如丘之好學也니라
자 왈 십 실 지 읍　필 유 충 신　여 구 자 언　　　불 여 구 지 호 학 야

국역　공자께서 말씀하셨다. "열 집 정도 되는 작은 읍에도 반드시 충과 신이 나와 같은 자가 있겠지만, 내가 배우기를 좋아하는 것만은 못할 것이다."

글자풀이　十室 10호 정도 되는 작은 읍. 忠 진정성. 진실. 충실. 信 신실. 미더움. 믿음직하다.

강講　공자를 공자답게 하고 공자되게 한 힘은 배움이었다. 공자의 배움은 늘 진행형이며 멈춤이 없었다. 호학은 공자의 자부심이었다.

제6편

옹야

雍也

·
·
·

군자의 길

·
·
·

옹야편도 공야장편처럼 인물에 대한 평판이 주를 이룬다. 주로 제자들을 평가했는데, 공자는 제자들의 특징과 그들의 성향까지 파악함으로써 진정한 스승의 모습을 보여준다. 또 제자와의 대화를 통해 드러난 공자의 모습도 흥미롭다. 인仁과 지知에 대한 논의가 많으며, 특히 군자에 대해 다양하게 설명하고 있다. 모두 28장이다.

1. 군주의 자세

子曰 雍也는 可使南面이로다 仲弓이 問子桑伯子한대 子曰 可也簡이니라 仲弓曰
자 왈 옹 야   가 사 남 면   중 궁   문 자 상 백 자   자 왈 가 야 간   중 궁 왈

居敬而行簡하여 以臨其民이면 不亦可乎잇가 居簡而行簡이면 無乃大簡乎잇
거 경 이 행 간   이 림 기 민   불 역 가 호   거 간 이 행 간   무 내 태 간 호

가 子曰 雍之言이 然하다
   자 왈 옹 지 언   연

국역　　공자께서 말씀하셨다. "옹은 임금 노릇을 하게 할 만하다." 중궁이 자상백자에 대해 물었다. 공자께서 말씀하셨다. "괜찮다. 간략한 사람이다." 중궁이 말했다. "경건함에 거처하면서 간략함을 행해 백성에게 임한다면 괜찮지 않겠습니까? 간략함에 거처하면서 백성에게 간략함을 행한다면 지나치게 간략한 것이 아닌지요?" 공자께서 말씀하셨다. "옹의 말이 옳다."

글자풀이 雍 성은 염冉, 이름은 옹, 자는 중궁仲弓이다. 성품이 너그럽고 도량이 넓은 덕행의 사람이다. 南面 임금노릇하다. 임금의 자리. 임금은 남쪽을 바라보기 때문에 남면이라고 한다. 子桑伯子 노나라 사람으로 『장자』에 나오는 자상호子桑戶로 보고 있다. 可 괜찮다. 簡 간략하다. 소략하다. 예를 행함에 까다롭지 않다. 敬 리더의 태도. 마음을 엄격하게 다스림. 臨 임하다. 대하다. 無乃~乎 ~하지 않은가? 大 태太와 같다. 지나치게. 너무.

강講 '거경행간'이 백성들의 삶을 번거롭게 하지 않는 것이라면, '거간행간'은 위정자의 예도 간략하고 백성에게도 간략하게 행하는 것이다. 윗사람이 예를 무시하면 백성들 역시 예에 신경 쓰지 않아 사회가 어지럽게 된다. 중궁이 공자의 말에 반문한 이유다.

2. 호학의 제자, 안연

哀公이 問 弟子孰爲好學이니잇고 孔子對曰 有顔回者好學하여 不遷怒하며
애공　문　제자숙위호학　　　공자대왈　유안회자호학　　　불천노

不貳過하더니 不幸短命死矣라 今也則亡하니 未聞好學者也니이다
불이과　　　불행단명사의　금야즉무　　미문호학자야

국역 애공이 물었다. "제자 가운데 누가 배우기를 좋아합니까?" 공자께서 대답하셨다. "안회라는 자가 배우기를 좋아해 노여움을 옮기지 않았고, 같은 잘못을 되풀이하지 않았으나 불행히도 명이 짧아 죽었습니다. 지금은 없으니, 배우기를 좋아하는 자에 대해 듣지 못했습니다."

글자풀이 遷 이移와 같다. 옮기다. 不遷 옮기지 않는다. 갑甲에게 화난 일을 을乙에게 옮기지 않음. 貳 되풀이. 다시. 부復와 같다. 亡 없다. 음은 '무'.

공자가 유일하게 인과 호학을 인정한 안연의 모습이다. 즉 공자의 호학은 배운 것을 몸으로 행하고 실천하는 것을 말한다.

3. 공자의 제자 쓰는 법

子華使於齊러니 冉子爲其母請粟한대 子曰 與之釜하라 請益한대 曰 與之
자 화 시 어 재　　　염 자 위 기 모 청 속　　자 왈 여 지 부　　　청 익　　　왈 여 지

庾하라하여시늘 冉子與之粟五秉한대 子曰 赤之適齊也에 乘肥馬하며 衣輕
유　　　　　　염 자 여 지 속 오 병　　자 왈 적 지 적 제 야　　승 비 마　　의 경

裘하니 吾聞之也하니 君子는 周急이오 不繼富라호라 原思爲之宰러니 與之粟
구　　　오 문 지 야　　군 자　　주 급　　　불 계 부　　　원 사 위 지 재　　　어 지 속

九百이어시늘 辭한대 子曰 毋하여 以與爾鄰里鄕黨乎인저
구 백　　　사　　자 왈 무　　이 여 이 린 리 향 당 호

국역 　자화가 제나라에 심부름을 갔다. 염자가 자화의 어머니를 위해 곡식을 요청했다. 공자께서 말씀하셨다. "부釜를 주어라." 더 주기를 청했다. 공자께서 말씀하셨다. "유庾를 주어라." 염자가 곡식 오병伍秉을 주었다. 공자께서 말씀하셨다. "적이 제나라에 갈 때 살찐 말을 탔으며, 가벼운 갖옷을 입었다. 내가 듣기를 '군자는 다급한 자는 계속 돌봐주지만 부유한 자에게는 계속하지 않는다'라고 했다." 원사가 가신이 되었는데, 녹봉으로 곡식 구백을 주었더니 사양했다. 공자께서 말씀하셨다. "사양하지 말고 너의 이웃이나 마을, 향당에 주어라."

글자풀이 　子華 공서적公西赤. 使 심부름 가다. '시'라고 읽는다. 冉子 염유. 與 주다. 釜 6말 4되. 庾 16말. 秉 16섬. 急 다급한 자. 위급한 자. 周 두루두루 하다. 계속 돌봐주다. 原思 공자의 제자. 이름은 헌憲으로 제자 중 가장 가난한 자였다. 鄰 이웃. 5집

정도. 里 마을. 25집. 鄕 고을. 12,500집. 黨 500집.

강講 　부유한 제자인 자화는 이웃 나라에 심부름을 보내면서 굳이 심부름 값을 책정하지 않았지만, 가난한 제자인 원사는 가신으로 삼아 일정한 보수를 주어 자립하도록 했다. 공자의 사람 쓰는 법과 의義를 행하는 모습이다.

4. 산천의 신은 버리지 않는다

子謂仲弓曰 犁牛之子가 騂且角이면 雖欲勿用이나 山川은 其舍諸아
자 위 중 궁 왈 리 우 지 자 　성 차 각 　 수 욕 물 용 　 산 천 　 기 사 저

국역 　공자께서 중궁을 평가하셨다. "얼룩빼기 잡소의 새끼가 색이 붉고 또 뿔이 단정하면, 비록 쓰지 않고자 해도 산천의 신이 그것을 버려두겠는가?"

글자풀이 　犁牛 얼룩소. 얼룩빼기 잡소. 일소. 밭을 경작하는 소. 騂 붉은 소. 주나라는 붉은 색을 숭상했기 때문에 붉은 소를 제물로 썼다. 매우 귀한 소. 角 뿔이 둥글고 단정한 모습. 뿔이 단정하고 우뚝하다. 山川 산천의 신. 諸 지호之乎의 뜻. 음은 '저'다.

강講 　얼룩소의 새끼일지라도 색이 붉고 뿔이 단정하다면 귀한 제물로 쓰인다. 비록 미천한 가정에서 태어났지만 중궁의 후덕한 인품과 덕과 능력은 세상에 충분히 쓰일 수 있다.

5. 안연의 인

子曰 回也는 其心이 三月不違仁이오 其餘則日月至焉而已矣니라
자왈 회야 기심 삼월불위인 기여즉일월지언이이의

국역　공자께서 말씀하셨다. "안회는 그 마음이 석 달 동안 인에서 떠나지 않았으나, 그 나머지 사람들은 하루나 한 달에 한 번 인에 이를 뿐이다."

글자풀이　三月 석 달. 한 계절. 오래됨을 의미한다. 焉 인仁을 가리킨다.

강講　석 달 동안 인을 떠나지 않았다는 것은 자연스럽게 인을 행하는 경지에 이르렀음을 말한다. 자신과의 싸움을 이기고 인을 행한 안연이 얼마나 놀라운 사람인지 알 수 있다.

6. 세 사람의 재능

季康子問 仲由는 可使從政也與잇가 子曰 由也는 果하니 於從政乎에 何有리오
계강자문 중유 가사종정야여 자왈 유야 과 어종정호 하유
曰 賜也는 可使從政也與잇가 曰 賜也는 達하니 於從政乎에 何有리오 曰 求也는
왈 사야 가사종정야여 왈 사야 달 어종정호 하유 왈 구야
可使從政也與잇가 曰 求也는 藝하니 於從政乎에 何有리오
가사종정야여 왈 구야 예 어종정호 하유

국역　계강자가 물었다. "중유는 정사에 종사하게 할 만합니까?" 공자께서 말씀하셨다. "유는 과단성이 있으니 정사에 종사함에 무슨 어려움

이 있겠습니까?" "사는 정사에 종사할 만합니까?" "사는 사리에 통달했으니 정사에 종사함에 무슨 어려움이 있겠습니까?" "구는 정치에 종사할만 합니까?" "구는 재능이 뛰어나니 정치에 종사함에 무슨 어려움이 있겠습니까?"

글자풀이 季康子 노나라의 대부. 계환자季桓子의 아들로 권력을 농단했다. 從政 정치에 종사하다. 대부가 되다. 果 과단성이 있다. 결단성이 있다. 達 사리에 통달하다. 藝 재능이 뛰어나다.

강講 계강자가 눈여겨본 제자는 자로와 자공, 염유였다. 자로는 결단력이, 자공은 사리에 통달함이, 염유는 재능이 뛰어났다. 모두 정치를 하는 데 문제가 없다.

7. 민자건의 거절

季氏使閔子騫으로 爲費宰한대 閔子騫曰 善爲我辭焉하라 如有復我者인댄
계 씨 사 민 자 건   위 비 재   민 자 건 왈 선 위 아 사 언   여 유 부 아 자

則吾必在汶上矣로리라
즉 오 필 재 문 상 의

국역 계씨가 민자건을 비읍의 읍재로 삼으려 했다. 민자건이 말했다. "나를 위해 잘 말해주시오. 만일 다시 나를 부른다면 나는 반드시 문수가에 있을 것이오."

글자풀이 閔子騫 노나라 사람. 공자의 제자로 이름은 손損, 자가 자건이다. 공자

보다 15살 아래다. 費 계씨의 식읍食邑. 辭 말하다. 汶 노나라 북쪽과 제나라 남쪽의 경계에 있는 강.

강講 계씨는 반란이 잦은 비읍에 효자로 이름난 민자건을 보내 안정시키려 했다. 하지만 민자건은 권력을 전횡하는 계씨의 가신이 될 수 없었다. 다시 자신을 부른다면 나라를 떠날 수 있다는 단호함을 보인다.

8. 병에 걸린 백우

伯牛有疾이어늘 子問之하실새 自牖로 執其手曰 亡之러니 命矣夫인져 斯人也
백 우 유 질　　　자 문 지　　　자 유　집 기 수 왈　무 지　　　명 의 부　　　사 인 야

而有斯疾也할새 斯人也而有斯疾也할새
이 유 사 질 야　　　사 인 야 이 유 사 질 야

국역 백우가 병을 앓았다. 공자께서 문병 가서 남쪽 창문을 통해 그의 손을 잡고 말씀하셨다. "이럴 리가 없는데 명인가 보다. 이런 사람이 이런 병에 걸리다니! 이런 사람이 이런 병에 걸리다니!"

글자풀이 伯牛 노나라 사람. 공자의 제자로 성은 염冉, 이름은 경耕, 공자보다 7살 아래다. 疾 병. 여기서는 나병. 問 문병. 牖 남쪽으로 난 창. 예법에 병자는 북쪽 창문 아래에 눕는다. 임금이 문병할 때 병자를 남쪽 창문 아래에 옮겨 임금으로 하여금 남쪽으로 얼굴을 향해 자기를 보게 했다. 공자가 백우를 문병할 때 백우의 집에서는 공자를 이 예로 높여서 남쪽 창문 아래에 눕혔다. 공자는 감히 이 예를 따를 수 없어서 방에 들어가지 않고 창을 통해 그의 손을 잡은 것이다. 命 운명. 천명. 斯人 이런 사람.

강講 덕행의 제자인 백우가 병에 걸렸다. 병문안을 간 공자가 차마

방안에 들어가지 못하자 백우는 창문으로 손을 내밀어 공자를 맞이했다. 죽음을 앞둔 제자의 손을 잡고 되뇌는 말에서 공지의 심정을 느낄 수 있다.

9. 안회의 안빈낙도

子曰 賢哉라 回也여 一簞食와 一瓢飮으로 在陋巷을 人不堪其憂어늘 回也不
자 왈 현 재   회 야   일 단 사   일 표 음   재 루 항   인 불 감 기 우   회 야 불

改其樂하니 賢哉라 回也여
개 기 락   현 재   회 야

국역 공자께서 말씀하셨다. "어질구나, 안회여! 대그릇에 담긴 한 덩이의 밥과 한 표주박의 물을 마시면서 누추한 골목에 사는 것에 대해 사람들은 그 근심을 견디지 못하는데, 안회는 그 즐거움을 바꾸지 않으니 어질구나, 안회여!"

글자풀이 簞 대나무로 만든 그릇. 食 飯과 같다. 밥. '사'라고 읽는다. 瓢 표주박. 바가지. 陋巷 누추한 골목. 달동네. 堪 감당하다. 견디다. 改 바꾸다. 고치다.

강講 안빈낙도하는 안회의 삶이다. 그는 한 덩이의 밥과 맹물을 마시며 가난에 찌든 동네에 살면서도 즐거움을 잃지 않았다. 그가 즐긴 것은 도였다. 안회가 공자의 희망인 이유다.

10. 미리 금 긋지 말라

冉求曰 非不說子之道언마는 力不足也로이다 子曰 力不足者는 中道而廢하나니
염 구 왈 비 불 열 자 지 도   역 부 족 야   자 왈 역 부 족 자   중 도 이 폐

今女는 畫이로다
금 여   획

국역　　염구가 말했다. "선생님의 도를 기뻐하지 않는 것이 아니지만 힘이 부족합니다." 공자께서 말씀하셨다. "힘이 부족한 자는 중도에 그만두는데, 지금 너는 스스로 금을 긋는구나."

글자풀이　　說 기뻐하다. 女 여汝와 같다. 畫 금을 긋다. 한계를 긋다.

강講　　염구는 권력자들이 눈독 들이는 뛰어난 제자였지만 계산이 빨랐다. 그가 힘이 부족하다고 한 발 뺀 것은 못하는 게 아니라 하지 않겠다는 말이다. 염구가 재능에 국한된 이유다.

11. 군자다운 선비가 되어라

子謂子夏曰 女爲君子儒요 無爲小人儒하라
자 위 자 하 왈   여 위 군 자 유   무 위 소 인 유

국역　　공자께서 자하에게 말씀하셨다. "너는 군자다운 선비가 되고, 소인 같은 선비가 되지 말아야 한다."

謂 말하다. 女 여汝와 같다. 너. 儒 학자의 칭호. 君子儒 수신을 위해 공부하는 학자. 小人儒 명예를 위해 공부하는 학자.

강講 유儒는 선비 혹은 학자를 가리킨다. 공자가 자하에게 군자유가 될 것을 부탁한 것은 자하가 예의 형식에 치중하기에 자칫 본질을 놓칠 수 있다고 여겼기 때문이다.

12. 자유가 얻은 담대멸명

子游爲武城宰러니 子曰 女得人焉爾乎아 曰 有澹臺滅明者하니 行不由徑하며
자 유 위 무 성 재   자 왈 여 득 인 언 이 호   왈 유 담 대 멸 명 자   행 불 유 경

非公事어든 未嘗至於偃之室也하나니이다
비 공 사   미 상 지 어 언 지 실 야

국역 자유가 무성의 읍재가 되었다. 공자께서 말씀하셨다. "너는 사람을 얻었느냐?" 자유가 대답했다. "담대멸명이라는 자가 있는데, 길을 다닐 때 지름길로 다니지 않으며, 공적인 일이 아니면 일찍이 저의 집에 온 적이 없습니다."

글자풀이 武城 노나라 도성 밑에 있는 읍. 澹臺滅明 성은 담대, 이름은 멸명, 자는 자우子羽로 노나라 사람으로 공자보다 39살 어리다. 徑 지름길. 公事 공적인 일로, 향음주鄕飮酒·향사례鄕射禮·독법讀法 등의 일.

강講 시대를 막론하고 뛰어난 인재를 얻는 것은 리더의 능력에 달려 있다. 원칙주의자이며 강직한 사람인 담대멸명을 발견하는 것은 쉽

지 않지만 자유는 그를 알아보았다. 이를 통해 자유의 인물됨을 알 수 있다.

13. 맹지반의 덕

子曰 孟之反은 不伐이로다 奔而殿하여 將入門할새 策其馬曰 非敢後也라 馬
자왈 맹지반 불벌 분이전 장입문 책기마왈 비감후야 마

不進也라하니라
부 진 야

국역　공자께서 말씀하셨다. "맹지반은 자랑하지 않는구나. 패주할 때 군대의 후미에 있다가 장차 도성의 문에 들어오려 할 적에 자신의 말을 채찍질하면서 '감히 뒤에 있으려 했던 것이 아니라 말이 나아가지 않은 것이다'라고 말했다."

글자풀이　孟之反 노나라 대부로 이름은 측側이다. 伐 자랑하다. 공을 떠벌리다. 奔 패주하다. 殿 군대의 후미. 策 채찍. 其馬 자신의 말.

강講　군대가 퇴각退却할 때 군대의 후미를 지키는 것은 죽음을 각오한 행동이다. 맹지반은 군대가 안전하게 퇴각한 뒤 마지막에 성문을 들어오면서도 공을 드러내지 않았다. 맹지반의 진정한 용기가 노나라의 희망이었다.

14. 미모와 말재주가 판치는 세상

子曰 不有祝鮀之佞이며 而有宋朝之美면 難乎免於今之世矣니라
자왈 불유축타지녕   이유송조지미   난호면어금지세의

국역 공자께서 말씀하셨다. "축관인 타鮀의 말재주와 송나라 조朝의 미모를 가지고 있지 않으면, 지금의 세상에서 (화를) 면하기가 어렵구나."

글자풀이 祝 종묘宗廟의 관원. 鮀 위나라의 대부로 자는 자어子魚다. 말재주가 뛰어났다. 朝 송나라의 공자로 용모가 뛰어났으며, 위령공衛靈公의 아내인 남자南子의 애인이었다.

강講 말재주는 세상을 어지럽히고 아름다움은 눈을 가린다. 능력과 상관없이 말재주와 미모를 지닌 자들이 지위와 명예를 얻는 현실에 대한 공자의 탄식이 담겨 있다.

15. 도는 문과 같다

子曰 誰能出不由戶리오마는 何莫由斯道也오
자왈 수능출불유호   하막유사도야

국역 공자께서 말씀하셨다. "누군들 문을 경유하지 않고 나갈 수 있겠는가? 어찌 이 도를 따르지 않는가?"

글자풀이 由 경유하다. 말미암다. 户 한 짝 문. 두 짝 문은 문門이라고 쓴다. 斯道 이 도. 절대적인 도. 누구나 지켜야 할 올바른 도.

강講 안과 밖을 연결하는 통로인 문을 통해야만 출입할 수 있는 것처럼 사람이라면 도道를 따라야 한다. 그런데도 도를 따르지 않으니 사람답다 할 수 있겠는가?

16. 문질빈빈의 군자

子曰 質勝文則野요 文勝質則史니 文質이 彬彬然後에 君子니라
자 왈 질 승 문 즉 야   문 승 질 즉 사   문 질   빈 빈 연 후   군 자

국역 공자께서 말씀하셨다. "바탕이 꾸밈을 이기면 거칠고 촌스러우며, 꾸밈이 바탕을 이기면 겉만 호화롭다. 꾸밈과 바탕이 조화를 이룬 뒤에야 군자답다."

글자풀이 質 본바탕. 꾸미지 않은 소박하고 질박한 모습. 勝 이기다. 낫다. 文 꾸밈. 무늬. 문紋과 같다. 野 거칠다. 촌스럽다. 史 문서를 맡은 사람. 글로 기록하다. 일에는 익숙하나 성실함은 부족하다. 겉만 호화롭게 꾸미다. 彬彬 조화를 이루다.

강講 질은 바탕이며, 문은 외면을 잘 꾸민 것이다. 군자는 마음은 순수하고 질박하며, 외면은 교양과 품격을 갖춰 본마음과 꾸밈이 어우러져 조화를 이루는 자다.

17. 삶의 이치

子曰 人之生也直하니 **罔之生也**는 **幸而免**이니라
자 왈 인 지 생 야 직   망 지 생 야   행 이 면

국역　공자께서 말씀하셨다. "사람이 사는 이치는 정직함이니, 속이면서 사는 것은 요행히 면하는 것이다."

글자풀이　生 삶. 사는 이치. 罔 속이다. 망誷과 같다.

강講　사람의 어원은 '삶＋앎'으로 삶을 아는 존재를 의미한다. 이 이치에 따라 곧게 살아야 하는데, 속이면서 산다면 요행히 하늘의 벌을 면하는 것이니, 옳지 않다.

18. 최고의 경지

子曰 知之者 不如好之者요 **好之者 不如樂之者**니라
자 왈 지 지 자 불 여 호 지 자   호 지 자 불 여 락 지 자

국역　공자께서 말씀하셨다. "아는 것은 좋아하는 것만 못하고, 좋아하는 것은 즐기는 것만 못하다."

글자풀이　知 그 도를 아는 것. 不如 ～만 같지 못하다.

아는 것이 지식의 영역이라면, 좋아하는 것은 공감의 영역이다. 한데 즐기는 것은 스스로 선택해 자발적으로 실천하는 것으로, 누구도 말릴 수 없다. 이것이 최고의 경지다.

19. 재질에 따른 가르침

子曰 中人以上은 可以語上也어니와 中人以下는 不可以語上也니라
자 왈 중 인 이 상　가 이 어 상 야　　　중 인 이 하　불 가 이 어 상 야

국역 공자께서 말씀하셨다. "중등 이상의 사람에게는 수준이 높은 학문을 말해줄 수 있지만, 중등 이하의 사람에게는 수준이 높은 학문을 말할 수 없다."

글자풀이 中人 재질이나 능력이 중간 정도인 사람. 語 말해주다. 上 형이상학. 천도. 높고 고원한 것으로 수준이 높은 학문.

강講 사람의 능력과 수준은 다르기 때문에 이들을 같은 내용과 수준으로 가르칠 수 없다. 각각의 재질과 능력을 살펴서 수준별 교육을 했던 공자의 교육관이다.

20. 번지, 지와 인을 묻다

樊遲問知한대 子曰 務民之義요 敬鬼神而遠之면 可謂知矣니라 問仁한대
번지문지   자왈 무민지의   경귀신이원지   가위지의   문인

曰 仁者先難而後獲이면 可謂仁矣니라
왈 인자선난이후획   가위인의

국역　번지가 지智에 대해 물었다. 공자께서 말씀하셨다. "백성의 의義에 힘쓰고, 귀신을 공경하되 멀리한다면 지라고 말할 수 있다." 인에 대해서 물었다. 공자께서 말씀하셨다. "인자는 어려운 일을 먼저 하고 얻는 것을 뒤에 하니, 이렇다면 인이라고 말할 수 있다."

글자풀이　義 올바름. 의로움. 도리. 敬 공경하다. 獲 얻다.

강講　공자는 사회정의와 고른 분배를 통해 백성들이 올바르게 살도록 하고, 귀신을 공경하되 현재의 삶에 충실한 것이 지혜라고 하였다. 또한 남을 나처럼 여겨 어려운 일을 먼저 한 후 뒤에 얻는 것을 인이라고 하였다.

21. 지자와 인자

子曰 知者는 樂水하고 仁者는 樂山이니 知者는 動하고 仁者는 靜하며 知者는
자왈 지자   요수   인자   요산   지자   동   인자   정   지자

樂하고 仁者는 壽니라
락   인자   수

국역   공자께서 말씀하셨다. "지자는 물을 좋아하고 인자는 산을 좋아하며, 지자는 동적이고 인자는 정적이며, 지자는 즐거워하고 인자는 오래 산다."

글자풀이   知 지智와 같다. 樂 좋아하다. 음은 '요'다.

강講   흐르는 물처럼 지자는 새로운 것에 관심을 갖고 활발하게 움직이며 즐기는 반면, 인자는 변함없는 산처럼 묵묵히 생명을 키우며 모든 존재와 오랜 세월 조화를 이룬다.

22. 도에 이르는 길

子曰 齊一變이면 至於魯하고 魯一變이면 至於道니라
자 왈 제 일 변   지 어 노   노 일 변   지 어 도

국역   공자께서 말씀하셨다. "제나라가 한 번 변하면 노나라에 이르고, 노나라가 한 번 변하면 도에 이른다."

글자풀이   齊 주나라를 세우는 데 공을 세운 강태공姜太公을 봉한 나라. 춘추 이후 패권국으로, 노나라보다 우위의 경제력을 지녔으며 부국강병을 추구하는 나라다. 魯 주공을 봉한 나라로 공자의 조국이다. 道 선왕들이 다스린 이상사회.

강講   노나라에는 천자국인 주나라의 예악과 전통이 남아 있어 변하게 되면 도에 이를 수 있다. 반면 강대국을 지향하는 제나라는 노나라에

이르는 데 그친다. 경제가 아닌 인의를 살려야 경제도 살고 모두가 사는
도의 세상이 될 수 있다.

23. 명칭과 실제

子曰 觚不觚면 觚哉觚哉아
자 왈 고 불 고　고 재 고 재

국역　공자께서 말씀하셨다. "모난 술잔이 모가 나지 않았다면, 모난
술잔이라고 할 수 있겠는가? 모난 술잔이라고 할 수 있겠는가?"

글자풀이　觚 모난 것. 청동기로 만든 모난 술잔이나 그릇. 제기로 사용했다. 처음
에는 모서리가 있는 각진 모양이었으나 후대에는 원형으로 바뀌었다.

강講　고는 각진 모양의 술잔이다. 하지만 당시 원형으로 바뀌었음에
도 여전히 고라고 하였다. 명칭과 실제가 다른 것이 당시의 모습과 같다.
공자의 안타까움이 담겨 있다.

24. 인자는 속일 수 없다

宰我問曰 仁者는 雖告之曰 井有仁焉이라도 其從之也로소이다 **子曰** 何爲其
재 아 문 왈　인 자　수 고 지 왈　정 유 인 언　　　기 종 지 야　　　　자 왈 하 위 기

然也리오 君子는 可逝也언정 不可陷也며 可欺也언정 不可罔也니라
연 야　　군 자　가 서 야　불 가 함 야　가 기 야　불 가 망 야

국역　재아가 물었다. "인자는 비록 말해주는 사람이 우물 속에 인한 사람이 있다고 하더라도 그를 따라갈 것입니다." 공자께서 말씀하셨다. "어찌 그렇겠는가? 군자는 가보게 할 수는 있지만 빠지게 할 수는 없으며, 속일[기欺] 수는 있으나 멍청하게[망罔] 할 수는 없다."

글자풀이　雖 비록 逝 가게 하다. 가서 구제하다. 陷 우물에 빠지다. 欺 이치가 있는 것으로 속이다. 罔 이치가 없는 것으로 속이다. 멍청하게 하다.

강講　재아는 인자를 무모한 사람이라고 여겼다. 그러자 공자는 인자에 대해 속일 수는 있어도 속게 할 수는 없다고 말한다. 인자는 사람이 좋기만 하고 옳고 그름을 분별하지 못하는 멍청한 사람이 아니다.

25. 군자의 박문약례

子曰 君子博學於文이요 約之以禮면 亦可以弗畔矣夫인저
자 왈 군 자 박 학 어 문　　　약 지 이 례　　역 가 이 불 반 의 부

국역　공자께서 말씀하셨다. "군자가 글을 널리 배우고 예로써 요약한다면 또한 어긋나지 않을 것이다."

글자풀이　博 넓다. 넓히다. 널리. 文 글. 옛 문화와 문물로 문·사·철이며 학문이다. 約 요약하다. 집약하다. 弗 아니다. 불不과 같다. 畔 위배되다. 어긋나다.

강講　글을 널리 배운다는 것은 옛 문화와 문물에까지 배움의 틀을 넓

혀 앎의 영역을 확장하는 것이다. 배운 것을 현실에 맞게 체계화시켜 예에 맞게 행할 때 도리에 어긋나지 않는다.

26. 공자의 맹세

子見南子하신대 **子路不說**이어늘 **夫子矢之曰 予所否者**인댄 **天厭之 天厭之**시리라
자 견 남 자　　　자 로 불 열　　　부 자 시 지 왈 여 소 부 자　　　천 염 지 천 염 지

국역　공자께서 남자를 만나시자 자로가 기뻐하지 않았다. 선생님께서 맹세하며 말씀하셨다. "내가 잘못된 행동을 했다면 하늘이 싫어할 것이다. 하늘이 싫어할 것이다."

글자풀이　南子 위나라 영공靈公의 부인. 不說 속상해 하다. 矢 맹세하다. 화살을 입에 댄 모습. 옛날에는 맹세할 때 피를 나누어 마시거나[혈맹血盟] 화살을 꺾어서 맹세했다[시언矢言]. 予 나. 否 잘못. 예에 합당하지 않음. 厭 싫어하다. 버리다.

강講　공자가 천하를 주유하던 초기 위나라에 갔을 때 남자의 초대가 있었다. 이를 자로가 속상해 하자 공자는 결코 도리에 어긋나지 않았음을 하늘에 대고 맹세한다. 제자인 자로의 지적과 스승인 공자의 화답이 아름답다.

27. 중용의 덕

子曰 中庸之爲德也 其至矣乎인저 民鮮이 久矣니라
자 왈 중 용 지 위 덕 야 기 지 의 호　　　민 선　　구 의

국역　공자께서 말씀하셨다. "중용의 덕이 지극하구나! 백성 중에 (행하는 자가) 드문 지 오래되었다."

글자풀이　中 지나치거나 미치지 못함이 없다. 무과불급無過不及. 적중하다. 올바르다. 천하의 바른 도. 庸 늘. 평상平常. 천하의 정한 이치. 至 지극하다. 극진하다. 鮮 드물다. 적다.

강講　유학은 중용의 학문으로, 최고의 통치자인 요堯·순舜·우禹가 통치의 핵심에 둔 것도 '중'이었다. 하지만 욕심과 경쟁, 이기심과 치우침으로 인해 중을 잃고 산 지 오래되었다.

28. 성聖과 인仁

子貢曰 如有博施於民而能濟衆한댄 何如하니잇고 可謂仁乎잇가 子曰 何事於
자 공 왈 여 유 박 시 어 민 이 능 제 중　　　하 여　　가 위 인 호　　자 왈 하 사 어

仁이리오 必也聖乎인저 堯舜도 其猶病諸시니라 夫仁者는 己欲立而立人하며
인　　필 야 성 호　요 순　기 유 병 저　　　부 인 자　기 욕 입 이 입 인

己欲達而達人이니라 能近取譬면 可謂仁之方也已니라
기 욕 달 이 달 인　　능 근 취 비　가 위 인 지 방 야 이

국역   자공이 말했다. "만일 백성에게 널리 베풀어 많은 사람을 구제할 수 있다면 어떻겠습니까? 인이라 할 수 있겠습니까?" 공자께서 말씀하셨다. "어찌 인에만 그치겠는가? 반드시 성聖일 것이다. 요임금과 순임금도 오히려 부족하게 여기셨다. 인이라는 것은 자기가 서고자 하면 남도 서게 하며, 자기가 통달하고자 하면 남도 통달하게 하는 것이다. 가까운 데서 취해 (남에게) 비유할 수 있으면 인을 하는 방법이라고 할 수 있다."

글자풀이   病 병통. 부족. 近 가깝다. 자기 자신. 譬 비유하다. 남의 마음을 헤아린다.

강講   자공은 많은 사람을 구제하는 것을 인이라고 생각했다. 반면 공자는 자신의 마음을 미루어서 남의 마음을 헤아리는 것이 인이라고 말한다. 함께 성장하고 함께 도달하는 것, 이것이 인을 하는 출발이며 방법이다.

제7편

술이

述而

· · · ·

공자의 자화상

· · ·

술이편은 공자의 자화상이며 자기소개서다. 학문을
대하는 공자의 태도 및 교육관, 배우는 자의 자세와
제자들 앞에 설 때의 마음가짐 등이 담겨 있다. 이
를 통해 학문에 임하는 자세를 확립했다. 그와 함께
제자들이 본 공자의 용모와 행동에 대해서도 기록했
다. 모두 37장이다.

1. 공자의 겸손

子曰 述而不作하며 信而好古를 竊比於我老彭하노라
자 왈 술 이 부 작   신 이 호 고   절 비 어 아 노 팽

국역　　공자께서 말씀하셨다. "전술하기만 하고 창작하지 않으며, 옛것을 믿고 좋아하는 것을 슬며시 우리 노팽에게 견주어본다."

글자풀이　　述 옛것을 전술하다. 계승하다. 현자의 일. 作 창작하다. 성인의 일. 信 신뢰하다. 古 옛것. 竊 훔치다. 몰래. 적이. 比 견주다. 좇다. 我 친근하게 붙이는 말. 우리. 老彭 상商나라의 어진 대부로, 대부에게 정치를 가르치고, 사에게 관직을 가르치며, 서인에게 기술을 가르쳤던 현인이다. 『대대례기大戴禮記』에 보인다. 주자는 옛것을 믿어 전술한 자로 보았다.

강講　　창작을 성인의 일로 여겼기에 공자는 전하기만 할 뿐이라고 자신을 낮췄다. 또 과거에 상나라의 현인이며 옛것을 믿고 좋아했던 노팽

老彭을 '우리 노팽'이라고 다정하게 부르면서 그에게 견주었다. 창작 이상의 공이 있음에도 자신을 낮추는 공자의 겸손함이다.

2. 공자의 자부심

子曰 默而識之하며 學而不厭하며 誨人不倦이 何有於我哉오
자 왈 묵 이 지 지   학 이 불 염   회 인 불 권   하 유 어 아 재

국역　공자께서 말씀하셨다. "묵묵히 기억하고, 배움에 싫증내지 않으며, 사람 가르치기를 게을리하지 않으니, 무엇이 내게 있겠는가?"

글자풀이　默 묵묵하다. 조용하다. 識 기억하다. 마음에 새기다. '지'라고 읽는다. 厭 싫어하다. 싫증내다. 倦 게으르다. 피곤하게 여기다. 何有於我 무엇이 내게 있겠는가.

강講　공부는 묵묵히 기억하고 익히는 것에서 시작된다. 이후 끊임없이 몰두해 싫증내지 않고, 남을 가르치는 데 최선을 다하면 자신의 것이 된다. 호학자 공자의 자부심自負心이 보인다.

3. 공자의 근심

子曰 德之不修와 學之不講과 聞義不能徙하며 不善不能改 是吾憂也니라
자 왈 덕 지 불 수   학 지 불 강   문 의 불 능 사   불 선 불 능 개 시 오 우 야

국역 공자께서 말씀하셨다. "덕을 닦지 못하는 것, 학문을 강마하지 못하는 것, 의를 듣고도 실천으로 옮기지 못하는 것, 선하지 못한 부분을 고치지 못하는 것, 이것이 나의 근심거리다."

글자풀이 講 익히다. 강론하다. 강마講磨하다. 徙 옮기다. 실천하다.

강講 공자가 근심한 네 가지는 덕, 학문, 의, 선이었다. 이것이 인의 사람, 사람다운 사람을 이루는 길이기에 늘 덕을 닦고 학문을 강마하며 의를 실천하고 불선을 고치고자 했다.

4. 집에서의 공자

子之燕居에 申申如也하시며 夭夭如也러시다
자 지 연 거   신 신 여 야   요 요 여 야

국역 공자께서 한가로이 계실 때는 용모는 편안하시고, 얼굴빛은 온화하셨다.

글자풀이 燕居 한가로이 거처하다. 일없이 거처하다. 申申如 용모가 펴진 모습. 느긋하다. 여유롭다. 신伸과 같다. 첩어 뒤에 붙는 여如는 의태어와 의성어를 만든다. 夭夭如 얼굴빛이 온화한 모습.

강講 늘 바빴던 공자였지만 집에서는 여유로운 모습이었다. 용모는 제비가 날개를 편 듯 느긋하고 편안했고 얼굴빛은 온화했다. 제자의 눈

에 비친 공자의 모습은 바쁠 땐 바쁘지만 한가할 때는 편안하고 여유로운 시중時中의 사람이다.

5. 멀어지는 꿈

子曰 甚矣라 吾衰也여 久矣라 吾不復夢見周公이로다
자 왈 심 의   오 쇠 야   구 의   오 불 부 몽 견 주 공

국역　공자께서 말씀하셨다. "심하구나. 나의 노쇠함이여! 오래되었구나. 내 다시 꿈속에서 주공을 뵙지 못한 것이!"

글자풀이　衰 늙다. 쇠약하다. 노쇠하다. 復 다시. 周公 성은 희姬, 이름은 단旦, 시호는 원元, 혹은 문文이다.

강講　선왕의 예악과 제도를 회복한 주공은 공자가 본받고 싶은 롤모델로, 꿈에서라도 만나고 싶다. 그런데 세상은 더욱 어지러워졌으며 몸은 늙었다. 멀어져가는 공자의 꿈이 안타깝다.

6. 자유인이 되는 길

子曰 志於道하며 據於德하며 依於仁하며 游於藝니라
자 왈 지 어 도   거 어 덕   의 어 인   유 어 예

국역 　공자께서 말씀하셨다. "도에 뜻을 두고, 덕에 근거하며, 인에 의지하고, 예에서 노닌다."

글자풀이 　志 마음이 지향하는 것. 道 사람이 마땅히 걸어야 할 길. 이 길을 통해 사람다움을 이룬다. 據 근거하다. 잡아 지키다. 德 하늘에서 받은 것. 依 떠나지 않음. 실천하다. 仁 사사로운 욕망이 없어져 마음의 덕이 온전한 것. 游 노닐다. 놀다. 藝 예술. 음악과 춤. 예禮·악樂·사射·어御·서書·수數의 법法.

강講 　공자는 도인이며 덕인이며 인인이며 예인이었다. 진리를 추구하고 덕을 근본으로 삼아 사람을 사랑하며 예에서 노닐었다. 천지와 하나 된 자유인임을 고백하는 공자다.

7. 배움에 대한 예의

子曰 自行束脩以上은 吾未嘗無誨焉이로라
자 왈　자 행 속 수 이 상　　오 미 상 무 회 언

국역 　공자께서 말씀하셨다. "속수의 예를 행하는 자로부터 그 이상은 내가 일찍이 가르치지 않은 적이 없었다."

글자풀이 　束脩 수脩는 포脯로, 저며서 말린 고기다. 속束은 10개를 한 묶음으로 한다. 당시 가장 하찮은 예물이다.

강講 　배우는 자는 예를 갖춰야 한다. 예를 중시한 공자는 신분이나 빈부 등은 따지지 않았지만, 배움을 위해 준비한 속수 이상의 예에 담긴 마음과 정성은 중시했다. 배우는 자가 갖춰야 할 예다.

8. 공자의 교육법

子曰 不憤이어든 **不啓**하며 **不悱**어든 **不發**호되 **擧一隅**에 **不以三隅反**이어든
자 왈 불 분　　　불 계　　불 비　　불 발　　거 일 우　　불 이 삼 우 반

則不復也니라
즉 불 부 아

국역　공자께서 말씀하셨다. "알려고 끙끙거리지 않으면 열어주지 않고, 아는 것을 표현하려고 애태우지 않으면 말해주지 않으며, 한 부분을 들어주었는데 나머지 세 부분을 헤아려 반증하지 못하면 다시 일러주지 않는다."

글자풀이　憤 괴로워하다. 마음으로 통달하려고 애태우다. 알려고 끙끙 앓다. 啓 가르치다. 그 뜻을 열어주다. 悱 답답해하다. 마음으로는 알고 있는데 입으로 표현하지 못하는 것. 發 말문을 열어주다. 一隅 한 부분. 反 반증하다. 되돌려서 서로 증거하다.

강講　스스로 알려고 노력하는 것이 공부의 시작이다. 분발하고 애태워서 알게 되면 더 열어주어 스스로 깨우치도록 하는 것, 이것이 둘을 알고 열을 알게 하는 공자의 교육법이었다.

9. 초상의 슬픔에 함께하다

子食於有喪者之側에 **未嘗飽也**러시다 **子於是日**에 **哭則不歌**러시다
자 식 어 유 상 자 지 측　　　미 상 포 야　　　　　 자 어 시 일　　곡 즉 불 가

국역　　공자께서는 상을 당한 사람의 곁에서 식사를 하실 때는 일찍이
배불리 먹지 않으셨다. 공자께서는 이날에 곡哭을 하시면 노래하지 않
으셨다.

글자풀이　　喪者 초상을 치르는 사람. 哭 조상弔喪하여 곡하다.

강講　　자식에게 가장 슬픈 날이 부모와 이별하는 날이다. 공자는 그의
슬픔을 자신의 슬픔으로 여겼기에 음식을 배불리 먹을 수 없었고 노래
할 수 없었다.

10. 일에 임해서는 두려워하라

子謂顔淵曰 用之則行하고 **舍之則藏**을 **惟我與爾有是夫**인저 **子路曰 子行三**
자 위 안 연 왈　용 지 즉 행　　　사 지 즉 장　　유 아 여 이 유 시 부　　　 자 로 왈　자 행 삼

軍이면 **則誰與**시리잇고 **子曰 暴虎馮河**하여 **死而無悔者**를 **吾不與也**니 **必也臨**
군　　　즉 수 여　　　 자 왈　포 호 빙 하　　　사 이 무 회 자　　오 불 여 야　　 필 야 임

事而懼하며 **好謀而成者也**니라
사 이 구　　　호 모 이 성 자 야

국역　공자께서 안연에게 말씀하셨다. "등용되면 도를 행하고, 버려지면 은둔하는 것을, 오직 나와 네가 이것을 할 수 있을 것이다." 자로가 말했다. "선생님께서 삼군을 통솔하신다면 누구와 함께 하시겠습니까?" 공자께서 말씀하셨다. "맨손으로 범을 잡으려 하고 맨몸으로 황하를 건너려다가 죽어도 후회하지 않을 자와는, 나는 함께하지 않을 것이다. 반드시 일에 임해서는 두려워하고, 계획 세우기를 좋아하여 성공하는 자와 함께 할 것이다."

글자풀이　謂 이르다. 用 등용하다. 舍 捨와 같다. 버리다. 버려지다. 藏 은둔하다. 숨다. 三軍 1군은 12,500명으로, 사단 규모에 해당. 삼군三軍은 큰 나라를 의미한다. 暴 맨손으로 치다. 馮 맨손으로 강을 건너다. 懼 두려워하다. 일을 공경히 하다.

강講　전쟁은 승리한다 해도 국가와 백성의 삶을 피폐하게 만든다. 이 때문에 장수의 됨됨이가 매우 중요하다. 공자는 무모하게 덤비는 사람이 아닌 계획을 잘 세워 성공하는 사람을 꼽았다. 희생을 최소화하는 것, 이것이 장수의 일이다.

11. 내가 좋아하는 일을 하리라

子曰 富而可求也인댄 雖執鞭之士라도 吾亦爲之어니와 如不可求인댄 從吾所
자 왈 부 이 가 구 야　　　수 집 편 지 사　　　오 역 위 지　　　　여 불 가 구　　　　종 오 소

好호리라
호

국역 공자께서 말씀하셨다. "부를 구한다고 해서 얻을 수 있다면, 비록 말채찍을 잡는 일이라도 나 또한 할 것이다. 만일 구해서 얻을 수 없다면, 내가 좋아하는 일을 따르겠다."

글자풀이 執鞭 채찍을 잡다. 천한 일.

강講 공자는 부유함이 원해서 된다면 채찍도 잡을 수 있다고 말한다. 하지만 부자가 되기 불가능하다. 그렇다면 자신이 좋아하는 일을 해야 한다. 가난하더라도 불행하지 않고, 행복과 즐거움이 그 안에 있다.

12. 공자가 신중히 한 세 가지

子之所愼은 **齊戰疾**이러시다
자 지 소 신   재 전 질

국역 공자께서 신중히 하신 것은 재계와 전쟁과 질병이었다.

글자풀이 愼 삼가다. 신중하다. 조심하다. 齊 재계齋戒. 제사를 지내기 전 생각을 가지런히 하는 것. '재'라고 읽는다.

강講 재계와 전쟁과 질병은 서로 연관되어 있다. 재계하여 하늘과 조상을 존중하고, 전쟁을 신중히 해 백성들의 목숨을 아끼며, 몸을 깨끗이 해 질병에 걸리지 않도록 조심해야 한다. 공자는 이 세 가지를 조심함으로써 하늘과 백성과 자신이 하나임을 신중히 했다.

13. 공자, 음악에 빠지다

子在齊聞韶하시고 三月을 不知肉味하사 曰 不圖爲樂之至於斯也호라
자 재 제 문 소　　　삼 월　부 지 육 미　　왈 부 도 위 악 지 지 어 사 야

국역　공자께서 제나라에 계실 때 (순임금의 음악인) 소를 들으시고, 석 달 동안 고기 맛을 모를 정도였다. 그리고 말씀하셨다. "음악이 이러한 경지에 이를 줄은 생각지도 못했다."

글자풀이　韶 순임금의 음악. 不知 알지 못하다. 음악에 빠져 고기에 대한 생각조차 없었다. 圖 생각하다.

강講　사람의 감정과 감성을 바탕으로 하는 음악은 듣는 사람까지도 순수하고 아름답게 만든다. 소악이 그랬다. 공자는 소악에 빠져서 고기 맛까지 잊을 정도였다. 진정한 예술가다.

14. 인을 구해서 인을 얻다

冉有曰 夫子爲衛君乎아 子貢曰 諾다 吾將問之호리라 入曰 伯夷叔齊는 何人
염 유 왈 부 자 위 위 군 호　자 공 왈 낙　　오 장 문 지　　　입 왈 백 이 숙 제　하 인

也잇고 曰 古之賢人也니라 曰 怨乎잇가 曰 求仁而得仁이어니 又何怨이리오
야　왈 고 지 현 인 야　　왈 원 호　왈 구 인 이 득 인　　우 하 원

出曰 夫子不爲也시리라
출 왈 부 자 불 위 야

염유가 물었다. "선생님께서 위나라 군주를 도우실까요?" 자공이 대답했다. "좋소이다. 내가 장차 여쭤보지요." 들어가서 선생님께 물었다. "백이와 숙제는 어떤 사람입니까?" 공자께서 말씀하셨다. "옛날의 현인이시다." 자공이 물었다. "원망했습니까?" 공자께서 말씀하셨다. "인을 구해서 인을 얻었으니 또 무엇을 원망했겠는가?" 자공이 나와서 말했다. "선생님께서는 돕지 않으실 것입니다."

글자풀이 爲 돕다. 조助와 같다. 衛君 영공靈公의 손자인 출공出公 첩輒을 가리킨다. 아버지 괴외蒯聵와 왕위를 놓고 다투었다.

강講 백이와 숙제는 효孝와 제弟의 올바른 도리를 지켰고, 인을 구해 인을 얻은 자들이었다. 후회할 리 없다. 하지만 위군인 첩은 아버지와 왕위를 놓고 치열하게 다투며 효孝와 자慈, 의義를 잃었고, 도덕성은 땅에 떨어졌다. 공자가 정치에 참여할 리 없다.

15. 낙도樂道의 삶

子曰 飯疏食飮水하고 曲肱而枕之라도 樂亦在其中矣니 不義而富且貴는 於
자 왈 반 소 사 음 수   곡 굉 이 침 지   낙 역 재 기 중 의   불 의 이 부 차 귀   어

我에 如浮雲이니라
아   여 부 운

국역 공자께서 말씀하셨다. "거친 밥을 먹고 맹물을 마시며 팔을 굽혀 베개로 삼을지라도 즐거움이 또한 그 가운데 있으니, 의롭지 않은데도 부유하고 귀한 것은 나에게는 뜬구름과 같다네."

글자풀이 飯 먹다. 疏食 거친 밥. 飮水 맹물을 마시다. 曲肱 팔을 구부리다. 枕 베개. 浮雲 뜬구름.

강講 모두가 원하는 부귀지만 올바른 방법으로 얻은 것이 아니라면 언제 사라질지 모른다. 공자는 부귀와 빈천 등 외부 조건에 흔들리지 않고 도를 즐기는 삶을 원했다. 낙도樂道가 우리를 자유롭게 하기 때문이다.

16. 매순간 허물이 없기를

子曰 加我數年하여 五十以學易이면 可以無大過矣리라
자 왈 가 아 수 년　　오 심 이 학 역　　가 이 무 대 과 의

국역 공자께서 말씀하셨다. "내게 몇 년을 더해주어서 50세까지 『역』을 배운다면 큰 허물이 없을 것이다."

글자풀이 加 더하다. 易 주역. 大過 큰 허물.

강講 점서占筮로 알려졌지만 『주역』은 수양의 책이다. 공자는 가죽끈이 세 번이나 끊어질 만큼 주역을 공부[위편삼절韋編三絶]하면서 매 순간 허물이 없기를 바랐다. 성인 공자는 그렇게 탄생했다.

17. 평소의 말씀

子所雅言은 詩書執禮니 皆雅言也러시다
자 소 아 언   시 서 집 례   개 아 언 야

국역   공자께서 평소에 늘 하신 말씀은 『시』와 『서』와 예를 행하는 것
이었으니, 모두 늘 하시는 말씀이셨다.

글자풀이   雅 바르다. 엄정하다. 주자는 상常으로 보아 '평소의 말씀'으로 풀이했
다. 詩 성정性情을 다스리는 책. 書 정사政事에 필요한 교재. 정치철학서. 執禮 예를 지
키다. 예를 행하다.

강講   『시경』과 『서경』 그리고 예를 지키고 행하는 집례는 공자 수업
의 기본 텍스트다. 공자는 이루지 못한 세상과 꿈에 대한 간절함으로 평
소에 늘 이것을 기본 텍스트 삼아 가르치셨다.

18. 공자의 자평

葉公이 問孔子於子路어늘 子路不對한대 子曰 女奚不曰 其爲人也 發憤忘食
섭 공   문 공 자 어 자 로   자 로 부 대   자 왈 여 해 불 왈 기 위 인 야 발 분 망 식
하며 樂以忘憂하여 不知老之將至云爾오
    낙 이 망 우   부 지 노 지 장 지 운 이

국역   섭공이 자로에게 공자에 대해 물었는데, 자로가 대답하지 못했
다. 공자께서 말씀하셨다. "너는 어찌 '그 사람됨은 분발하여 먹는 것도

잊고, 즐거워하여 근심을 잊어서, 늙음이 장차 이르는 것조차 알지 못한다'라고 말하지 않았느냐?"

글자풀이 葉公 초楚나라 섭현葉縣의 벼슬아치. 성은 심沈, 이름은 제량諸梁, 자는 자고子高다. 스스로 공公을 참칭했다. 女 너. 여汝와 같다. 奚 어찌. 不曰 ~라고 말하지 않았는가. 憤 번민하다. 진리를 알고자 고심하다.

강講 모르는 게 있으면 알려고 고심해 밥 먹는 것조차 잊고, 알게 되면 너무 기뻐서 근심도 잊으며, 늙는 것조차 잊은 공자의 자화상이다. 제자들 역시 이러한 존재가 되기를 바라는 마음이 담겨 있다.

19. 공자의 자부심

子曰 我非生而知之者라 好古敏以求之者也로라
자 왈 아 비 생 이 지 지 자   호 고 민 이 구 지 자 야

국역 공자께서 말씀하셨다. "나는 나면서부터 아는 자가 아니라, 옛 것을 좋아해 부지런히 구하는 사람이다."

글자풀이 敏 부지런하다. 민첩하다.

강講 '걸어 다니는 백과사전'인 공자를 사람들은 '생이지지자'라고 평가했지만, 공자는 자신은 부지런히 노력하는 자라고 선을 긋는다. 부지런함이 '생이지지'를 이루는 힘이다.

20. 공자의 합리성

子 不語怪力亂神이러시다
자 불 어 괴 력 난 신

국역 공자께서는 괴이한 일, 과하게 힘쓰는 일, 세상을 어지럽히는 일, 귀신에 대해서는 말씀하지 않으셨다.

글자풀이 怪 기이하고 의심스러운 일. 괴이한 일. 力 과장되게 힘쓰는 일. 엄청나고 놀라운 힘. 亂 세상을 어지럽히는 일. 혼란스럽게 하는 일. 神 귀신의 일. 신비스럽고 초자연적인 일.

강講 괴·력·난·신은 자극적이어서 사람들이 주목하고 호기심을 느끼는 일이다. 흥미롭지만 사람들의 판단력과 올바른 사고에 방해가 된다. 공자가 소통의 대상으로 삼지 않은 이유다.

21. 세상이 나의 스승이다

子曰 三人行에 必有我師焉이니 擇其善者而從之요 其不善者而改之니라
자 왈 삼 인 행   필 유 아 사 언   택 기 선 자 이 종 지   기 불 선 자 이 개 지

국역 공자께서 말씀하셨다. "세 사람이 길을 간다면 반드시 나의 스승이 있으니, 그 선한 부분은 가려서 따르고, 그 선하지 않은 부분은 고쳐야 한다."

글자풀이 擇 가리다. 선택하다. 改 고치다. 바꾸다.

강講 다른 사람의 선은 나를 바르게 이끌고, 불선은 나를 돌아보게 한다. 중요한 것은 선과 불선을 판단하는 '나'다. 선과 불선을 바르게 판단하여 따르고 고칠 때 바르게 된다. 세상이 스승이다.

22. 하늘의 덕이 내게 있으니

子曰 天生德於予시니 桓魋其如予何리오
자 왈 천 생 덕 어 여   환 퇴 기 여 여 하

국역 공자께서 말씀하셨다. "하늘이 나에게 덕을 주셨으니, 환퇴가 나를 어찌하겠는가?"

글자풀이 桓魋 송宋나라 사마司馬인 상퇴向魋. 환공에게서 나왔기 때문에 환퇴라고 했다. 송나라 경공景公의 총애를 받은 자로, 죽은 후에 영생하고자 호화로운 석곽石槨을 만들었다. 이 때문에 공자의 비난을 받았다. 공자가 송나라에 들렸을 때 나무를 뽑아 공자를 죽이려 했는데, 길을 떠나면서 공자가 한 말이다. 기원전 492년, 공자 60세 때의 일이다.

강講 하늘은 모든 존재에게 덕을 부여했다. 이를 깨달은 자는 하늘처럼 살지만, 대부분은 눈앞의 위협에 흔들리고 두려워한다. 공자는 하늘을 신뢰하기에 두려울 것이 없었다. 환퇴가 어찌하겠는가? 오직 하늘만 두려울 뿐이다.

23. 나는 숨기는 것이 없다

子曰 二三者는 以我爲隱乎아 吾無隱乎爾로라 吾無行而不與二三子者 是丘
자 왈   이 삼 자   이 아 위 은 호   오 무 은 호 이   오 무 행 이 불 어 이 삼 자 자 시 구

也니라
야

국역   공자께서 말씀하셨다. "그대들은 내가 숨기는 것이 있다고 여기
는가? 나는 그대들에게 숨기는 것이 없다. 내가 행하고서 그대들에게 보
여주지 않은 것이 없으니, 이것이 나다."

글자풀이   二三者 여러분. 그대들. 너희들. 隱 숨기다. 爾 너희들. 與 시ㅠ와 같다.
보여주다.

강講   제자들 입장에서 공자는 도저히 따라갈 수 없는 고원高遠한 존
재였다. 타고난 근성과 수준, 노력과 호학의 차이 때문이다. 이 때문에
숨긴다고 여긴 제자가 있었는데, 보여주고 알려주어도 수준이 같지 않으
면 알 수 없다.

24. 공자의 수업 내용

子以四敎하시니 文行忠信이니라
자 이 사 교   문 행 충 신

국역 공자께서 네 가지로써 가르치셨으니, 바로 문文과 행行과 충忠과 신信이었다.

강講 '문'은 문·사·철의 인문학으로 시·서·예·악·역·춘추를, '행'은 군자의 몸가짐을 익혀 실천하는 것을, '충'은 진실과 진정성을, '신'은 신뢰를 말한다. 공자는 외면과 내면의 조화를 통해 완전한 존재인 전인全人이 되는 것을 목표로 삼았다.

25. 공자가 만나고 싶은 사람

子曰 聖人을 吾不得而見之矣어든 得見君子者면 斯可矣니라 子曰 善人을
자왈 성인 오부득이견지의 득견군자자 사가의 자왈 선인

吾不得而見之矣어든 得見有恒者면 斯可矣니라 亡而爲有하며 虛而爲盈하며
오부득이견지의 득견유항자 사가의 무이위유 허이위영

約而爲泰면 難乎有恒矣니라
약이위태 난호유항의

국역 공자께서 말씀하셨다. "성인을 내가 만나볼 수 없다면 군자라도 만나볼 수 있으면 좋겠다." 공자께서 말씀하셨다. "선인을 내가 만나볼 수 없으면 항심을 지닌 한결같은 사람이라도 만나볼 수 있다면 좋겠다. 없으면서도 있는 체하고, 텅 비었으면서도 가득 찬 체하며, 곤궁하면서도 부유한 체한다면 항심을 지니기도 어려울 것이다."

글자풀이 聖人 신명神明해서 헤아릴 수 없는 존재. 君子 재덕才德이 출중한 사람. 子曰 두 번째 자왈은 연문衍文이다. 善人 인에 뜻을 두어 악하지 않은 존재. 恒者 뜻이

변하지 않는 사람. 떳떳한 마음을 지닌 사람. 원칙 있는 사람. 虛 텅 비다. 盈 가득 차다. 約 곤궁하다. 가난하다. 泰 크다. 넉넉하다.

강講　공자가 만나고 싶은 사람은 성인이지만 군자라도 괜찮다. 하지만 그마저 어려워 선인을 바랐고, 떳떳한 마음을 지닌 자를 바랐다. 하지만 현실은 '체'하는 사람들로 가득해 한결같은 마음조차 지니기 어렵다.

26. 공자의 낚시와 사냥

子는 釣而不綱하시며 弋不射宿이러시다
자　조 이 불 강　　익 불 석 숙

국역　공자께서는 낚시질은 하셨지만 그물질은 하지 않으셨으며, 주살질은 하셨지만 잠자는 새를 쏘아 잡지는 않으셨다.

글자풀이　釣 낚시질하다. 綱 그물질. 굵은 노끈으로 그물을 연결해 흐르는 물을 막아서 고기를 잡는 것. 弋 주살질. 오늬에 줄을 매어 쏘는 화살. 射 쏘아맞추다. '쏘다'라고 할 때는 '사', '맞히다'라고 할 때는 '석'이라고 읽는다. 宿 잠자는 새. 부화할 시기의 새.

강講　공자도 낚시하고 주살로 새를 잡았지만 필요한 것만 취했다. 세상은 사람만 사는 곳이 아니다. 모든 생명과 조화를 이루며 살아야 한다. 취해야 할 것만 취하는 작은 원칙을 지킬 때 살만한 세상이 열린다.

27. 공자의 행

子曰 蓋有不知而作之者나 我無是也로라 多聞하여 擇其善者而從之하며
자왈 개유부지이작지자 　 아무시야 　 다문 　 택기선자이종지

多見而識之 知之次也니라
다견이지지 지지차야

국역 공자께서 말씀하셨다. "아마도 알지 못하면서 행하는 사람이 있
겠지만, 나는 이러한 것이 없다. 많이 듣고서 그중 좋은 것을 가려서 따
르고, 많이 보고서 기억하니, (이것이) 앎의 다음 단계다."

글자풀이 蓋 아마도. 作 행하다. 識 기억하다.

강講 세상에는 알지 못하면서도 행하는 사람들이 있다. 공자는 그러
한 것을 경계했다. 공자는 많이 듣고 보아서 선택하여 따르고, 기억하여
마음에 새기는 것을 자신의 길로 삼았다. 늘 배우고 견문을 넓혀 앎을
확장하는 자세로 자신의 삶을 이룬 것이다.

28. 나아가는 자와 함께하라

互鄕은 難與言이러니 童子見커늘 門人이 惑한대 子曰 與其進也요 不與其
호향 　 난여언 　 동자현 　 문인 　 혹 　 자왈 여기진야 　 불여기

退也니 唯何甚이리오 人이 潔己以進이어든 與其潔也요 不保其往也니라
퇴야 　 유하심 　 인 　 결기이진 　 여기결야 　 불보기왕야

국역 호향 사람들과는 더불어 말하기 어려웠는데, (호향의) 동자가

찾아와 뵙자 문인들이 의아해했다. 공자께서 말씀하셨다. "그 나아가는 자와는 함께하고, 그 물러나는 자와는 함께하지 않으면 되니, (마음씀씀이가) 어찌 그리 심한가? 사람이 자기를 깨끗이 하여 나아가면 그 깨끗함과 함께하고, 지난날의 잘못에 매이지 않아야 한다."

글자풀이　　互鄉 지방 이름. 마을 사람들의 성정이 거칠었다. 童子 열대여섯 살 이하의 어린이. 惑 의혹을 가지다. 의아해 하다. 唯 발어사. 潔 깨끗하다. 깨끗이 하다. 保 매이다. 기르다. 往 지난날의 잘못.

강講　　사람들은 자주 편견에 빠진다. 제자들 역시 호향 사람에 대한 편견을 지녔다. 공자는 제자들에게 타인의 과거에 매이지 말고, 자신을 깨끗이 하여 나아가면 그 깨끗함과 함께 할 것을 요구한다. 지금 여기, 현재가 중요하다.

29. 인을 하고자 하면

子曰 仁遠乎哉아 我欲仁이면 斯仁이 至矣니라
자왈 인원호재　아욕인　　사인　지의

국역　　공자께서 말씀하셨다. "인이 멀리 있는가? 내가 인을 하고자 하면 곧 인이 이른다."

글자풀이　　乎哉 의문종결사. 감탄을 나타낸다. 至 새가 땅에 내려앉는 것. 이르다. 도래하다.

강講　　인은 주어진 성性을 따르고 하늘을 따르는 것으로, 하늘과 일치하는 마음이다. 내 안에 있기에, 지금 바로 여기에서 인하고자 하면 이른다. 인을 행하는 것은 자신이지 남이 아니다.

30. 다행이구나

陳司敗問 昭公이 知禮乎잇가 孔子曰 知禮시니라 孔子退커시늘 揖巫馬期而進
진 사 패 문 소 공　　지 례 호　　공 자 왈 지 례　　　공 자 퇴　　　읍 무 마 기 이 진

之하여 曰 吾聞君子不黨이라하니 君子亦黨乎아 君取於吳하니 爲同姓이라 謂
지　　왈 오 문 군 자 부 당　　　　군 자 역 당 호　　군 취 어 오　　위 동 성　　위

之吳孟子라하니 君而知禮면 孰不知禮리오 巫馬期以告한대 子曰 丘也幸이로
지 오 맹 자　　군 이 지 례　　숙 부 지 례　　무 마 기 이 고　　자 왈 구 야 행

다 苟有過어든 人必知之온여
구 유 과　　　인 필 지 지

국역　　진나라의 사패가 물었다. "소공은 예를 압니까?" 공자께서 대답하셨다. "예를 압니다." 공자께서 물러나자 사패가 무마기에게 읍하고 나아가 말했다. "내가 듣기를 군자는 편당을 하지 않는다고 했는데, 군자도 또한 편당을 하십니까? 소공이 오나라에서 부인을 취했는데, 오나라는 (노나라와) 동성입니다. 그 때문에 그를 오맹자라고 불렀지요. 소공이 예를 안다면 누군들 예를 알지 못하겠습니까?" 무마기가 아뢰자 공자께서 말씀하셨다. "나는 다행이구나. 진실로 허물이 있으면 사람들이 반드시 아는구나."

글자풀이　　司敗 진陳나라의 관명官名으로 형벌을 관장하는 사구司寇다. 昭公 19세에 노나라의 임금이 되었으나 실권이 없었던 허수아비 왕이었다. 이름은 주稠. 揖 상대방

에게 공경을 나타내는 예. 巫馬期 공자의 제자. 무마가 성, 이름은 시施, 자는 자기子旗다. 여기서는 기期로 기록했다. 黨 한 편. 서로 도와 나쁜 짓을 돕는 무리. 取 장가들다. 아내를 맞이하다. 취娶와 같다. 吳孟子 소공의 아내.

강講　노나라와 오나라는 같은 희姬씨 성으로 결혼할 수 없다. 소공이 결혼하면서 그것을 감추려고 부인을 오맹자吳孟子라고 하니, 진나라의 사패가 질문한 것이다. 임금의 허물을 드러내는 것은 나라를 욕보이는 일이다. 예의 사람인 공자는 그럴 수 없다. 이래저래 공자는 자신의 허물로 받아들인다.

31. 함께하는 노래

子與人歌而善이어든 **必使反之**하시고 **而後和之**러시다
자 여 인 가 이 선　　　필 사 반 지　　　이 후 화 지

국역　공자께서 사람들과 함께 노래를 부를 때 상대방이 잘하면, 반드시 반복해 부르게 하시고 이후에 화답하셨다.

글자풀이　善 잘하다. 使 ～하게 하다. 反 반복하다.

강講　혼자 노래하는 것도 좋지만 노래는 함께 부를 때 더욱 신명난다. 공자도 그랬다. 함께 노래하고 잘하면 다시 부르게 한 후 화답했다. 떠올리기만 해도 신나는 모습이다.

32. 공자의 겸손

子曰 文莫吾猶人也아 躬行君子는 則吾未之有得호라
자왈 문막오유인야　궁행군자　즉오미지유득

국역　공자께서 말씀하셨다. "문文은 내가 남과 같지 않겠느냐마는, 군자의 도를 몸소 행하는 것은 내 아직 얻지 못했구나."

강講　문은 남 정도되지만 아직 군자의 도를 몸소 행하지 못한다고 탄식하는 공자다. 늘 배우고 익혀서 실천하고자 하는 공자의 모습에서 끊임없이 노력하는 위대한 존재를 볼 수 있다.

33. 공자의 위대함

子曰 若聖與仁은 則吾豈敢이리오 抑爲之不厭하며 誨人不倦은 則可謂云爾
자왈 약성여인　즉오기감　　억위지불염　　회인불권　　즉가위운이
己矣니라 公西華曰 正唯弟子不能學也로소이다
이의　　공서화왈 정유제자불능학야

국역　공자께서 말씀하셨다. "성聖과 인仁의 경우, 내가 어찌 감히 자처하겠는가? 하지만 (성과 인을 배우고) 행하기를 싫어하지 않으며, 남 가르치기를 게을리하지 않는 것은 그렇다고 말할 수 있을 뿐이다." 공서화가 말했다. "바로 이것이 저희 제자들이 배울 수 없는 점입니다."

글자풀이　若 ~와 같은 경우. 敢 감히 자처하다. 抑 그러나. 역접의 접속사. 厭 싫

어하다. 싫증을 내다. 倦 게으르다. 爾己矣 ~할 뿐이다. 正 바로.

공자는 자신을 성과 인을 배우고 행하며, 가르치는 과정 중의 존재라고 겸손하게 말한다. 이미 행하고 늘 가르치는 것, 공서화는 그것이 하기 어려운 일이라며 공자를 높였다. 스승에 대한 제자의 존경심이 드러난다.

34. 공자의 기도

子疾病이어시늘 子路請禱한대 子曰 有諸아 子路對曰 有之하니 誄에 曰 禱爾
자 질 병   자로청도   자왈 유저 자로대왈 유지   뢰   왈 도이

于上下神祇라 하니이다 子曰 丘之禱久矣니라
우 상 하 신 기   자왈 구 지 도 구 의

국역 공자께서 병이 깊어지자 자로가 기도할 것을 청했다. 공자께서 말씀하셨다. "그러한 이치가 있느냐?" 자로가 대답했다. "있습니다. 뢰에 말하기를 '너를 위해 위와 아래의 하늘 신과 땅 신에게 기도했다'라고 기록되어 있습니다." 공자께서 말씀하셨다. "나의 기도는 오래되었다."

글자풀이 疾病 병이 깊다. 위독하다. '질'은 병, '병'은 위중함이다. 질疾이 심해진 것을 병病이라고 한다. 禱 기도하다. 귀신에게 빌다. 誄 죽은 이를 애도하면서 그의 행적을 적은 글. 제문祭文. 上下 하늘과 땅. 神祇 하늘 신과 땅의 신.

강講 공자의 삶은 매 순간이 기도였다. 천명을 알고자 노력했고 하늘의 뜻에 따라 행하고자 했다. 공자가 자신의 기도는 오래되었다고 한 이유다.

35. 불손과 고루

子曰 奢則不孫하고 儉則固니 與其不孫也론 寧固니라
자왈 사즉불손　검즉고　여기불손야　영고

국역　공자께서 말씀하셨다. "사치하면 불손해지고, 검소하면 고루해지지만, 불손하기보다는 차라리 고루한 것이 낫다."

강講　세상을 살면서 중도를 지키면 좋은데, 현실은 늘 넘치거나 모자란다. 그럼에도 하나를 선택해야 한다면 차라리 고루한 것이 낫다. 인색하다는 소리는 듣겠지만 남에게 상처를 주지는 않는다.

36. 군자의 여유, 소인의 걱정

子曰 君子는 坦蕩蕩이요 小人은 長戚戚이니라
자왈 군자　탄탕탕　소인　장척척

국역　공자께서 말씀하셨다. "군자는 평탄하여 여유롭고, 소인은 늘 걱정한다."

강講　군자는 외부의 요소에 마음을 빼앗기지 않아 늘 너그럽고 여유 있으며 평탄하지만, 소인은 현실에 얽매어 눈앞의 일에 끄달리며 늘 잘못될까 노심초사한다. 여유가 없다.

37. 공자의 모습

子는 **溫而厲**하시며 **威而不猛**하시며 **恭而安**이러시다
자　온 이 려　　　위 이 불 맹　　　공 이 안

국역 공자께서는 온화하면서도 엄격하시며, 위엄이 있으면서도 사납지 않으시고, 공손하면서도 편안하셨다.

강講 공자는 남들에게는 하늘처럼 온화하지만 올바름을 지키는 데는 엄격했고, 위엄이 있어 그 앞에 서면 넉넉함에 자신도 바르게 되었으나 사나워서 무섭지 않았으며, 공손함으로 품어줘서 마치 어머니의 품처럼 편안했다. 이것이 공자이다.

제8편

태백

泰伯

●
●
●
●

덕의 길, 덕의 사람

●
●

태백편은 덕으로 시작해 덕으로 끝난다. 태백의 지
극한 덕은 주나라를 이루는 바탕이 되었고, 요·순·
우의 지극한 덕은 통치자의 모범이 되었다. 그와 함
께 공자가 중시한 핵심 개념인 효와 인, 그리고 군자
에 관한 내용이 많다. 특히 증자에 관한 내용이 많아
증자의 제자들이 기록한 내용으로 보고 있다. 또한
요·순·우에 대한 공자의 평가를 토대로 공자가 중시
한 정치의 이상理想을 엿볼 수 있다. 모두 21장이다.

1. 태백의 지극한 덕

子曰 泰伯은 其可謂至德也已矣로다 三以天下讓하되 民無得而稱焉이온여
자 왈 태 백   기 가 위 지 덕 야 이 의   삼 이 천 하 양   민 무 득 이 칭 언

국역　공자께서 말씀하셨다. "태백은 지극한 덕을 지녔다고 이를 만하다. 세 번이나 천하를 양보했지만 백성들이 (몰라서 그 덕을) 칭송할 수 없었다."

글자풀이　泰伯 주나라 태왕太王인 고공단보古公亶父의 맏아들. 태왕이 막내아들인 계력의 아들인 창昌(문왕)의 덕으로 주나라를 일으키고자 하자, 둘째인 중옹仲雍과 함께 형만荊蠻으로 도망갔다. 그후 문왕의 아들인 발發이 혁명을 일으켜 주나라를 세웠다.

강講　태백이 세 번이나 천하를 양보한 것은 본마음으로 행한 것으로, 그는 자신의 공을 드러내지도, 공으로 여기지도 않았다. 이 때문에 백성

들이 알지 못하여 칭송도 받지 못했다. 공자는 이것을 지극한 덕[지덕至德]이라고 칭송했다. 그의 지덕이 역사를 바꾼 것이다.

2. 공·신·용·직을 이루는 힘

子曰 恭而無禮則勞하고 愼而無禮則葸하고 勇而無禮則亂하고 直而無禮則絞
자 왈 공 이 무 례 즉 로　　　 신 이 무 례 즉 사　　　 용 이 무 례 즉 란　　　 직 이 무 례 즉 교
니라 君子篤於親이면 則民興於仁하고 故舊를 不遺면 則民不偸니라
　　 군 자 독 어 친　　　 즉 민 흥 어 인　　　 고 구　 불 유　 즉 민 불 투

국역　공자께서 말씀하셨다. "공손하기만 하고 예가 없으면 수고롭고, 신중하기만 하고 예가 없으면 두려워하며, 용맹하기만 하고 예가 없으면 세상을 혼란스럽게 하고, 곧기만 하고 예가 없으면 (여유가 없어) 빡빡하다. 군자가 친족들과 돈독하면 백성들이 인에서 흥기하고, 오래 사귄 사람을 버리지 않으면 백성들이 각박해지지 않는다."

글자풀이　葸 두려워하다. 絞 엄하다. 빡빡하다. 偸 각박하다.

강講　올바른 공손·신중·용맹·정직을 위해서는 그 중심에 예가 있어야 한다. 그럴 때 수고롭거나 두렵지 않으며, 나라를 어지럽히거나 옥죄지 않는다. 예 있는 군자가 친족들과 친하고 옛 벗까지 껴안으면 백성들은 인하고 넉넉해진다. 그 중심에 예가 있어야 한다.

3. 근심에서 벗어난 증자

曾子有疾하사 召門弟子曰 啓予足하며 啓予手하라 詩云 戰戰兢兢하여 如臨
深淵하며 如履薄氷이라하니 而今而後에야 吾知免夫로라 小子아

국역   증자가 병이 들자 문하의 제자들을 불러 말했다. "나의 발을 열
어보고, 나의 손을 꺼내보아라. 『시경』에 이르기를 '두려워하고 삼가여
깊은 연못에 임한 듯이 하며, 얇은 얼음을 밟는 듯이 하라'라고 했으니,
이제서야 내가 (걱정을) 벗어나게 되었음을 알겠구나, 제자들이여!"

글자풀이   啓 개開와 같다. 열다. 詩 『시경』「소아·소민」편. 小子 문하의 제자들.

강講   '몸의 터럭 한 올까지도 부모에게서 받은 것[신체발부身體髮膚,
수지부모受之父母]'이라고 여긴 증자가 죽음 앞에서 제자들에게 자신의 몸
을 보이며 안심한다. 효는 평생해야 할 숙제인 것이다.

4. 죽음 앞에서 말하는 군자의 도

曾子有疾이어시늘 孟敬子問之러니 曾子言曰 鳥之將死에 其鳴也哀하고 人之將
死에 其言也善이니라 君子所貴乎道者三이니 動容貌에 斯遠暴慢矣며 正顔色
에 斯近信矣며 出辭氣에 斯遠鄙倍矣니 邊豆之事則有司存이니라

증자가 병이 들자 맹경자가 문병을 왔다. 증자가 말했다. "새가 장차 죽으려 할 때는 그 울음소리가 애달프고, 사람이 장차 죽으려 할 때는 그 말이 선한 법입니다. 군자가 도에서 귀하게 여기는 것이 세 가지 있으니, 용모를 움직일 때는 포악하고 오만함을 멀리하고, 얼굴빛을 바룰 때는 신실함에 가깝게 하며, 말을 하거나 소리를 낼 때는 비루하고 도리에 어긋난 것을 멀리해야 합니다. 제기를 다루는 일 등은 담당자에게 맡기십시오."

글자풀이   孟敬子 노魯나라 대부인 중손씨仲孫氏로 맹무백孟武伯의 아들. 이름은 첩捷이다. 問 문병. 貴 중重과 같다. 暴 거칠고 사납다. 포악하다. 慢 게으르다. 오만하다. 辭 말. 氣 소리와 숨. 倍 도리에 어긋남. 위배됨. 籩豆 제기를 다루는 일. 有司 담당자.

강講   죽음을 앞에 둔 증자가 말하는 군자의 도는 용모는 위엄 있고, 얼굴빛은 성실하고 믿음직스러우며, 말과 소리는 도리에 맞게 하는 것이다. 이것이 백성들의 신뢰를 얻는 힘이다. 전문적인 일은 담당자에게 맡기면 된다.

5. 옛 벗을 회상하다

曾子曰 以能으로 問於不能하며 以多로 問於寡하며 有若無하며 實若虛하며 犯
증자왈 이능   문어불능   이다 문어과   유약무   실약허   범
而不校를 昔者에 吾友嘗從事於斯矣러니라
이불교   석자   오우상종사어사의

[국역] 증자가 말했다. "유능하면서도 능하지 못한 자에게 묻고, 학식이 많으면서도 적은 자에게 물으며, 있으면서도 없는 것처럼 하고, 가득 찼으면서도 텅 빈 것처럼 하며, 남이 자기에게 잘못을 범해도 따지지 않는 것을, 옛날에 나의 벗이 일찍이 이 일에 전념했다."

[글자풀이] 校 따지다. 계교計較. 友 벗. 안회顔回를 이른다. 事 전념하다. 일삼다. 실천하다.

[강講] 인의 사람인 안회는 남을 자신처럼 여겼기에 자신보다 못한 사람에게도 물었고, 자신에게 있는 것을 자랑하지 않았으며 늘 열려 있었다. 벗을 회상하는 증자의 마음이 느껴진다.

6. 군자다운 사람

曾子曰 可以託六尺之孤하며 可以寄百里之命이요 臨大節而不可奪也면 君
증 자 왈 가 이 탁 육 척 지 고   가 이 기 백 리 지 명   임 대 절 이 불 가 탈 야   군

子人與아 君子人也니라
자 인 여   군 자 인 야

[국역] 증자가 말했다. "6척 정도 되는 어린 임금을 맡길 만하고, 100리 정도 되는 나라의 정치를 부탁할 만하며, 큰 절개에 임해서 (그의 뜻을) 빼앗을 수 없다면, 군자다운 사람인가? 군자다운 사람이다."

글자풀이 六尺之孤 부모를 여읜 어린 임금으로, 15세 미만을 말한다. 寄 부탁하다. 百里 제후국. 命 정령政令. 정치. 大節 큰 절개. 나라를 위한 지조와 절개. 與 의문조사. 也 결단을 나타내는 종결어미.

강講 충忠과 신信과 의義의 사람인 군자는 공公과 사私가 분명하기에 어린 임금과 국가도 맡길 수 있다. 그는 위기 속에서도 절개를 꺾지 않고 올바름을 지향한다. 그런 사람을 군자라 할 수 있다.

7. 선비의 소임과 길

曾子曰 士不可以不弘毅니 任重而道遠이니라 仁以爲己任이니 不亦重乎아
증자왈 사불가이불홍의　임중이도원　　　인이위기임　　불역중호

死而後已니 不亦遠乎아
사이후이　불역원호

국역 증자가 말했다. "선비는 (도량이) 넓고 (뜻이) 굳세지 않으면 안 되니, 소임이 막중하고 길이 멀기 때문이다. 인仁을 자기의 소임으로 삼으니 또한 무겁지 않은가? 죽은 뒤에야 끝나니 또한 멀지 않은가?"

글자풀이 弘毅 도량이 넓고 뜻이 굳세다. 己 끝나다. 그만두다.

강講 증자가 제시한 선비는 도량과 굳셈을 자신의 소임으로 삼아 책임감을 지니고 꿋꿋하게 흔들림 없이 앞만 보고 나아가는 존재다. 인을 행하고자 하는 증자의 자기와의 싸움이 치열하다.

8. 시와 예와 음악의 힘

子曰 興於詩하며 立於禮하며 成於樂이니라
자 왈 흥 어 시　　　입 어 례　　　성 어 악

국역　공자께서 말씀하셨다. "시에서 (감정을) 불러일으키며, 예에서
서며, 음악에서 완성한다."

글자풀이　興 흥기興起하다. 立 확고히 하다. 成 완성하다.

강講　시는 순수한 성정性情의 발현이며, 예는 배려와 사양으로 질서를
세우고 차례를 정해 자신을 확립시키며, 음악은 조화로움으로 인격을 완
성시킨다. 시와 예와 음악이 군자를 이루는 힘이다.

9. 백성의 특징

子曰 民은 可使由之요 不可使知之니라
자 왈 민　　가 사 유 지　　불 가 사 지 지

국역　공자께서 말씀하셨다. "백성은 (도를) 따르게 할 수는 있어도,
(도를) 알게 할 수는 없다."

강講 지배계층이 먼저 지켜야 할 원칙과 도리를 제시하고 솔선수범해, 백성들이 도에 맞게 살도록 해야 한다. 이렇게 하면 이치는 알게 할 수 없더라도 따르게는 할 수 있다.

10. 사회를 어지럽히는 요소

子曰 好勇疾貧이 亂也요 人而不仁을 疾之已甚이 亂也니라
자 왈 호 용 질 빈　 난 야　 인 이 불 인　 질 지 이 심　 난 야

국역 공자께서 말씀하셨다. "용맹을 좋아하고 가난을 싫어해도 사회를 어지럽히고, 사람으로서 인하지 못한 것을 너무 미워해도 사회를 어지럽힌다."

글자풀이 疾 미워하다. 已 너무.

강講 의義를 용맹의 중심에 둘 때, 가난해도 올바름을 행하는 진정한 용맹이 된다. 불인을 미워하면서도 그들을 불쌍하게 여길 때, 사회의 질서가 무너지지 않는다.

11. 덕이 재능의 바탕이다

子曰 如有周公之才之美라도 使驕且吝이면 其餘는 不足觀也已니라
자 왈 여 유 주 공 지 재 지 미　 사 교 차 린　 기 여　 부 족 관 야 이

국역　공자께서 말씀하셨다. "만일 주공과 같은 뛰어난 재능이 있다 할지라도 가령 교만하고 또 인색하다면 그 나머지는 볼 것이 없다."

글자풀이　使 가령. 驕 교만하다. 잘난 체하다. 吝 인색하다.

강講　주공은 능력으로 주나라의 시스템을 이루었고, 덕으로 역사를 만들었다. 만일 뛰어난 능력은 지녔지만 그것을 받쳐줄 덕이 없었다면, 사회는 어지럽고 분열되었을 것이다. 더이상 무엇을 보겠는가?

12. 공부의 목적

子曰 三年學에 不至於穀을 不易得也니라
자 왈 삼 년 학　부 지 어 곡　불 이 득 야

국역　공자께서 말씀하셨다. "삼 년을 배우고서도 벼슬에 뜻을 두지 않는 자를 쉽게 얻지 못하겠다."

글자풀이　至 뜻. 志와 같다. 뜻을 두다. 穀 벼슬. 녹봉. 易 쉽다.

강講　공자 문하에서 3년을 공부했다면 자기를 닦고 인품과 덕성을 위해 공부해야 하는데, 현실은 그렇지 않았다. 벼슬에 뜻을 두고 그 주변을 기웃거리는 제자들에 대한 안타까움이다.

13. 군자의 출처와 처세

子曰 篤信好學하며 守死善道니라 危邦不入하고 亂邦不居하며 天下有道則見
자왈 독신호학　　　수사선도　　　위방불입　　　난방불거　　　천하유도즉현

하고 無道則隱이니라 邦有道에 貧且賤焉이 恥也며 邦無道에 富且貴焉이 恥
　　무도즉은　　　방유도　　빈차천언　치야　　방무도　　부차귀언　치

也니라
야

국역　공자께서 말씀하셨다. "독실하게 믿으면서 배우기를 좋아하고,
죽음으로 지켜서 도를 잘 실천해야 한다. 위태로운 나라에는 들어가지
않고, 혼란한 나라에는 거처하지 않아야 하니, 천하에 도가 있으면 드러
내 벼슬하고, 도가 없으면 숨어야 한다. 나라에 도가 있을 때는 가난하고
천한 것이 부끄러운 일이며, 나라에 도가 없을 때는 부유하고 귀한 것이
부끄러운 일이다."

글자풀이　篤 독실하다. 넉넉하게 힘을 쓰다. 見 드러내다. 벼슬하다. 隱 숨다.

강講　군자가 독실하게 믿고 배우며 목숨을 걸고 지켜야 하는 것은 도
다. 도를 실천할 때 비로소 자기다운 존재가 되어 인을 구현하니, 도 있
는 세상에서는 뜻을 펼칠 수 있다. 언제 어디서나 도를 따르기 때문에 부
끄럽지 않다.

14. 그 지위에서 도모하라

子曰 不在其位하여는 **不謀其政**이니라
자 왈 부 재 기 위　　　 불 모 기 정

국역　공자께서 말씀하셨다. "그 지위에 있지 않으면 그 정무를 논하지 말아야 한다."

강講　오늘날 국가는 국민의 것이며, 정치는 특정인의 전유물이 아니다. 이 때문에 다양한 이슈에 대해 너 나 할 것 없이 날선 비판과 비난을 한다. 그런데 담당자가 아니면 깊은 내용까지는 잘 모른다. 지위에 있는 자가 책임감을 가지고 바르게 일하도록 하는 것이 중요하다.

15. 귀에 가득한 음악이여!

子曰 師摯之始에 **關雎之亂**이 **洋洋乎盈耳哉**라
자 왈 사 지 지 시　 관 저 지 란　　 양 양 호 영 이 재

국역　공자께서 말씀하셨다. "악사인 지摯가 처음 벼슬할 때에 연주하던 관저關雎의 마지막 악장이 아름답고 성대해서 귀에 가득하구나!"

글자풀이　師 악사. 摯 사람 이름. 노나라의 악사. 關雎 『시경』 「국풍」 첫 번째 시. 亂 음악의 마지막 악장. 洋洋 아름답고 성대하다.

지摯가 악사의 장인 태사太師가 된 후 처음 연주한 곡이 '관저'였다. 최고였던 그의 첫 연주가 귀명창인 공사의 귀에 가득히 남아 있다.

16. 최악의 인간

子曰 狂而不直하며 侗而不愿하며 悾悾而不信을 吾不知之矣로다
자 왈 광 이 부 직   통 이 불 원   공 공 이 불 신   오 부 지 지 의

공자께서 말씀하셨다. "뜻이 크면서 곧지도 않고, 무지하면서 성실하지도 않으며, 무능하면서 신실하지도 않다면, 나도 어찌해야 할지 모르겠다."

狂 사리분별을 못하고 뜻만 큰 자. 侗 무지하다. 어리석다. 愿 성실하다. 공손하다. 悾悾 무능하다.

세상을 살다 보면 능력은 안 되는데 뜻은 커서 남을 속이고, 무지한 데다 불성실하며, 무능한데 신의까지 없는 자들이 의외로 많다. 이들은 꽉 막혀서 조언도 듣지 않는다. 안타까울 뿐이다.

17. 배움의 자세

子曰 學如不及이요 猶恐失之니라
자 왈 학 여 불 급   유 공 실 지

국역 공자께서 말씀하셨다. "배움은 따라가지 못할 듯이 하고, 오히려 잃을까 두려워해야 한다."

강講 배움에 목말랐던 공자는 늘 배움에 미치지 못한 것처럼, 배운 것을 잃을 것처럼 배움을 손에서 놓지 않았다. 이것이 배우는 자의 자세이며, 공자가 배움을 대하는 태도였다.

18. 무위의 다스림

子曰 巍巍乎라 舜禹之有天下也而不與焉이여
자 왈 외 외 호   순 우 지 유 천 하 야 이 불 여 언

국역 공자께서 말씀하셨다. "위대하도다! 순임금과 우임금은 천하를 소유하셨으면서도 거기에 관여하지 않으셨도다."

글자풀이 巍巍 높고 큰 모양. 위대하다. 與 관여하다. 자리에 연연하다.

강講 유가의 이상사회를 이룬 순임금과 우임금은 천하의 주인이면서도 백성과 하나 되었고, 적재적소에 합당한 인재를 등용하여 백성들의 삶을 챙겼다. 이로써 모두가 제 역할을 하니 다스리지 않아도 다스려졌다. 군이 관여할 필요가 없다.

19. 위대한 요임금

子曰 大哉라 堯之爲君也여 巍巍乎唯天이 爲大어시늘 唯堯則之하시니 蕩蕩乎
자왈 대재   요지위군야   외외호유천   위대   유요칙지   탕탕호

民無能名焉이로다 巍巍乎其有成功也여 煥乎其有文章이여
민무능명언   외외호기유성공야   환호기유문장

국역　공자께서 말씀하셨다. "위대하도다! 요의 임금되심이여! 높고
커서 오직 하늘만이 위대한데, 오직 요임금이 그것을 본받으셨도다. 넓
고 넓어서 백성들이 무어라 이름 붙일 수가 없구나. 높고 크도다! 그 공
을 이루심이여! 빛나도다! 그 문장 있음이여!"

글자풀이　大 위대하다. 爲君 임금 노릇하다. 則 본받다. 법으로 삼다. 蕩蕩 넓고
넓다. 無能名 이름을 붙일 수 없다. 무어라고 형용할 수 없다. 煥 빛나다. 문채나다. 文
章 문화와 제도. 예악과 법도. 문명.

강講　중원 땅의 역사를 연 요임금은 수신으로 자신을 이루고, 평천하
를 이루었다. 백성들의 삶터를 아우르고 먹을거리를 해결했으며, 사람다
운 삶을 위해 자신을 바친 것이다. 이 때문에 공자는 요임금의 위대함을
하늘과 바다에 비유하여 한정된 이름으로 규정할 수 없다고 칭송한다.

20. 주나라의 덕

舜이 有臣五人而天下治하니라 武王曰 予有亂臣十人호라 孔子曰 才難이
순　　유신오인이천하치　　　　무왕왈　여유난신십인　　　공자왈　재난

不其然乎아 唐虞之際가 於斯爲盛하니 有婦人焉이라 九人而已니라 三分天下
불기연호　당우지제　어사위성　　유부인언　　구인이이　　　삼분천하

에 有其二하사 以服事殷하시니 周之德은 其可謂至德也已矣로다
유기이　　이복사은　　주지덕　기가위지덕야이의

국역　순임금에게는 신하 다섯 사람이 있었는데 천하가 다스려졌다.
무왕이 말했다. "나에게는 다스리는 신하가 열 사람 있다." 공자께서 말
씀하셨다. "인재를 얻기가 어려우니 그렇지 않은가? 당우唐虞의 즈음이
이보다 성대했다. (주나라는) 부인이 있었으니 아홉 사람일 뿐이다. (문
왕은) 천하를 삼등분하여 그 둘을 소유하고도 복종하여 은나라를 섬겼
으니, 주나라의 덕은 지극한 덕이라고 이를 만하다."

글자풀이　臣五人 신하 다섯 사람. 우禹·설契·직稷·고요皐陶·백익伯益. 亂臣 다스
리는 신하. 十人 주공단周公旦·소공석召公奭·태공망太公望·필공畢公·영공榮公·태전太顚·굉
요閎夭·산의생散宜生·남궁괄南宮适·문왕文王의 비妃인 태사太姒 혹은 무왕武王의 비인 읍강
邑姜. 唐虞 요임금과 순임금의 나라 명칭.

강講　순임금에게는 뛰어난 신하 다섯 명이 있었고, 무왕에게는 열 명
의 신하가 있었다. 이 때문에 나라가 다스려졌다. 특히 천하의 2/3의 마
음을 얻고서도 은나라를 섬겼던 문왕의 덕은 주나라를 이루었다. 인재와
덕이 국가의 명운을 결정함을, 온 힘을 쏟아야 함을 보여준다.

21. 흠없는 우임금

子曰 禹는 吾無間然矣로다 菲飮食而致孝乎鬼神하시며 惡衣服而致美乎黻冕
자왈 우 오무간연의 비음식이치효호귀신 악의복이치미호불면
하시며 卑宮室而盡力乎溝洫하시니 禹는 吾無間然矣로다
비궁실이진력호구혁 우 오무간연의

국역 공자께서 말씀하셨다. "우임금은 내가 흠잡을 것이 없다. (평소에는) 보잘것없는 음식을 먹으면서도 귀신에게는 효성을 다하시고, (평상시에는) 검소한 의복을 입으면서도 제사 때의 예복인 불면黻冕에는 아름다움을 다하셨으며, 낮은 궁실에 살면서도 도랑을 파는 일에는 있는 힘을 다하셨으니, 우임금은 내가 트집 잡을 것이 없다."

글자풀이 間 트집 잡다. 흠 잡다. 菲 보잘것없다. 간략하다. 검소하다. 박薄과 같다. 鬼神 신과 조상. 惡衣服 검소한 의복. 黻冕 국가의 제사에 입는 의복. 溝洫 전답 사이의 물길로 경계를 바르게 하고 가뭄과 장마에 대비하기 위한 치수 사업.

강講 치수를 통해 삶터를 갖추어 중원 땅 최초의 왕조인 하夏나라를 건설한 우임금을 공자는 의·식·주 세 가지로 찬탄했다. 자신에게는 박하고 나라를 위하는 일에는 최선을 다했으니 흠잡을 데가 없다.

제9편

자한
子罕

공자의 사상과 학문

자한편에는 공자의 사상과 학문, 그리고 덕에 관한
내용이 많다. 특히 순탄하지 못한 삶 속에서 다방면
으로 재주를 키울 수밖에 없었던 인생 여정을 덤덤
하게 고백하면서도 추구해야 할 가치를 놓치지 않는
공자의 면모를 만날 수 있다. 모두 30장이다

1. 드물게 말씀하신 것

子는 罕言利與命與仁이러시다
자   한 언 리 여 명 여 인

국역   공자께서는 이익과 명命, 그리고 인에 대해서는 드물게 말씀하셨다.

글자풀이   罕 드물다. 利 이해관계. 이익. 命 운명. 與 ~와.

강講   많은 경우 이익은 공리公利인 의義를 해치고, 명命은 우리가 알 수 없는 부분이다. 또한 인仁은 이미 내게 주어졌지만 실현하기가 어렵다. 이 때문에 쉽게 말할 수 있는 부분이 아니다.

2. 자격증 시대

達巷黨人曰 大哉라 孔子여 博學而無所成名이로다 子聞之하시고 謂門弟
달항당인왈 대재   공자   박학이무소성명   자문지   위문제

子曰 吾何執고 執御乎아 執射乎아 吾執御矣로리라
자왈 오하집 집어호   집사호   오집어의

국역　달항 고을의 사람이 말했다. "위대하구나, 공자여! (그러나) 널리 배웠지만 이름을 이룬 것이 없구나." 공자께서 들으시고 문하의 제자들에게 말씀하셨다. "내가 무엇을 전문으로 할까? 수레 고삐를 잡을까? 활 쏘는 일을 할까? 나는 수레 고삐를 잡으리라."

글자풀이　達巷 지명. 黨의 명칭. 無所成名 전문 분야에서 이름을 이룬 것이 없다. 執 전문으로 하다. 잡다.

강講　공부의 목적은 자기 수양이다. 만일 공부의 목적을 벼슬에 두면 출세와 성공을 위해 비리도 서슴지 않게 된다. 달항 고을 사람의 의도를 알기에, 채찍을 잡겠다는 말로, 공자는 공부의 목적과 학문의 가치 그리고 공부의 태도를 알려준다.

3. 변하는 예와 불변의 예

子曰 麻冕이 禮也어늘 今也純하니 儉이라 吾從衆호리라 拜下 禮也어늘 今拜乎
자왈 마면 예야   금야순   검   오종중   배하 예야   금배호

上하니 泰也라 雖違衆이나 吾從下호리라
상   태야   수위중   오종하

국역 공자께서 말씀하셨다. "삼베로 만든 관이 예법에 맞지만, 지금은 생사로 만드니 검소하구나. 나는 사람들을 따르겠다. 당 아래에서 절을 하는 것이 예법에 맞는데, 지금은 당 위에서 절을 하니 교만하구나. 비록 사람들과는 다르더라도 나는 당 아래에서 하는 것을 따르겠다."

글자풀이 麻冕 검정 베로 만든 치포관緇布冠. 삼베를 가늘고 고운 실로 만들어 관을 만들기에 공이 많이 들어 쉽지 않다. 純 생사. 순색의 비단. 검은 명주.

강講 시대가 바뀌면 옷이나 관도 바뀐다. 공자 역시 시대를 따랐다. 하지만 윗사람을 공경하는 존중과 양보의 예는 시대가 변해도 지켜져야 한다. 공경이 예의 핵심이기 때문이다. 공자가 지킨 이유다.

4. 공자에게 없는 네 가지

子絶四러시니 毋意 毋必 毋固 毋我러시다
자 절 사　　　무 의 무 필 무 고 무 아

국역 공자께서는 네 가지가 없었다. 사사로운 뜻이 없었고, '반드시'가 없었으며, 고집이 없었고, '나'라는 것이 없으셨다.

글자풀이 絶 무無와 같다. 없다. 주자는 완전히 없는 것으로 보았다. 意 사사로운 뜻. 固 고집. 집착. 我 나. 자기중심적

강講　공자는 하늘을 따르고 하늘과 하나가 되었기에 때와 상황에 맞게 행했다. 그 때문에 '사사로움, 반드시, 고집, 나'가 없었다. 때에 맞게 행하는 성인인 '성지시聖之時', 중中을 행하는 '시중지인時中之人'이라고 불린 이유다.

5. 문文이 여기에 있다

子畏於匡이러시니 曰 文王이 旣沒하시니 文不在玆乎아 天之將喪斯文也신댄
자 외 어 광　　　　왈 문왕 기몰　　　문부재자호　천지장상사문야

後死者不得與於斯文也어니와 天之未喪斯文也시니 匡人이 其如予何리오
후 사 자 부 득 여 어 사 문 야　　천 지 미 상 사 문 야　　광 인　기 여 여 하

국역　공자께서 광 땅에서 두려운 일에 처했을 때 말씀하셨다. "문왕이 이미 돌아가셨으니 문文이 여기에 있지 않은가? 하늘이 장차 이 문을 없애고자 하셨다면 뒤에 죽는 자가 이 문에 참여하지 못했을 것이다. 하지만 하늘이 장차 이 문을 없애려 하지 않으시니, 광땅 사람들이 나를 어찌하겠는가?"

글자풀이　匡 지명. 玆 여기. 斯文 이 문명. 이 진리. 後死者 뒤에 죽는 자. 공자 자신을 칭함. 與 참여하다.

강講　공자는 위기 앞에서 자신이 문왕을 이어 하늘의 뜻을 잇는 존재임을, 자신이 요·순·우로부터 전해진 오랜 역사와 문화, 문물과 전적, 진리를 이어받은 적통임을 분명히 했다. 위기와 시련 속에서도 하늘의 사명을 밝히는 공자의 당당함이다.

6. 공자는 성인인가?

大宰問於子貢曰 夫子는 聖者與아 何其多能也오 子貢曰 固天縱之將聖이시
태재문어자공왈 부자 성자여 하기다능야 자공왈 고천종지장성

고 又多能也시니라 子聞之하시고 曰 大宰知我乎인저 吾少也에 賤故로 多能鄙
  우다능야   자문지   왈 태재지아호   오소야   천고   다능비

事호니 君子는 多乎哉아 不多也니라 牢曰 子云 吾不試라 故로 藝라하시니라
사   군자 다호재 부다야   뢰왈 자운 오불시 고   예

국역 태재가 자공에게 물었다. "부자는 성인인지요? 어찌 그리도 능
한 것이 많습니까?" 자공이 말했다. "본래 하늘이 내신 큰 성인이시고,
또한 능한 것도 많으십니다." 공자께서 이 말을 들으시고 말씀하셨다.
"태재가 나를 아는구나. 나는 젊었을 적에 미천했기 때문에 비천한 일에
능한 것이 많다. 군자가 능한 것이 많은가? 많지 않다." 뢰가 말했다. "선
생님께서 말씀하시길 '내가 쓰이지 않았기에 재주를 익혔다'라고 하
셨다."

글자풀이 大宰 춘추시대의 관직 명칭으로 '태재'라고 읽는다. 오나라 사람 백비伯
嚭로 보고 있다. 與 의문사. 固 진실로. 본래. 縱 풀어놓다. 將 거의. 아마도. 牢 공자의
제자. 성은 금琴, 자는 자개子開 또는 자장子張. 試 쓰이다. 용用과 같다. 藝 재주를 익히다.

강講 성인은 재주가 아닌 인격과 품격을 갖춘 사람이다. 공자가 많은
재능을 지녔던 것은 삶을 위한 방편이었을 뿐이다. 자신에 대한 신화를
거부하는 공자다.

7. 나는 아는 것이 없다

子曰 吾有知乎哉아 無知也로라 有鄙夫問於我호되 空空如也라도 我叩其兩
자왈 오유지호재   무지야   유비부문어아   공공여야   아고기양

端而竭焉하노라
단이갈 언

국역 공자께서 말씀하셨다. "내가 아는 것이 있는가? 아는 것이 없다.
(하지만) 비천한 사람이 나에게 물을 때, (그의 질문이) 텅 빈 것 같더라
도 나는 그 양쪽 끝을 살펴서 다해줄 것이다."

글자풀이 空空如 텅 비어 있어 아는 것이 없음. 어리석다. 叩 묻다. 두드리다. 兩
端 양쪽. 처음과 끝. 근본과 말미. 위와 아래. 竭 다하다.

강講 아는 것이 없다는 공자의 고백은 배움에 목마른 자가 할 수 있
는 고백이다. 그럼에도 누군가 질문을 던지면 질문의 동기와 전체적인
맥락을 살펴서 그 요지를 잡아 말해줄 수 있다. 그와 하나 되어 그 핵심
을 찾기 때문에 가능한 것이다.

8. 공자의 절망

子曰 鳳鳥不至하며 河不出圖하니 吾已矣夫인저
자왈 봉조부지   하불출도   오이의부

국역 공자께서 말씀하셨다. "봉황새가 이르지 않으며, 황하黃河에서

하도가 나오지 않으니, 내가 그만인가 보구나."

글자풀이　　鳳鳥 봉황. 태평성대에 나타나 춤을 추는 상서로운 새. 순임금 때 나타
나 춤을 추었고, 문왕 때 기산岐山에서 울었다고 한다. 河圖 복희伏羲 때 황하에서 나온
용마龍馬의 등에 그려진 그림. 已 그만이다. 그치다.

강講　　봉황과 하도는 기린麒麟과 함께 상서로운 세상을 상징한다. 새로
운 시대를 꿈꾸며 천하를 다니지만 세상은 더 혼란해지고 희망이 없다.
공자의 탄식과 절망이 묻어 있다.

9. 공자의 예

子見齊衰者와 冕衣裳者와 與瞽者하시고 見之에 雖少나 必作하시며 過之必
자 견 자 최 자　　면 의 상 자　　여 고 자　　견 지　　수 소　　필 작　　과 지 필

趨러시다
추

국역　　공자께서는 상복을 입은 사람과 관을 쓰고 의상을 갖추어 입은
사람과 시각장애인을 만나시면, 보기에 비록 젊더라도 반드시 일어나셨
으며, (곁을) 지나갈 때는 반드시 종종걸음으로 걸으셨다.

글자풀이　　齊衰 자최복. 상복. 상복 중 중복重服으로, 부모와 임금의 상에 입는다.
거친 베로 만들었으며 좌우와 아랫단을 꿰맸다. 가장 무거운 상복은 참최斬衰로, 좌우
와 아래 끝단을 텄으며, 아들이 아버지를 위해 입는다. 冕 머리에 쓰는 관. 冕衣裳 고
대에 고위관리가 입는 의상. 공무를 집행하는 자의 공적 옷차림. 瞽 시각장애인. 고대

에 음악을 담당했다. 作 일어나다. 엄숙하게 예를 행하다. 趨 종종걸음으로 걷다.

강講　공자는 상을 당한 자, 공직자, 시각장애인을 만나면 나이에 상관 없이 자리에서 일어나 슬픔[애哀]과 공경[경敬]과 배려[양讓]를 행하고, 길을 방해하지 않기 위해 종종걸음으로 걸었다. 그들과 하나 된 공자의 예다.

10. 안연의 고백

顏淵이 喟然歎曰 仰之彌高하며 鑽之彌堅하며 瞻之在前이러니 忽焉在後로다
안 연　위 연 탄 왈　양 지 미 고　　찬 지 미 견　　첨 지 재 전　　홀 언 재 후

夫子循循然善誘人하사 博我以文하시고 約我以禮하시니라 欲罷不能하여 旣竭
부 자 순 순 연 선 유 인　　박 아 이 문　　　약 아 이 례　　　욕 파 불 능　　기 갈

吾才하니 如有所立이 卓爾라 雖欲從之나 末由也已로다
오 재　　여 유 소 립　 탁 이　 수 욕 종 지　 말 유 야 이

국역　안연이 한숨을 내쉬더니 탄식하며 말했다. "우러러볼수록 더욱 높고, 뚫을수록 더욱 견고하며, 바라보면 앞에 계시다가 홀연히 뒤에 계시도다. 선생님께서는 차근차근하게 사람을 잘 이끄시어, 문文으로써 나를 넓혀주시고, 예禮로써 나의 행동을 다듬어주셨다. 그만두고자 해도 그만둘 수 없어서 이미 나의 재주를 다했으니, (선생님께서는) 마치 우뚝 서 있는 듯하구나. 비록 따르고자 해도 따를 방법이 없도다."

글자풀이　喟然 한숨을 내쉬다. 歎 탄식하다. 仰 우러러보다. 彌 더욱. 鑽 뚫다. 瞻 바라보다. 忽 갑자기. 홀연히. 循循然 차근차근하게. 誘 이끌다. 인도하다. 罷 그만두다. 竭 다하다. 卓爾 우뚝 서다. 末 무無와 같다. 由 따르다.

강講　선생님의 도의 높이와 견고함은 헤아리거나 측량할 수가 없다는 안연의 고백이다. 한 발 한 발 최선을 다해 선생님을 좇는 제자와 그의 앞에 바위처럼 우뚝한 스승! 제자를 성장시키는 스승의 모습이다.

11. 하늘은 속일 수 없다

子疾病이어시늘 子路使門人으로 爲臣이러니 病間曰 久矣哉라 由之行詐也여
자 질 병　　　　자 로 사 문 인　　위 신　　　병 간 왈　구 의 재　　유 지 행 사 아

無臣而爲有臣하니 吾誰欺오 欺天乎인저 且予與其死於臣之手也론 無寧死
무 신 이 위 유 신　　　오 수 기　기 천 호　　　차 여 여 기 사 어 신 지 수 야　　　무 녕 사

於二三子之手乎아 且予縱不得大葬이나 予死於道路乎아
어 이 삼 자 지 수 호　　차 여 종 부 득 대 장　　　여 사 어 도 로 호

국역　공자께서 병이 위독해지자 자로가 문인門人으로 가신을 삼았다. 병이 뜸해지자 말씀하셨다. "오래되었구나. 유가 거짓을 행한 것이! (나는) 가신이 없어야 하는데 가신을 두었으니, 내가 누구를 속였는가? 하늘을 속였구나! 또 내가 가신의 손에서 죽기보다는 차라리 그대들의 손에서 죽는 것이 낫지 않겠는가? 또 내가 비록 큰 장례는 얻지 못하겠지만 내가 길에서 죽겠는가?"

글자풀이　臣 가신. 여기서는 상喪을 치르는 사람. 間 뜸하다. 與其~無寧… ~하기보다는 차라리 …가 낫다. 무無는 뜻이 없다. 縱 비록. 수雖와 같다. 大葬 임금과 신하의 예장禮葬.

강講　당시 공자는 벼슬을 하지 않았기에 가신을 둘 수 없었다. 그럼

에도 자로가 가신을 세워 상을 치르고자 했다. 이는 예를 어긴 것으로, 하늘의 뜻과 이치를 어긴 것이고 하늘을 속인 것이다. 하지만 선생님을 위해 최선을 다하는 자로의 모습은 참으로 갸륵하다.

12. 나는 좋은 상인을 기다린다

子貢曰 有美玉於斯하니 韞匵而藏諸잇가 求善賈而沽諸잇가 子曰 沽之哉沽之
자공왈 유미옥어사　　　온독이장저　　　구선고이고저　　　자왈 고지재고지
哉나 我는 待賈者也로라
재　　아　　대고자야

국역　자공이 말했다. "여기에 아름다운 옥이 있다면, 궤 속에 넣어 보관하시겠습니까? 좋은 (값을 치르는) 상인을 구해 파시겠습니까?" 공자께서 말씀하셨다. "팔아야지, 팔 것이다. 나는 상인을 기다리는 자다."

글자풀이　韞 넣다. 감추다. 匵 궤. 藏 보관하다. 저장하다. 賈 상인은 '고', 값은 '가'라고 한다. 沽 팔다.

강講　세상을 구할 도가 있다고 해서 섣불리 벼슬에 나가거나 자신을 굽힌다면 도를 발휘하기 어렵다. 그 가치를 아는 통치자를 만나야 한다. 그러한 통치자를 간절히 바라는 공자의 마음을 볼 수 있다.

13. 구이에서 살련다

子欲居九夷러시니 或曰 陋어니 如之何잇고 子曰 君子居之니 何陋之有리오
자 욕 거 구 이   혹 왈 루   여 지 하   자 왈 군 자 거 지   하 루 지 유

국역   공자께서 구이에서 살고자 하셨다. 어떤 사람이 물었다. "누추한 곳인데 어떻게 하시렵니까?" 공자께서 말씀하셨다. "군자들이 거처하니 무슨 누추함이 있겠는가?"

글자풀이   九夷 동방의 아홉 종족의 이족夷族. 陋 좁다. 비루하다. 누추하다.

강講   오랑캐 나라인데도 구이에는 도가 있고 인이 행해진다. 인을 행하는 그들이 바로 군자니 그곳에서 살고 싶다. 주자朱子는 군자를 공자로 보아 군자가 그곳에 가서 거처한다면 구이의 사람들이 교화敎化된다고 하였다.

14. 음악이 바르게 되다

子曰 吾自衛反魯然後에 樂正하여 雅頌이 各得其所하니라
자 왈 오 자 위 반 노 연 후   악 정   아 송   각 득 기 소

국역   공자께서 말씀하셨다. "내가 위나라에서 노나라로 돌아온 뒤에 음악이 바르게 되어 아雅와 송頌이 각각 제자리를 찾게 되었다."

樂正 음악이 바르게 되다. 雅 궁중의 정악. 頌 종묘에서 제사 지낼 때 연주되는 제악.

강講 음악에 따라 사람의 감정과 마음, 사회의 풍속이 달라진다. 공자는 노나라에 돌아와 손상되고 순서를 잃은 시詩와 악樂을 바로잡았다. 음악이 바르게 연주될 때 정치도 바르게 된다는 희망이 담겨 있다.

15. 공자의 일상

子曰 出則事公卿하고 入則事父兄하며 喪事를 不敢不勉하며 不爲酒困이 何
자왈 출즉사공경   입즉사부형   상사   불감불면   불위주곤   하

有於我哉오
유 어 아 재

국역 공자께서 말씀하셨다. "나가서는 공경을 섬기고, 들어와서는 부형을 섬기며, 상사에 감히 힘쓰지 않음이 없으며, 술을 마심에 곤란한 지경에 이르지 않는 것, (이외에) 무엇이 나에게 있는가?"

글자풀이 困 괴롭다. 곤란함에 이르다. 酒困 과음으로 곤란에 이르다.

강講 공경과 부형을 섬기면 국가와 집안의 질서가 안정된다. 죽은 자에 대해 예를 다하고, 적당히 술을 마시는 것은 자기 관리를 잘하는 것이다. 집의 안과 밖에서 예를 행하고, 자기 관리를 철저히 하는 것, 늘 자신을 닦는 수양인의 모습이다.

16. 시냇가에서 깨달은 세상의 이치

子在川上曰 逝者如斯夫인저 **不舍晝夜**로다
자 재 천 상 왈 서 자 여 사 부　　불 사 주 야

국역　공자께서 시냇가에 계시면서 말씀하셨다. "가는 것이 이와 같구나. 밤낮을 그치지 않는구나."

글자풀이　川上 시냇가. 上은 ~의 주변, 가장자리를 뜻한다. 逝 가다. 斯 사물을 가리키는 대명사. 이. 夫 어조사. 舍 그치다. 捨와 같다.

강講　천지의 조화도 물과 같아서 한순간도 그침이 없다. 삶 또한 그렇다. 이것이 공자가 강가에서 깨달은[천상탄 川上嘆] 삶의 이치이며 본질이다.

17. 덕과 색

子曰 吾未見好德을 **如好色者也**로라
자 왈 오 미 견 호 덕　　여 호 색 자 야

국역　공자께서 말씀하셨다. "나는 덕을 좋아하기를 여색을 좋아하듯이 하는 자를 보지 못했다."

강講 덕과 색은 상반된 느낌이지만 둘 다 순수한 마음이 발현된 것이다. 덕이 본래의 마음이 그대로 발현된 반면, 색은 왜곡되어 몸과 욕망을 탐닉한다. 이 때문에 덕을 굳게 잡아 이성을 좋아하듯 해야 하는데, 현실은 그렇지 못하다.

18. 다 내 탓이다

子曰 譬如爲山에 未成一簣하여 止도 吾止也며 譬如平地에 雖覆一簣나 進도
자왈 비여위산   미성일궤   지 오지야   비여평지 수복일궤   진

吾往也니라
오왕야

국역 공자께서 말씀하셨다. "비유하자면 산을 만드는 데 한 삼태기의 흙이 모자라서 완성하지 못하고 그만두는 것도 내가 그만두는 것이며, 비유하자면 땅을 고르는 데 비록 한 삼태기의 흙을 부어서 나아간 것도 내가 나아간 것이다."

글자풀이 譬 비유하다. 爲 만들다. 簣 삼태기. 覆 붓다.

강講 모든 일이 자신하기에 달렸다. 열심히 하다가 포기하는 것도 자신이요, 결심을 하고 한 걸음 나가는 것도 자신이다. 남탓, 조상탓은 핑계일 뿐이다.

19. 안회에 대한 회상 1

子曰 語之而不惰者는 其回也與인저
자 왈 어 지 이 불 타 자   기 회 야 여

국역 공자께서 말씀하셨다. "말해주면 게을리하지 않은 자는 안회로구나."

글자풀이 惰 게으르다. 其~與 아마도 ~일 것이다.

강講 배움에 절실했던 안회는 들으면 실천으로 옮겼다. 이러한 제자는 스승에게 기쁨이며 복이다. 안회를 회상하는 공자의 따뜻한 가슴이 느껴진다.

20. 안회에 대한 회상 2

子謂顔淵曰 惜乎라 吾見其進也요 未見其止也호라
자 위 안 연 왈 석 호   오 견 기 진 야   미 견 기 지 아

국역 공자께서 안연을 평가하셨다. "애석하구나. 나는 그가 나아가는 것은 보았고, 그가 멈추는 것은 보지 못했다.

글자풀이 惜 애석하다. 그의 죽음을 애석하게 여긴 것이다. 進 나아가다. 힘쓰다. 止 멈추다. 그치다.

강講 　노력하고 애쓰며 배움을 실천했던 안연이다. 게으르거나 핑계를 대며 쉬는 것을 본 적이 없다. 이런 제자가 선생님보다 앞서갔다. 공자의 안타까움이 느껴진다.

21. 싹, 꽃, 열매

子曰 苗而不秀者 有矣夫며 秀而不實者 有矣夫인저
자 왈 묘 이 불 수 자 유 의 부 　 수 이 불 실 자 유 의 부

국역 　공자께서 말씀하셨다. "싹은 났으나 꽃이 피지 못하는 경우도 있고, 꽃은 피었으나 열매를 맺지 못한 경우도 있다."

글자풀이 　苗 싹. 곡식이 처음 나는 것. 秀 꽃이 피는 것. 자라는 것 實 열매. 곡식이 성숙된 것.

강講 　같은 땅에 같은 씨를 뿌려도 싹과 꽃과 열매가 나오는 것은 다르다. 함께 공부를 시작했어도 과정과 결과가 다 다르다. 중간에 학문을 폐하는 제자들에게 한 말로 보기도 하고, 일찍 죽어 대성하지 못한 안회를 회상하는 말로 보기도 한다.

22. 뒤에 태어난 자가 두렵다

子曰 後生이 可畏니 焉知來者之不如今也리오 四十五十而無聞焉이면 斯亦
자왈 후생 가외 언지래자지불여금야 사십오십이무문언 사역

不足畏也已니라
부족외야이

국역 공자께서 말씀하셨다. "뒤에 태어나는 자가 두려울 만하니, 앞
으로 오는 자들이 지금만 못할지 어떻게 알 수 있겠는가? (하지만) 40세
나 50세가 되어서도 알려지지 않는다면 이 또한 두려워할 것이 없다."

글자풀이 後生 뒤에 태어나는 자. 焉 의문대명사. 來 앞으로 태어날 자. 聞 알려
지다. 소문나다.

강講 뒤에 태어난 자는 선현들이 축적해 놓은 지식과 정보를 쉽게 습
득할 수 있어 선배들보다 훨씬 뛰어날 수 있다. 그런데 그렇게 유리한 고
지에 있음에도 불구하고 알려지지 않는다면 노력하지 않은 것이니 두려
워할 필요가 없다.

23. 바른말과 부드러운 말

子曰 法語之言은 能無從乎아 改之爲貴니라 巽與之言은 能無說乎아 繹之爲
자왈 법어지언 능무종호 개지위귀 손여지언 능무열호 역지위

貴니라 說而不繹하며 從而不改면 吾末如之何也已矣니라
귀 열이불역 종이불개 오말여지하야이의

국역 공자께서 말씀하셨다. "바르게 해주는 말을 따르지 않을 수 있겠는가? (그러나) 고치는 것이 귀하다. 부드럽고 완곡하게 해주는 말을 기뻐하지 않을 수 있겠는가? (그러나) 실마리를 찾는 것이 귀하다. 기뻐하기만 하고 실마리를 찾지 않으며, 따르기만 하고 고치지 않는다면 내 그를 어찌할 수가 없다."

글자풀이 法語 바른말. 바르게 말해주는 것. 改 잘못을 고치다. 巽 공손하다. 완곡하게 말해주다. 繹 완곡한 말의 실마리를 찾다. 末 무無와 같다.

강講 깨우쳐주는 말은 법으로 삼아 잘못된 부분을 고치고, 상대방을 배려하여 완곡하게 해주는 말은 참뜻을 찾아야 한다. 만일 기뻐하거나 따르기만 하고, 참뜻도 찾지 않고, 잘못을 고치지도 않는다면 할 수 있는 것이 없다. 들을 귀가 없는데 무슨 말을 할 것인가?

24. 군자의 덕목

子曰 主忠信하며 毋友不如己者요 過則勿憚改니라
자 왈 주 충 신　　무 우 불 여 기 자　　과 즉 물 탄 개

국역 공자께서 말씀하셨다. "충과 신을 위주로 하고, 자기만 같지 못한 자와는 벗하지 말며 잘못하면 고치기를 꺼리지 말아야 한다."

강講 「학이」편 8장에 나왔다.

25. 힘보다 뜻이 중요하다

子曰 三軍은 可奪帥也어니와 匹夫는 不可奪志也니라
자 왈 삼 군　가 탈 수 야　필 부　불 가 탈 지 야

국역　공자께서 말씀하셨다. "삼군에게서 장수를 빼앗을 수는 있지만, 필부의 뜻은 빼앗을 수 없다."

글자풀이　三軍 제후諸侯가 거느릴 수 있는 군세軍勢. 일군一軍이 12,500명의 군사로 삼군은 대군大軍이다. 帥 장수. 匹夫 보통의 남자.

강講　상대방의 병력에 따라 장수의 목숨은 뺏을 수 있지만, 한낱 필부일지라도 그가 지닌 지향과 추구하는 뜻은 함부로 빼앗을 수 없다. 힘과 뜻 중 뜻이 중요함을 말한 것이다.

26. 자로야, 여기에 머물지 마라

子曰 衣敝縕袍하여 與衣狐貉者로 立而不恥者는 其由也與인저 不忮不求면
자 왈 의 폐 온 포　여 의 호 학 자　입 이 불 치 자　기 유 야 여　불 기 불 구

何用不臧이리오 子路終身誦之한대 子曰 是道也 何足以臧이리오
하 용 부 장　자 로 종 신 송 지　자 왈 시 도 야 하 족 이 장

국역　공자께서 말씀하셨다. "낡은 솜두루마기를 입고서 여우나 담비 가죽으로 만든 갖옷을 입은 자와 나란히 서서도 부끄러워하지 않는 자는 유由일 것이다. '남을 해치지 않으며 탐하지도 않으니 어찌 착하지 않

은가?'"자로가 종신토록 그것을 외우려 하자, 공자께서 말씀하셨다. "이 도가 이찌 좋다고 할 수 있느냐?"

글자풀이 敝 해지다. 떨어지다. 縕袍 솜을 넣어 만든 두루마기. 狐貉 여우와 담비. 忮 해害와 같다. 해치다. 求 탐하다. 臧 착하다. 誦 외우다. 암송하다. 道 방법.

강講 단순하지만 실천적이었던 자로는 빈부貧富에 초연했고 당당했다. 공자가 『시경』「패풍邶風·웅치雄雉」편을 인용해 칭찬하자, 자로는 그 말을 최선으로 여겨 평생 외우려 했다. 이것을 넘어 도를 추구하는 것, 자로에게 바라는 공자의 바람이다.

27. 겨울, 진실을 가리는 계절

子曰 歲寒然後에 知松栢之後彫也니라
자 왈 세 한 연 후   지 송 백 지 후 조 야

국역 공자께서 말씀하셨다. "날씨가 추워진 뒤에야 소나무와 잣나무가 뒤늦게 시드는 것을 알겠구나."

글자풀이 歲寒 날씨가 추워지다. 松 소나무. 柏 잣나무. 彫 시들다.

강講 젊고 부유하며 잘 나갈 때는 주변에 사람도 많지만, 늙고 가난하거나 실패하면 믿었던 사람도 떠난다. 인생의 겨울에 비로소 알게 되는 진실한 사람들, 그들은 소나무와 잣나무와 같은 사람들이다.

28. 지자·인자·용자

子曰 知者는 不惑하고 仁者는 不憂하고 勇者는 不懼니라
자 왈 지 자   불 혹   인 자   불 우   용 자   불 구

국역 공자께서 말씀하셨다. "지혜로운 자는 미혹되지 않고, 인한 자는 근심하지 않으며, 용기 있는 자는 두려워하지 않는다."

글자풀이 知者 지자智者와 같음. 지혜로운 자. 仁者 남과 하나 되는 자. 勇者 용맹스러운 자. 용기 있는 자.

강講 눈이 밝고 사리분별을 잘하는 지자는 미혹되지 않는다. 하늘의 뜻을 따라 사는 인자는 근심할 것이 없다. '의냐, 불의냐'를 판단의 기준으로 삼는 용자는 올바름을 추구하기에 두려워할 것이 없다. 『중용』에서는 지·인·용을 천하에 두루 통하는 삼달덕三達德이라고 했다.

29. 배움의 도달점이 다르다

子曰 可與共學이라도 未可與適道며 可與適道라도 未可與立이며 可與立이라
자 왈 가 여 공 학   미 가 여 적 도   가 여 적 도   미 가 여 립   가 여 립

도 未可與權이니라
미 가 여 권

국역 공자께서 말씀하셨다. "함께 배울 수는 있어도 함께 도에 나아갈 수 없으며, 함께 도에 나갈 수는 있어도 함께 설 수 없으며, 함께 설

수는 있어도 함께 권도를 행할 수는 없다."

글자풀이 可與 더불어 함께 이 일을 하다. 適 가다. 도달하다. 權 저울. 물건을 저울질해 가볍고 무거움을 아는 것. 권도.

강講 같은 교실에서 함께 공부해도 그릇과 능력과 노력과 목적에 따라 앎에 이르는 정도가 다르다. 똑같이 가르쳐도 받아들이는 자의 수준에 따라 다른 것이다.

30. 진정으로 그립다면

唐棣之華여 偏其反而로다 豈不爾思리오마는 室是遠而니라 子曰 未之思也언
당 체 지 화   편 기 번 이   기 불 이 사   실 시 원 이   자 왈 미 지 사 야
정 夫何遠之有리오
부 하 원 지 유

국역 "산앵두나무의 꽃이여! 펄럭펄럭 나부끼는구나. 어찌 그대를 그리워하지 않으리오마는 집이 너무 멀구나." 공자께서 말씀하셨다. "그리워하지 않는 것이니, 어찌 멀다는 것이 있겠는가?"

글자풀이 唐棣 산앵두나무. 아가위나무. 偏 펄럭이다. 反 뒤집어지다. 而 어조사. 思 그립다. 생각하다.

강講 바람에 펄럭이는 꽃을 보며 시인은 그리운 이를 떠올렸다. 하지만 거리가 멀다. 아쉬움과 안타까움이 묻어 있는 시인에게 공자는 한마

디 던진다. "진정으로 그리워한다면 어찌 집이 멀다고 할 수 있겠는가?"
변명하거나 핑계 대지 말 것, 공자의 비평이 날카롭다.

제10편

향당

鄉黨

·
·
·

공자의 일상

·
·
·

향당편은 공자의 일상을 감시카메라로 찍은 듯 상세하게 기록되어 있다. 궁궐과 종묘, 향당과 집안에서의 생활, 용모와 얼굴빛, 말씀과 행동뿐 아니라 먹고 입고 자는 것까지 긴 문장에 세세하게 담았다. 수신의 한 면인 일상에 대한 스케치로 공자의 진면목을 볼 수 있다. 모두 17장이다.

1. 향당과 종묘에서의 말과 행동

孔子於鄕黨에 恂恂如也하사 似不能言者러시다 其在宗廟朝廷하사는 便便言
공 자 어 향 당   순 순 여 야   사 불 능 언 자   기 재 종 묘 조 정   변 변 언

하시되 唯謹爾러시다
      유 근 이

국역　공자께서 마을에 계실 때는 공손하고 겸손하여 말을 못하는 사
람 같으셨다. 종묘와 조정에 계실 때는 말씀을 또박또박하게 하셨는데,
다만 신중하셨다.

글자풀이　鄕黨 마을. 고을. 恂恂如 공손하다. 겸손하다. 如 첩어 뒤에 붙어서 의
성어나 의태어를 만드는 어조사. 宗廟 예법이 있는 곳. 朝廷 정사가 나오는 곳. 便便
言 말을 또박또박 잘하다. 변론이 바르다. 변변辯辯과 같다. 唯 오직. 다만. 謹 공손하
다. 신중히 하다. 삼가다. 爾 어조사.

강講　향당은 자신의 어린 시절을 아는 사람들이 있는 곳이다. 말과

행동이 겸손하고 신중해야 한다. 하지만 국가의 예를 행하는 종묘와 정치현장은 백성들의 삶이 달려 있다. 신중하지만 주장과 말이 분명하고 또박또박해야 한다.

2. 조정에서의 언행

朝에 與下大夫言에 侃侃如也하시며 與上大夫言에 誾誾如也러시다 君在어시
조　여하대부언　간간여야　　　　여상대부언　은은여야　　　군재

든 踧踖如也하시며 與與如也러시다
축적여야　　　여여여야

국역　조정에서 하대부와 말씀하실 때는 강직하셨으며, 상대부와 말씀하실 때는 온화하셨다. 임금이 계시면 공손하시며 근엄하고 엄숙하셨다.

글자풀이　朝 조정. 侃侃如 강직한 모습. 上大夫 경卿. 誾誾如 온화한 모습. 踧踖 신중하고 공손한 모습. 조심스럽게 걷는 모습. 與與如 근엄한 모습. 엄숙한 모습.

강講　하대부는 국가의 정책을 실행에 옮기고, 상대부는 국가의 정책을 만들고 결정한다. 사용하는 언어가 달라야 한다. 또 임금을 모시고 조회가 시작되면 말과 행동이 엄숙하고 신중하며 근엄해야 한다. 이것이 상대방에 대한 존중과 국가에 대한 예의다.

3. 국빈 접대의 예

君召使擯이어시든 色勃如也하시며 足躩如也러시다 揖所與立하사대 左右手러
군소사빈   색발여야   족곽여야   읍소여립   좌우수
시니 衣前後襜如也러시다 趨進에 翼如也러시다 賓退어든 必復命曰 賓不顧矣
    의전후첨여야   추진   익여야   빈퇴   필복명왈 빈불고의
라하더시다

국역　　임금이 불러 국빈 접대를 맡기시면 낯빛이 변하시며 발걸음을
조심스럽게 하셨다. 함께 서 있는 사람에게 읍하실 때는 손을 좌로 우로
하셨는데, 옷의 앞뒤 자락이 가지런하셨다. 빨리 걸어 나가실 때는 마치
날개를 편 듯하셨다. 손님이 물러가면 반드시 복명하시기를 "손님이 돌
아보지 않고 잘 가셨습니다"라고 하셨다.

글자풀이　　擯 손님 맞는 사신. 色 안색. 낯빛. 勃 변하다. 躩 발을 굽혀 걷다. 左右
手 왼쪽을 향할 때는 손을 왼쪽으로 하고, 오른쪽을 향할 때는 손을 오른쪽으로 하다.
襜 옷자락. 가지런하다. 翼如 새가 날개를 편 듯하다. 단정하다.

강講　　국빈 접대는 국격國格을 나타내는 것으로, 국가 간의 위상과 명
운命運이 달라지기도 한다. 이 때문에 국빈이 돌아가는 순간까지 긴장을
놓지 못한다. 국빈을 대접하고 그가 돌아갈 때까지 공자가 행한 예를
볼 수 있다.

4. 조정에서의 공자

入公門하실새 鞠躬如也하사 如不容이러시다 立不中門하시며 行不履閾이러
임 공 문   국 궁 여 야   여 불 용   입 부 중 문   행 불 리 역

시다 過位하실새 色勃如也하시며 足躩如也하시며 其言이 似不足者러시다 攝齊
과 위   색 발 여 야   족 확 여 야   기 언   사 부 족 자   섭 자

升堂하실새 鞠躬如也하시며 屛氣하사 似不息者러시다 出降一等하시는 逞顔色
승 당   국 궁 여 야   병 기   사 불 식 자   출 강 일 등   영 안 색

하사 怡怡如也하시며 沒階하사는 趨進翼如也하시며 復其位하사는 踧踖如也러시다
이 이 여 야   몰 계   추 진 익 여 야   복 기 위   축 적 여 야

국역　궁궐 문에 들어가실 때는 몸을 굽혀서 마치 용납하지 못하는 것
처럼 하셨다. 서 있을 때는 문 가운데 서지 않으셨으며, 다니실 때는 문
지방을 밟지 않으셨다. 임금의 자리를 지날 때는 낯빛이 변하였고, 발을
조심스럽게 머뭇거렸으며, 말을 잘 못하는 것처럼 하셨다. 옷자락을 잡
고 당을 오르실 때는 몸을 굽혔으며, 숨을 죽여서 마치 숨 쉬지 않는 것
처럼 하셨다. 나와서 한 계단을 내려서서는 안색을 펴서 편안하셨으며,
계단을 다 내려와서는 빨리 걸으셨는데 마치 날개를 편 것 같았다. 제자
리에 돌아와서는 공손하고 조심스러우셨다.

글자풀이　公門 궁궐 문. 鞠躬 몸을 굽히다. 몸을 구부리다. 容 용납하다. 閾 문지
방. 躩 조심하다. 攝齊 옷자락을 잡다. 屛氣 숨을 죽이다. 숨을 멈추다. 逞 편안하다.
怡怡如 편안하다. 화평하다. 沒階 계단을 다 내려오다. 踧踖如 신중하고 공손한 태도.

강　궁궐 문에서 조정에 이르기까지 공자의 동선을 따라 꼼꼼하게
스케치했다. 긴장과 편안함, 다시 공손함으로 이어지는 동선은 공직자가
지녀야 할 태도를 보여준다.

5. 사신이 된 공자

執圭하사대 鞠躬如也하사 如不勝하시며 上如揖하시고 下如授하시며 勃如戰
집규   국궁여아   여불승   상여읍   하여수   발여전
色하시며 足蹜蹜如有循이러시다 享禮에 有容色하시며 私覿에 愉愉如也러시다
색   족축축여유순   향례   유용색   사적   유유여아

국역   홀을 잡으실 때는 몸을 굽혔는데, 마치 (무게를) 이기지 못하는
듯이 하셨다. (홀을) 위로 올릴 때는 읍하는 위치와 같게 했고, (홀을) 내
릴 때는 물건을 받는 위치와 같게 하셨다. 낯빛을 바꾸어 두려운 듯이 하
셨으며 발은 좁고 낮게 떼어서 땅에 대고 끄는 듯이 하셨다. 연향의 예에
서는 온화한 낯빛을 하셨고, 사사로이 만날 적에는 화평하셨다.

글자풀이   圭 홀. 신표로 삼는 옥玉. 執圭 규를 손에 들고 바치다. 如不勝 마치 감
당하지 못할 듯이. 戰色 두려운 듯한 얼굴빛. 蹜蹜如 종종걸음 치는 발걸음. 循 발이
땅에서 떨어지지 않음. 享 바치다. 享禮 연향燕享하는 예. 빙문聘問이 끝나면 연향을 베
푼다. 私覿 사적으로 만나다. 愉愉如 화평한 모습.

강講   홀은 제후가 천자에게 받는 것으로, 제후의 사자가 다른 나라에
사신으로 갈 때 가지고 가서 제후의 명을 받고 왔음을 알리는 상징이다.
사신의 예를 행하는 공자의 모습이다.

6. 공자의 옷차림

君子는 不以紺緅飾하시며 紅紫로 不以爲褻服이러시다 當署하사 袗絺綌을 必
군자　　불이감추식　　　　홍자　　불이위설복　　　　　당서　　　진치격　필

表而出之러시다 緇衣엔 羔裘요 素衣엔 麑裘요 黃衣엔 狐裘러시다 褻裘는 長호대
표이출지　　치의　고구　소의　　예구　　황의　호구　　　　설구　장

短右袂러시다 必有寢衣하시니 長이 一身有半이러라 狐貉之厚로 以居러시다 去
단우메　　　필유침의　　　　장　일신유반이러라　호학지후　이거　　　기

喪하사는 無所不佩러시다 非帷裳이어든 必殺之러시다 羔裘玄冠으로 不以弔러
상　　　무소불패　　　비유상　　　필쇄지　　　고구현관　　　불이조

시다 吉月에 必朝服而朝러시다
길월　　필조복이조

국역　군자는 감색과 검붉은 빛으로 옷의 가장자리에 선을 두르지 않으셨으며, 다홍색과 자주색으로 평상복을 만들어 입지 않으셨다. 더운 여름에는 가는 갈포와 굵은 갈포로 만든 홑옷을 반드시 겉에 걸쳐 입으셨다. 검은 옷에는 새끼 양가죽으로 만든 갓옷을, 흰옷에는 새끼 사슴가죽으로 만든 갓옷을, 누런 옷에는 여우가죽으로 만든 갓옷을 입으셨다. 평상시에 입는 갓옷은 길게 했는데, 오른쪽 소매를 짧게 하셨다. 반드시 잠옷을 입었는데, 길이가 한 길 반이었다. 여우와 담비의 두터운 가죽옷을 입고 거처하셨다. 탈상한 뒤에는 패물을 하셨고, 조회나 제례 때의 예복인 유상이 아니면 반드시 줄여서 꿰매셨다. 검은 양가죽으로 만든 갓옷과 검은 관을 쓰고는 조문하지 않으셨다. 초하룻날에는 반드시 조복을 입고 조회하셨다.

글자풀이　君子 공자. 紺 감색. 緅 검붉은 색. 검붉은 비단. 飾 선두르다. 紫 자주색. 褻服 평상복. 袗 홑옷. 絺 고운 갈포. 가는 갈포. 綌 거친 갈포. 굵은 갈포. 緇衣 검은옷. 羔 새끼 양. 검은 양. 麑 새끼 사슴. 袂 소매. 佩 노리개. 패물. 차다. 帷裳 치마에

온폭을 사용해 만든 조복朝服과 예복禮服. 殺 줄이다. 弔 조문. 吉月 초하룻날.

강講   옷은 예를 상징한다. 옷차림에 따라 행동과 말투와 마음가짐이 달라진다는 점에서 옷은 단순한 치레가 아니다. 때와 장소에 따라 격식에 맞게 입었던 공자의 일상을 볼 수 있다.

7. 재계의 예

齊必有明衣러시니 布러라 齊必變食하시며 居必遷坐러시다
재 필 유 명 의   포   재 필 변 식   거 필 천 좌

국역   재계하실 때는 반드시 청결한 옷이 있었으니, 베로 만들었다. 재계하실 때는 반드시 음식을 바꾸셨으며, 거처하던 자리도 반드시 옮기셨다.

글자풀이   齊 재계하다. 목욕하다. 齋와 같다. 明衣 청결한 옷. 布 삼베. 變食 술을 마시지 않고 마늘을 먹지 않는다. 遷坐 평소의 거처를 바꾸다.

강講   재계는 신과 교제하는 행위다. 신과의 만남이기에 공자는 재계를 신성하게 여겼고, 평소와 다른 몸가짐, 음식, 자리를 만듦으로써 공경을 다했다.

8. 공자의 섭생

食不厭精하시며 膾不厭細러시다 食饐而餲와 魚餒而肉敗를 不食하시며 色惡不
사 불 염 정　　회 불 염 세　　사 애 이 애　　어 뇌 이 육 패　　불 식　　색 악 불

食하시며 臭惡不食하시며 失飪不食하시며 不時不食이러시다 割不正이어든 不
식　　취 악 불 식　　실 임 불 식　　불 시 불 식　　할 부 정　　불

食하시며 不得其醬이어든 不食이러시다 肉雖多나 不使勝食氣하시며 唯酒無量
식　　부 득 기 장　　불 식　　육 수 다　　불 사 승 사 기　　유 주 무 량

하시되 不及亂이러시다 沽酒市脯를 不食하시며 不撤薑食하시며 不多食이러시
　　　불 급 란　　고 주 시 포　　불 식　　불 철 강 식　　불 다 식

다 祭於公에 不宿肉하시며 祭肉은 不出三日하더시니 出三日이면 不食之矣니라
　　제 어 공　　불 숙 육　　제 육　　불 출 삼 일　　출 삼 일　　불 식 지 의

食不語하시며 寢不言이러시다 雖疏食菜羹이라도 瓜祭하시되 必齊如也러시다
식 불 어　　침 불 언　　수 소 사 채 갱　　필 제　　필 제 여 야

국역 밥은 깨끗하게 찧은 흰쌀밥을 싫어하지 않으셨고, 회는 가늘게
썬 것을 싫어하지 않으셨다. 밥이 상하여 쉰 것과 생선이 상하고 고기가
부패한 것을 먹지 않으셨다. 색이 나쁜 것을 먹지 않으셨으며, 냄새가 나
쁜 것도 먹지 않았으며, 덜 익힌 것을 먹지 않으셨으며, 제철 음식이 아
닌 것도 먹지 않으셨다. 자른 것이 바르지 않으면 먹지 않으셨으며, 음식
에 맞는 장이 없으면 먹지 않으셨다. 고기가 비록 많더라도 밥보다 많이
먹지 않으셨으며, 오직 술만은 일정한 양이 없었는데, 흐트러지는 지경
에 이르지 않으셨다. 시장에서 산 술과 포를 먹지 않으셨으며, 생강 먹는
것을 거두지 않았는데 많이 먹진 않으셨다. 나라에서 제사 지낸 고기는
그 밤을 묵히지 않았으며, 집에서 제사 지낸 고기는 사흘을 넘기지 않았
는데, 사흘이 지나면 먹지 않으셨다. 식사하실 때는 말씀하지 않았으며,
잠자리에서도 말씀하지 않으셨다. 비록 거친 밥과 나물국이라도 반드시
고수레를 하시되 공경히 하셨다.

글자풀이　食 밥. 음은 '사'. 不厭 싫어하지 않다. 精 정밀하게 찧은 쌀. 10분도 쌀. 膾 잘게 저민 날고기. 細 가늘게 썰다. 饐 밥이 상하다. 餲 밥이 쉬다. 餒 물러터지다. 飪 익히다. 醬 장. 젓갈. 撤 그만두다. 그치다. 薑 생강. 公 나라에서 공적으로 지낸 제사. 疏食 거친 잡곡밥. 菜羹 나물국. 瓜 必의 잘못된 글자. 祭 고수레. 齊 공경히 하다.

강講　음식은 몸과 마음의 건강을 관장하는 것으로 함부로 먹어서는 안 된다. 그 때문에 공자는 음식에 까다로웠다. 바르게 먹고 절제하고 감사하는 것, 부족함 없이 먹고 건강할 수 있는 방법이다.

9. 공자의 앉음새

席不正이어든 **不坐**러시다
석　부　정　　　　부　좌

국역　자리가 바르지 않으면 앉지 않으셨다.

강講　행동거지를 바르게 하는 것은 바른 삶을 위한 출발이다. 자리를 바르게 할 때 자세도 바르게 되고 마음까지 바르게 된다. 그것이 편하고 좋은 자리다.

10. 마을에서의 공자

鄉人飲酒에 杖者出이어든 斯出矣러시다 鄉人儺에 朝服而立於阼階러시다
향 인 음 주　　장 자 출　　　사 출 의　　　향 인 나　　조 복 이 입 어 조 계

국역　　마을 사람들과 술을 마실 때 지팡이를 짚은 노인이 나가면 이에
따라 나가셨다. 마을 사람들이 굿을 할 때는 조복을 입고 동쪽 섬돌에 서
계셨다.

글자풀이　　鄉人 마을 사람들. 杖者 지팡이를 짚은 사람으로 노인. 斯 이에. 儺 굿
하다. 역귀를 쫓다. 朝服 관원이 조정에 나갈 때 입은 예복. 阼階 동쪽 섬돌.

강講　　노인이 나가면 따라나갔다는 것은 노인을 공경하는 마음이고,
굿을 할 때 섬돌에 서 있는 것은 신神을 공경하고 정성을 다하는 마음을
보인 것이다.

11. 문안과 선물의 예

問人於他邦하실새 再拜而送之러시다 康子饋藥이어늘 拜而受之曰 丘未達이라
문 인 어 타 방　　　　재 배 이 송 지　　　강 자 궤 약　　　배 이 수 지 왈　구 미 달

不敢嘗이라하시다
불 감 상

국역　　사람을 다른 나라에 보내 안부를 물을 때는 두 번 절하고 보내
셨다. 계강자가 약을 보내오자 절하고 받으며 말씀하셨다. "내가 약의 성

분을 알지 못하기 때문에 감히 맛을 볼 수 없습니다."

글자풀이   問 안부를 묻다. 康子 계강자. 未達 약의 성분에 대해 통달하지 못했다. 嘗 맛보다.

강講   문안 인사를 위해 사람을 보낼 때는 당사자에게 하듯이 두 번 절하는 예로 보냈다. 또 보내온 약도 절하고 받았지만 먹지는 않았다. 선물받은 음식은 바로 맛보는 것이 예지만, 성분을 모르는 약은 건강을 해칠 수 있어 함부로 먹어서는 안 된다.

12. 사람이 다쳤는가?

廏焚이어늘 子退朝曰 傷人乎아하시고 不問馬하시다
구 분   자 퇴 조 왈 상 인 호   불 문 마

국역   마구간에 불이 났다. 공자께서 조정에서 물러나와 물으셨다. "사람이 다쳤는가?"라고 하시고, 말에 대해서는 묻지 않으셨다.

글자풀이   廏 마구간. 焚 불이 나다. 傷 다치다.

강講   당시 말은 신분과 지위와 부귀를 나타냈다. 나라의 크기와 규모를 상징했으며 전쟁에 동원되는 귀한 재산이었다. 그런데 불이 났을 때 사람에 대해서만 물었을 뿐 말은 묻지 않았다. 사람을 아끼고 귀하게 여기는 마음, 우리가 찾아야 할 마음이다.

13. 임금을 섬기는 예

君이 賜食이어시든 必正席先嘗之하시고 君이 賜腥이어든 必熟而薦之하시고
군 사식 필정석선상지 군 사성 필숙이천지

君이 賜生이어시든 必畜之러시다 侍食於君에 君祭어시든 先飯이러시다 疾에 君
군 사생 필휵지 시식어군 군제 선반 질 군

이 視之어시든 東首하시고 加朝服拖紳이러시다 君이 命召어시든 不俟駕行矣러
시 지 동수 가조복타신 군 명소 불사가행의

시다 入太廟하사 每事를 問이러시다
입태묘 매사 문

국역　임금이 음식을 보내시면 반드시 자리를 바르게 하고 먼저 맛을
보셨다. 임금이 날고기를 보내시면 반드시 익혀서 조상께 올리셨고, 임
금이 살아 있는 것을 보내시면 반드시 기르셨다. 임금을 모시고 식사할
때 임금이 고수레를 하시면 먼저 밥을 드셨다. 병이 났을 때 임금이 문병
오시면 머리를 동쪽으로 하고 조복으로 몸을 덮은 후 띠를 위에 걸치셨
다. 임금이 명령해 부르시면 수레에 멍에 매는 것을 기다리지 않고 가셨
다. 태묘에 들어가서 매사를 물으셨다.

글자풀이　賜 주다. 하사하다. 腥 날고기. 薦 조상에게 올리다. 生 살아 있는 짐승.
畜 기르다. 음은 '휵'. 拖紳 조복에 걸치는 띠를 위에 두르다.

강講　임금이 하사한 음식을 대하는 예, 임금과 함께 식사할 때 행하
는 예, 문병 온 임금을 위해 행하는 예, 임금이 부르실 때 행하는 예, 모
두 임금을 섬기는 예다.

14. 벗과의 우정

朋友死하여 無所歸어든 曰 於我殯이라하더시다 朋友之饋는 雖車馬라도 非祭
붕 우 사 　　 무 소 귀 　　 왈 어 아 빈 　　　　　 붕 우 지 궤 　 수 거 마 　　 비 제

肉이어든 不拜러시다
육 　　　　 불 배

국역 　벗이 죽어서 돌아갈 곳이 없으면 말씀하셨다. "우리 집에 빈소를 차려라." 벗의 선물은 비록 수레와 말이라도 제사 지낸 고기가 아니면 절하지 않으셨다.

글자풀이 　歸 장례를 치를 장소. 殯 빈소. 염하다. 대렴. 饋 선물. 보내다.

강講 　죽어 돌아갈 곳이 없는 벗의 가는 길을 편안히 해주고, 벗이 주는 귀한 선물도 받았지만, 제사 지낸 고기에만 절을 했다. 친구의 조상을 나의 조상처럼 공경하는 예와 공자의 벗 사랑이다.

15. 일상에서의 공자

寢不尸하시며 居不容이러시다 見齊衰者하시고 雖狎이나 必變하시며 見
침 불 시 　　　　 거 불 용 　　　　 견 자 최 자 　　　 수 압 　　 필 변 　　　 견

冕者與瞽者하시고 雖褻이나 必以貌러시다 凶服者를 式之하시며 式負版
면 자 여 고 자 　　　　 수 설 　　 필 이 모 　　　 흉 복 자 　 식 지 　　　 식 부 판

者러시다 有盛饌이어든 必變色而作이러시다 迅雷風烈에 必變이러시다
자 　　　　 유 성 찬 　　　　 필 변 색 이 작 　　　　 신 뢰 풍 렬 　 필 변

주무실 때는 시체처럼 하지 않으시며, 집에 계실 때는 용모를 꾸미지 않으셨다. 상복 입은 사람을 보면 친한 사이일지라도 반드시 낯빛을 고치셨고, 면류관을 쓴 자와 시각장애인을 보시면 비록 사석이라도 예모를 갖추셨다. 상복 입은 사람을 만나면 경의를 표하셨고, 지도와 호적을 짊어진 자에게도 공경을 표하셨다. 성찬을 받으시면 낯빛을 바꾸시고 일어나셨다. 빠른 우레와 맹렬한 바람이 일면 낯빛이 변하셨다.

글자풀이 尸 시체. 죽은 사람. 居 집에 거처하는 것. 容 용모를 꾸미다. 齊衰 부모의 상복을 입은 사람. 狎 친하다. 익숙하다. 瞽者 소경. 褻 무람한 자리. 사석에서 만나는 것. 凶服 상복. 式 공경하다. 負版 지도와 호적. 盛饌 성대하게 차린 음식. 迅雷 빠른 우레. 風烈 거센 바람. 맹렬한 바람.

강講 공자가 잠잘 때, 집에 있을 때, 사람과 만날 때, 우레를 대하는 모습까지 일상생활에서 행하는 예의 모습이다. 공경과 마음과 정성을 다하는 것을 볼 수 있다.

16. 수레에서의 모습

升車하사 必正立執綏러시다 車中에 不內顧하시며 不疾言하시며 不親指러시다
승거   필정립집수   거중   불내고   부질언   불친지

국역 수레에 오르시면 반드시 바르게 서서 끈을 잡으셨다. 수레 안에서 안을 돌아보지 않으셨으며, 빠르게 말씀하지 않으셨으며, 손가락으로 가리키지 않으셨다.

綏 흔들리는 수레에서 넘어지지 않도록 잡는 끈. 指 가리키다.

강講 수레에서의 공자의 모습으로, 움직이는 상황에서도 일거수일투족이 신중하고 경건한 공자의 모습은 우리의 일상을 되돌아보게 한다.

17. 자로가 꿩을 잡다

色斯擧矣하여 翔而後集이니라 曰 山梁雌雉 時哉時哉인저 子路共之하니 三嗅而
색 사 기 의   상 이 후 집   왈 산 량 자 치 시 재 시 재   자 로 공 지   삼 후 이
作하시다
작

국역 (새들이 사람들의) 기색을 살피고는 날아올라 빙빙 돈 후 모여들었다. 공자께서 말씀하셨다. "산의 교량에 있는 암꿩이여! 때에 맞구나! 때에 맞구나!" 자로가 잡아서 바치니 세 번 냄새를 맡으시고는 일어나셨다.

글자풀이 色 사람의 얼굴색. 擧 날아 오르다. 翔 빙빙 돌며 날다. 集 새떼가 나무에 모이다. 山梁 산에 있는 다리. 雌雉 암꿩. 時哉 때에 맞다. 때를 만나다. 共 잡다. 嗅 냄새를 맡다. 숨을 들이쉬다. 作 일어나다.

강講 야생의 새들은 겁이 많다. 낯선 사람들이 등장하면 날아올라 살핀 후 모여든다. 때에 맞게 나는 그 모습에 감탄하자, 먹고 싶다는 의미로 해석한 자로가 꿩을 잡아 바쳤다. 제자의 행동에 상심한 공자가 냄새만 맡고는 일어서는 모습이다.

제11편

선진

先進

· · · ·

공자의 제자들

· ·

선진편에는 공자의 제자들에 대한 평가가 많다. 안연과 민자건, 남용에 대한 평가와 함께 애제자 안연의 죽음을 겪어야 했던 공자의 슬픔도 엿볼 수 있다. 그 외에도 자공과 자로, 염유에 대한 평가와 염유를 문하에서 파문하는 내용도 있다. 공자의 교육방침도 살펴볼 수 있으며, 제자들과 함께 꿈을 말하는 장면은 백미를 이룬다. 호인胡寅은 민자건을 민자라고 표현하고, 그의 언행을 네 편이나 기록한 것으로 보아 그의 제자가 기록한 것으로 보고 있다. 모두 25장이다.

1. 나는 선진을 따르겠노라

子曰 先進이 於禮樂에 野人也요 後進이 於禮樂에 君子也라하나니 如用之
자왈 선진　어예악　야인야　후진　어예악　군자야　여용지

則吾從先進호리라
즉오종선진

국역　　공자께서 말씀하셨다. "선진은 예악을 행하는 것이 야인 같아서 질박하였고, 후진은 예악을 행하는 것이 군자 같아서 세련됐다고 한다. 만일 (내가) 예악을 쓰게 된다면 나는 선진을 따르겠다."

글자풀이　　先進 선배先輩. 옛사람. 野人 촌스러운 사람. 後進 후배後輩. 후대의 사람. 君子 세련되고 화려하다. 用之 예악을 사용할 수 있는 자리에 있는 것. 윗자리.

강講　　예악의 전통을 지킨 선진은 질박하여 촌스러웠지만, 당대의 권력을 지닌 후진은 잘 꾸며서 세련되고 군자다웠다. 군자연하는 것보다는 촌스럽더라도 진정성을 갖춘 것이 더 낫다고 공자는 생각했다. 예악을 통해 옛날의 영광을 되살리고자 한 공자였기에 잘 꾸민 겉치레를 경계했다.

2. 공자의 열 제자들

子曰 從我於陳蔡者 皆不及門也로다 德行엔 顏淵閔子騫冉伯牛仲弓이요 言語엔
자왈 종아어진채자 개불급문야   덕행   안연민자건염백우중궁   언어

宰我子貢이요 政事엔 冉有季路요 文學엔 子游子夏니라
재아자공   정사   염유계로   문학   자유자하

국역　공자께서 말씀하셨다. "진나라와 채나라에서 나를 따르던 자들이 모두 문하에 이르지 않았구나. 덕행에는 안연과 민자건과 염백우와 중궁이요, 언어에는 재아와 자공이요, 정사에는 염유와 계로요, 문학에는 자유와 자하다."

글자풀이　從我 나를 따르다. 陳蔡 진나라와 채나라. 文學 오늘날의 문학이 아니라 예전의 문헌과 역사로 시·서·예·악을 말한다.

강講　공문십철孔門十哲이라고 하는 이들은 진나라와 채나라에서 공자와 생사를 함께 한 제자들이다. 공자는 이들을 덕행·언어·정사·문학에 배치하였다. 증자가 빠졌고, 공자가 문학과 언어를 강조하지 않았던 점을 들어 정자는 세속의 말로 보았다.

3. 기뻐하기만 하는 안회

子曰 回也는 非助我者也로다 於吾言에 無所不說이온여
자 왈 회 야   비 조 아 자 야   어 오 언   무 소 불 열

국역   공자께서 말씀하셨다. "안회는 나를 돕는 자가 아니다. 내 말에 대해 기뻐하지 않는 것이 없구나."

글자풀이   助我 기여起予와 같다. '기여'는 자하를 칭찬할 때 한 말이다.

강講   안회는 선생님의 가르침을 기쁘게 받아들이면서 곧바로 실천으로 옮긴 제자다. 공자는 그 기쁨을 역설적으로 표현해 제자에 대한 사랑을 나타냈다.

4. 민자건의 효

子曰 孝哉라 閔子騫이여 人不間於其父母昆弟之言이로다
자 왈 효 재   민 자 건   인 불 간 어 기 부 모 곤 제 지 언

국역   공자께서 말씀하셨다. "효성스럽구나, 민자건이여! 남들이 그 부모와 형제의 말에 트집을 잡지 못하는구나."

글자풀이   閔子騫 이름은 손損, 자는 자건子騫이다. 공자보다 15살 어리며 효성이 지극해 계모의 학대에도 극진히 모셨다. 間 트집 잡다. 흠잡다. 昆弟 형제.

강講　차별이 심한 계모 밑에서 자랐지만 민자건의 효는 지극했다. 그 사실을 알기에 그 누구도 민자건을 칭찬하는 말에 트집을 잡지 못했다. 부모에 대한 신뢰까지 이룬 민자건의 효였다.

5. 남용, 백규를 외우다

南容이 三復白圭어늘 孔子以其兄之子로 妻之하시다
남 용　삼 복 백 규　　공 자 이 기 형 지 자　　처 지

국역　남용이 '백규'를 (하루에) 세 번 반복해서 외우니, 공자께서 형의 딸을 그에게 시집보냈다.

글자풀이　南容 남궁경숙. 공자의 조카사위. 三 거듭. 여러 번. 復 반복하다. 白圭 백옥으로 만든 규圭. 홀. 『시경』 「대아大雅·억抑」편의 시. 妻 처 삼게 하다. 시집 보내다.

강講　말이 신중한 사람은 행동도 신중하다. 남용은 매일 "백규의 흠은 오히려 갈아서 없앨 수 있지만, 내 말의 흠은 갈아낼 수 없다네.[백규지점白圭之玷, 상가마야尚可磨也, 사언지점斯言之玷, 불가위야不可爲也.]"라는 '백규'를 반복해 외우면서 자신의 경계로 삼았다. 공자가 조카사위로 삼은 이유다.

6. 호학자 안회의 단명

季康子問 弟子孰爲好學이니잇고 孔子對曰 有顏回者好學하더니 不幸短命死
계강자문 제자숙위호학   공자대왈 유안회자호학   불행단명사

矣라 今也則亡하니라
의   금야즉무

국역　계강자가 물었다. "제자 중 누가 배우기를 좋아합니까?" 공자께
서 대답하셨다. "안회라는 자가 있어서 배우기를 좋아했는데, 불행히도
명이 짧아 죽었습니다. 지금은 없습니다."

강講　이 문장은 애공과 같은 질문으로 「옹야」편 2장에 보인다.

7. 곽을 할 수 없는 이유

顏淵이 死어늘 顏路請子之車하여 以爲之槨한대 子曰 才不才에 亦各言其子
안연   사   안로청자지거   이위지곽   자왈 재부재   역각언기자

也니 鯉也死어늘 有棺而無槨호니 吾不徒行하여 以爲之槨은 以吾從大夫之
야   리야사   유관이무곽   오부도행   이위지곽   이오종대부지

後라 不可徒行也일새니라
후   불가도행야

국역　안연이 죽자 안로가 공자의 수레를 팔아서 곽을 마련해줄 것을
청했다. 공자께서 말씀하셨다. "재주가 있건 없건 또한 각각 자기 자식을
말하는 법이오. (내 아들) 리가 죽었을 때 관은 있었지만 곽은 없었소이
다. 내가 걸어 다니면서 그를 위해 곽을 마련해주지 않은 것은 내가 대부

의 뒤를 따르고 있기 때문에 걸어 다닐 수가 없기 때문이오."

글자풀이　顏路 안연의 아버지인 무유無繇. 공자보다 6살 아래로 한때 공자의 제자였다. 槨 관을 담는 궤. 외관外棺. 鯉 공자의 아들인 백어伯魚. 徒行 도보로 걸어 다니다.

강講　아들에게 못해준 것을 제자에게 할 수는 없다. 또 지위가 없는 안회가 곽을 쓰는 것은 예가 아니다. 안로가 자慈로써 아들을 사랑한 것처럼, 공자는 예를 넘지 않는 범위에서 의義로써 안회를 사랑했다. 사랑한다고 예를 어기거나 지나친 것은 바른 사랑이 아니다.

8. 하늘이 나를 버리는구나

顏淵死어늘 子曰 噫라 天喪予샷다 天喪予샷다
안 연 사　　자 왈 희　천 상 여　　천 상 여

국역　안연이 죽었다. 공자께서 말씀하셨다. "아! 하늘이 나를 버리시는구나! 하늘이 나를 버리시는구나!"

글자풀이　噫 탄식하다. 슬퍼하고 애통해하는 소리. 아! 喪 망하게 하다. 버리다. 망亡.

강講　안연을 통해 도통이 이어질 거라고 믿었는데, 그가 죽었다. 절망스러웠을 것이다. 반복되는 공자의 탄식 속에는 안연의 죽음에 대한 애통과 함께 진리가 끊어지지 않을까 하는 두려움도 담겨 있다.

9. 지나친 애통인가?

顏淵死어늘 子哭之慟하신대 從者曰 子慟矣시니이다 曰 有慟乎아 非夫人之爲
안 연 사   자 곡 지 통   종 자 왈 자 통 의   왈 유 통 호   비 부 인 지 위

慟이요 而誰爲리오
통   이 수 위

국역　안연이 죽자 공자께서 곡하시며 지나치게 애통해하셨다. 따르는 사람이 말했다. "선생님께서 지나치게 애통해하십니다." 공자께서 말씀하셨다. "지나치게 애통했는가? 저 사람을 위해 애통해하지 않는다면 누구를 위해 하겠는가?"

글자풀이　哭 소리 내어 울다. 慟 서럽게 울다. 통곡하다. 슬픔이 지극하다.

강講　늘 기쁨과 희망을 주던 제자의 죽음을 마주한 공자의 모습이다. 미래의 희망인 제자의 죽음은 시련이었다. 시중의 사람인 공자의 애통은 당연한 것이다.

10. 안회의 장례

顏淵死어늘 門人이 欲厚葬之한대 子曰 不可하니라 門人이 厚葬之한대 子曰
안 연 사   문 인   육 후 장 지   자 왈 불 가   문 인   후 장 지   자 왈

回也는 視予猶父也어늘 予不得視猶子也호니 非我也라 夫二三子也니라
회 야   시 여 유 부 야   여 부 득 시 유 자 야   비 아 야   부 이 삼 자 야

국역　안연이 죽자 문인들이 후하게 장사지내려 했다. 공자께서 말씀

하셨다. "안 된다." 그런데도 문인들이 후하게 장사지냈다. 공자께서 말씀하셨다. "안회는 나를 아버지처럼 대했는데, 나는 그를 아들처럼 대하지 못했다. 내 탓이 아니라 저 몇몇 제자들 탓이다."

글자풀이 門人 문하의 제자들. 厚葬 후하게 장사 지내다. 視 대하다. 猶 마치 ~와 같다.

강講 공자는 안연의 마지막을 아들처럼 보내고자 했다. 하지만 제자들은 후장으로 그를 보냈다. 예가 아니면[비례非禮] 하지 않았던 안연의 마지막을 예에 맞지 않게 한 것에 대한 공자의 안타까움이 배어 있다.

11. 계로의 질문

季路問事鬼神한대 子曰 未能事人이면 焉能事鬼리오 敢問死하노이다 曰 未知
계 로 문 사 귀 신   자 왈 미 능 사 인   언 능 사 귀   감 문 사   왈 미 지

生이면 焉知死리오
생   언 지 사

국역 계로가 귀신 섬기는 일에 대해 물었다. 공자께서 말씀하셨다. "사람을 섬기지 못한다면 어떻게 귀신을 섬길 수 있겠는가?" "감히 죽음에 대해 묻겠습니다." 공자께서 말씀하셨다. "삶을 알지 못한다면 어떻게 죽음을 알겠는가?"

글자풀이 季路 자로子路. 事鬼神 귀신을 섬기다. 제사를 받드는 것.

강講 　인간만이 자신의 근원과 삶과 죽음을 질문하며 어떻게 살아야 하는지를 고민한다. 자로의 질문 역시 근원과 실존에 대한 질문이다. 공자는 사람을 제대로 섬기고, 삶을 제대로 사는 것이 먼저라고 대답한다. '현재에 충실할 것', 이것이 답이다.

12. 그들이 있어 즐겁다

閔子는 侍側에 誾誾如也하고 子路는 行行如也하고 冉有子貢은 侃侃如也어늘
민자　　시측　은은여야　　자로　　항항여야　　염유자공　　간간여야

子樂하시다 若由也는 不得其死然이로다
자락　　　약유야　부득기사연

국역 　민자건은 곁에서 모실 적에 온화했고, 자로는 굳세고 씩씩했으며, 염유와 자공은 강직했으니, 공자께서 즐거워하셨다. "유와 같은 경우는 제대로 된 죽음을 얻지 못할 것이다."

글자풀이 　侍側 곁에서 모시다. 誾誾 온화하다. 行行如 굳세고 강한 모습. 侃侃如 강직하다. 깐깐하다. 其死 온당한 죽음. 천수天壽.

강講 　맹자는 영재를 얻어서 가르치는 것을 군자삼락君子三樂 중 하나라고 했는데, 뛰어난 제자를 곁에 둔 공자는 행복했을 것이다. 하지만 늘 자로가 걱정이었다. 주자朱子는 혹자의 말을 인용해 자락子樂을 자왈子曰로 보았다.

13. 민자건의 말

魯人이 **爲長府**러니 **閔子騫曰 仍舊貫如之何**오 **何必改作**이리오 **子曰 夫人**이
노 인   위 장 부   민 자 건 왈 잉 구 관 여 지 하   하 필 개 작   자 왈 부 인

不言이언정 **言必有中**이니라
불 언   언 필 유 중

국역 　노나라 사람이 장부라는 창고를 지었다. 민자건이 말했다. "옛
것을 그대로 쓰는 것이 어떻겠소? 하필 다시 지어야 하는가?" 공자께서
말씀하셨다. "저 사람이 평소에 말을 하지 않지만 말을 하면 반드시 이
치에 맞는다."

글자풀이 　爲 짓다. 만들다. 개축. 長府 창고 이름. 재화를 보관하는 곳을 '부府' 라
고 한다. 仍 인하다. 인因과 같다. 그대로 따르다. 貫 일. 中 이치에 맞다. 들어맞다.

강講 　창고를 짓는 것은 백성들의 노역과 세금징수로 연결된다. 웬만
하면 그대로 쓰거나 고쳐서 쓰면 된다. 평소에 말을 아끼는 민자건이
만 할 말은 했고, 그것은 이치에 맞았다. 이것이 말의 힘이다. 공자가 그
것을 칭찬한 것이다.

14. 자로의 경지

子曰 由之瑟을 **奚爲於丘之門**고 **門人**이 **不敬子路**한대 **子曰 由也**는 **升堂矣**요
자 왈 유 지 슬   해 위 어 구 지 문   문 인   불 경 자 로   자 왈 유 야   승 당 의

未入於室也니라
미 입 어 실 야

공자께서 말씀하셨다. "유가 슬을 어찌 나의 집안에서 타는가?" (그 말을 들은) 문인들이 자로를 공경하지 않자, 공자께서 말씀하셨다. "유는 당에는 올랐지만 아직 방에 들어오지 못한 것이다."

글자풀이 瑟 악기 명칭. 거문고와 비슷하다. 奚 어찌. 어찌 ~하는가? 堂 학문의 수준. 室 방. 학문이 깊은 경지에 이름.

강講 비록 연주는 거칠지만 자로의 경지는 문인들이 무시할 수 없는 수준이다. 공자는 자로가 아직 방에는 들어서지 못했지만 당에는 올랐다는 말로 높여준다. '승당'과 '입실'은 '입문入門'과 함께 학문의 단계를 의미한다.

15. 과유불급

子貢이 問 師與商也孰賢이니잇고 子曰 師也는 過하고 商也는 不及이니라 曰 然
자공 문 사여상야숙현 자왈 사야 과 상야 불급 왈 연
則師愈與잇가 子曰 過猶不及이니라
즉사유여 자왈 과유불급

국역 자공이 물었다. "사와 상은 누가 낫습니까?" 공자께서 말씀하셨다. "사는 지나치고 상은 미치지 못한다." "그렇다면 사가 낫습니까?" 공자께서 말씀하셨다. "지나친 것은 미치지 못한 것과 같다."

글자풀이 師 자장子張. 商 자하子夏. 也 단락을 표시하는 조사. 賢 뛰어나다. 낫다. 승勝과 같다. 愈 낫다. 뛰어나다. 與 의문조사.

강講　지나침과 모자람. 언뜻 보면 지나친 것이 모자란 것보다 나은 듯하다. 하지만 중中이 아니기 때문에 둘 다 옳지 못하다. 때와 상황에 맞게 중中을 행하는 것이 바람직하다.

16. 공자의 분노

季氏富於周公이어늘 而求也 爲之聚斂而附益之한대 子曰 非吾徒也로소니
계 씨 부 어 주 공　　　 이 구 야　위 지 취 렴 이 부 익 지　　　 자 왈　비 오 도 야

小子아 鳴鼓而攻之 可也니라
소 자　 명 고 이 공 지　가 야

국역　계씨가 주공보다 부유했는데도 염구가 그를 위해 세금을 많이 거두어서 재산을 늘려주었다. 공자께서 말씀하셨다. "우리의 무리가 아니니, 소자들아! 북을 울려서 그를 성토하는 것이 옳다."

글자풀이　季氏 계강자. 周公 노나라 군주. 주자는 주공 단旦으로 보았다. 聚斂 세금을 많이 거두다. 鳴鼓 북을 울리다. 죄를 성토하다. 攻 성토하다. 다스리다. 可 옳다. 좋다.

강講　계강자의 가신이 된 염구가 조세정책을 펴서 주군의 부를 늘려주자 공자가 분노했다. 백성을 위한 삶이 아닌 주군을 위한 삶을 택한 염구에 대한 실망이 전해진다.

17. 제자들의 단점

柴也는 愚하고 參也는 魯하고 師也는 辟하고 由也는 喭이니라
시 야   우   삼 야   노   사 야   벽   유 야   언

국역　시는 어리석고, 삼은 노둔하며, 사는 편벽되고, 유는 거칠다.

글자풀이　柴 공자의 제자로 성은 고高이고 자는 자고子羔다. 愚 지혜는 부족하지만 후덕하다. 우직하다. 어리석다. 參 증자의 이름. 魯 노둔하다. 미련하다. 辟 한쪽으로 치우치다. 편파적이다. 喭 언諺, 비鄙와 같다. 거칠다. 속되고 조잡하다. 예의가 없다.

강講　대체로 제자들은 선생님 앞에서 조심하기 때문에 그들의 진면목을 알기 어렵다. 제자들의 일상을 세심히 관찰하여 단점을 파악한 공자의 제자 사랑과 관심을 알 수 있다.

18. 안연과 자공

子曰 回也는 其庶乎요 屢空이니라 賜는 不受命이요 而貨殖焉이나 億則屢
자 왈 회 야   기 서 호   누 공   사   불 수 명   이 화 식 언   억 즉 루

中이니라
중

국역　공자께서 말씀하셨다. "회는 도에 가까웠으나 자주 끼니를 굶었다. 사는 명을 받아들이지 않고 재화를 늘렸으나 예측하면 자주 맞았다."

글자풀이　庶 가깝다. 도에 가깝다. 近과 같다. 屢 자주. 종종. 空 궁핍하다. 쌀독이 비다. 命 천명. 貨殖 재화를 늘리다. 億 헤아리다. 억측하다.

강講　안연은 가난했지만 도를 추구하는 마음을 그치지 않았고, 재주 있고 명민한 자공은 명을 편안히 받아들이지 못하고 재산을 늘렸다. 안연이 명을 편안하게 여긴 반면 자공은 명을 받아들이지 않은 것이다. 안연과 자공의 차이다.

19. 선인의 도

子張이 **問善人之道**한대 **子曰 不踐迹**이나 **亦不入於室**이니라
자 장　문 선 인 지 도　　자 왈 불 천 적　　역 불 입 어 실

국역　자장이 선인의 도에 대해 물었다. 공자께서 말씀하셨다. "(성인의) 자취를 밟지 않으면 또한 (성인의) 경지에 들어갈 수 없다."

글자풀이　善人 타고난 자질과 바탕이 아름다운 사람. 踐迹 자취를 따르고 실천하다. 室 성인의 경지.

강講　선인과 성인의 갈래는 배움에 달려 있다. 성인의 자취를 배우고 자신을 닦아 나와 너가 하나임을 깨닫는 것, 이것이 성인의 경지에 들어가는 길이다. 그렇지 않으면 착하더라도 성인의 경지에는 들어갈 수 없다.

20. 논변이 독실한 사람

子曰 論篤을 是與면 君子者乎아 色莊者乎아
자왈 논독 시여 군자자호 색장자호

국역 공자께서 말씀하셨다. "논변이 독실하다고 해서 이를 인정한다면 군자다운 사람인가? 얼굴만 장엄하게 꾸민 사람인가?"

글자풀이 論 논변. 언론. 論篤 말로 이치를 헤아리고 따지기를 잘하는 것. 언론이 뛰어나다. 與 인정하다. 허여하다. 色 얼굴. 외모. 莊 장엄하고 엄숙하다.

강講 공자는 말과 행동이 다르고, 겉과 속이 다르며 표리부동하다면, 말이 이치에 맞고 잘 따진다 해도 군자가 아니라고 말한다. 다만 얼굴빛을 장엄하게 꾸민 사람일 뿐이다.

21. 공자의 교수법

子路問 聞斯行諸잇가 子曰 有父兄在하니 如之何其聞斯行之리오 冉有問
자로문 문사행지 자왈 유부형재 여지하기문사행지 염유문

聞斯行諸잇가 子曰 聞斯行之니라 公西華曰 由也問聞斯行諸어늘 子曰 有
문사행지 자왈 문사행지 공서화왈 유야문문사행지 자왈 유

父兄在라하시고 求也問聞斯行諸어늘 子曰 聞斯行之라하시니 赤也惑하여
부형재 구아문문사행지 자왈 문사행지 적야혹

敢問하노이다 子曰 求也는 退故로 進之하고 由也는 兼人故로 退之로라
감문 자왈 구아 퇴고 진지 유아 겸인고 퇴지

국역　자로가 물었다. "들으면 곧 행해야 합니까?" 공자께서 말씀하셨다. "부형이 계시는데 어찌 듣는다고 곧 행할 수 있겠는가?" 염유가 물었다. "들으면 곧 행해야 합니까?" 공자께서 말씀하셨다. "들으면 곧 행해야 한다." 공서화가 물었다. "유가 '들으면 곧 행해야 합니까?'라고 물었을 때는 선생님께서 '부형이 계시다'라고 하셨고, 구가 '들으면 곧 행해야 합니까?'라고 물었을 때는 선생님께서 '들으면 즉시 행해야 한다'라고 대답하시니, 제가 헷갈려서 감히 묻겠습니다." 공자께서 말씀하셨다. "구는 소극적이기 때문에 나아가도록 한 것이고, 유는 남보다 앞서기 때문에 물러서도록 한 것이다."

글자풀이　聞 좋은 말을 듣다. 斯 곧. 行 실천하다. 실행하다. 惑 헷갈리다. 의심스럽다. 退 소극적이다. 쭈뼛되며 머뭇거리다. 물러서다. 兼人 남보다 앞서다. 남들보다 낫다. 승인勝人과 같음.

강講　제자의 성격과 특성을 모르면 같은 질문에 같은 답을 줄 수밖에 없다. 하지만 진정한 스승은 제자의 장단점을 파악해 성급하면 늦추도록 하고 머뭇거리면 나아가게 한다. 공자가 그랬다.

22. 스승과 제자의 사랑

子畏於匡하실새 顔淵이 後러니 子曰 吾以女爲死矣로라 曰 子在어시니 回何
자 외 어 광　　안 연 후　　자 왈 오 이 여 위 사 의　　왈 자 재　　회 하

敢死리잇고
감 사

국역 　공자께서 광 땅에서 두려운 일을 당하셨을 때 안연이 뒤에 도착했다. 공자께서 말씀하셨다. "나는 네가 죽은 줄 알았다." 안연이 대답했다. "선생님께서 계시는데 제가 어찌 감히 죽겠습니까?"

글자풀이 　畏 두려운 일을 당하다. 경계하는 마음을 품다. 匡 지명. 진나라와 채나라 사이의 땅. 後 뒤늦게 오다. 뒤에 처졌다. 以~爲… ~을 …라 생각했다. 女 여汝와 같다.

강講 　뒤늦게 도착한 안연을 본 공자의 반가움과 안도가 그대로 드러난다. 그에 대한 안연의 답변 또한 스승에 대한 사랑이 넘친다. 진정한 스승과 제자의 모습이다.

23. 대신과 구신

季子然이 問 仲由冉求는 可謂大臣與잇가 子曰 吾以子爲異之問이러니 曾由
계 자 연　문 중 유 염 구　가 위 대 신 여　　자 왈 오 이 자 위 이 지 문　　　증 유
與求之問이로다 所謂大臣者는 以道事君하다가 不可則止하나니 今由與求也는
여 구 지 문　　소 위 대 신 자　이 도 사 군　　　불 가 즉 지　　　금 유 여 구 야
可謂具臣矣니라 曰 然則從之者與잇가 子曰 弑父與君은 亦不從也리라
가 위 구 신 의　　왈 연 즉 종 지 자 여　　자 왈 시 부 여 군　역 부 종 야

국역 　계자연이 물었다. "중유와 염구는 대신이라고 할 만합니까?" 공자께서 말씀하셨다. "나는 그대가 특별한 질문을 하리라 생각했는데, 결국 유와 구에 대해 묻는군요. 이른바 대신이란 도로써 임금을 섬기다가 안되면 그만둡니다. 지금 유와 구는 자리만 채우는 신하라고 할 수 있습

니다." "그렇다면 따르기만 하는 자들입니까?" 공자께서 말씀하셨다.
"아버지와 임금을 시해하는 일은 또한 따르지 않을 것입니다."

글자풀이　李子然 계씨의 일족. 계평자季平子의 아들. 계환자의 동생이며 계강자의
숙부라고도 한다. 仲由 자로. 異 특별하다. 다르다. 問 질문. 曾 결국. 마침내. 내乃와
같다. 大臣 임금을 올바르게 이끄는 신하. 具臣 머릿수만 채우는 신하. 弑 시해하다.
윗사람을 죽이다.

강講　대신이란 '도로 임금을 섬기다가 안 되면 그만두는 자'인 반면,
구신은 '머릿수만 채우는 신하'다. 자로와 염유는 계씨 집안의 가신일
뿐, 나라를 다스리는 대신이 아니다. 계자연의 질문이 잘못됐다.

24. 배움이 중요하다

子路使子羔로 爲費宰한대 子曰 賊夫人之子로다 子路曰 有民人焉하며 有社稷
焉하니 何必讀書然後에 爲學이리잇고 子曰 是故로 惡夫佞者하노라

국역　자로가 자고를 비읍의 읍재로 삼았다. 공자께서 말씀하셨다.
"남의 자식을 해치는구나!" 자로가 말했다. "백성이 있고 사직이 있으니,
어찌 반드시 글을 읽은 뒤에야 공부를 하는 것이라고 하겠습니까?" 공
자께서 말씀하셨다. "이 때문에 말재주 있는 자를 미워하는 것이다."

글자풀이　賊 해치다. 망치다. 夫 어조사. 是故 이 때문에. 佞 말재주. 말로 아첨하다.

강講　계씨의 가신이 된 자로가 자고를 반란이 잦은 비읍의 가신으로 삼았다. 질박한 사람이지만 자고는 학문도 역량도 부족했다. 착하기만 하고 역량이 없으면 결국 백성을 해치게 된다. 공자가 탄식한 이유다.

25-1. 공자, 제자들의 꿈을 묻다

子路曾晳冉有公西華侍坐러니 子曰 以吾一日長乎爾나 毋吾以也하라 居則
日 不吾知也라하나니 如或知爾면 則何以哉오

국역國譯　자로와 증석과 염유와 공서화가 공자를 모시고 앉았다. 공자께서 말씀하셨다. "내가 너희들보다 다소 나이가 많지만 나를 어려워하지 마라. 평소에 '나를 알아주지 않는다'라고 말하는데, 만일 누군가 너희들을 알아준다면 어떻게 하겠는가?"

글자풀이　晳 증삼의 아버지로 이름은 점點. 侍坐 모시고 앉다. 一日 다소. 조금. 長 나이가 많다. 爾 너. 여汝와 같다. 居 평거平居. 평소. 평상시. 或 혹여. 누군가. 知 알아준다. 등용하다.

강講　당시 권력자들의 관심의 대상인 자로, 증석, 염유, 공서화가 공자와 함께 앉았다. 공자가 그들에게 하고 싶은 꿈을 물었다.

25-2. 자로의 꿈

子路率爾而對曰 千乘之國이 攝乎大國之間하여 加之以師旅요 因之以饑
자로솔이이대왈 천승지국 섭호대국지간   가지이사려   인지이기

饉이어든 由也爲之면 比及三年하여 可使有勇이요 且知方也케호리이다 夫子哂
근   유야위지 비급삼년하여 가사유용   차지방야   부자신

之하시다
지

국역　자로가 경솔하게 대답했다. "천승의 나라가 강대국 사이에 끼었
는데, 군대의 침략을 당하고, 연이어 기근까지 들더라도 제가 그 나라를
다스릴 경우 대략 3년 정도면 백성들이 용감해지고 또 올바른 방향을 알
수 있도록 하겠습니다." 공자께서 미소 지으셨다.

글자풀이　率爾 성급하다. 경솔하다. 불쑥. 攝 끼다. 接접과 같음. 師旅 사師師는 2,500명,
여旅는 500명으로 전쟁을 의미함. 饑 곡식이 익지 않음. 饉 채소가 자라지 않음. 比 약.
대략. 方 향向과 같다. 의義로 향하다. 哂 쓴웃음. 비웃다. 미소를 짓다.

강講　전쟁과 기근이 일상이었던 당시 자로의 꿈은 현실적이었다. 그
런데 예와 덕은 어디로 갔는가? 백성들을 예와 덕으로 다스리면 백성들
의 신뢰를 받고 올바르게 된다. 자로가 설정한 상황이 아쉽다.

25-3. 염유의 꿈

求아 爾는 何如오 對曰 方六七十과 如五六十에 求也爲之면 比及三年하여 可使
구 이 하여 대왈 방육칠십 여오륙십 구야위지 비급삼년 가사
足民이어니와 如其禮樂엔 以俟君子호리이다
족민 여기예악 이사군자

국역 "구야, 너는 어떻게 하겠는가?" 염유가 대답했다. "사방 60~70
리, 혹은 50~60리 되는 나라를 제가 다스릴 경우 3년에 이르러 백성들
을 풍족하게 하겠지만 예악과 같은 것은 군자를 기다리겠습니다."

강 염유는 경제적으로 풍족하고 부유한 나라를 꿈꿨다. 하지만 예
악에 대해서는 군자를 기다리겠다며, 자신이 할 수 있는 것과 없는 것을
분별했다. 현실정치에 대한 간절한 바람이 들어 있다.

25-4. 공서화의 꿈

赤아 爾는 何如오 對曰 非曰能之라 願學焉하노이다 宗廟之事와 如會同에 端
적 이 하여 대왈 비왈능지 원학언 종묘지사 여회동 단
章甫로 願爲小相焉하노이다
장보 원위소상언

국역 "적아, 너는 어떻게 하겠는가?" 적이 대답했다. "제가 능하다는
것이 아니라 원컨대 배우고자 합니다. 종묘의 일과 제후들이 회동할 때
현단복玄端服을 입고 장보관章甫冠을 쓰고 조금이나마 도움이 되고자 합
니다."

會同 제후들의 회동. 회會는 정기적으로 만나는 것. 동同은 여럿이 만나는것. 端章甫 예복으로 현단복과 장보관. 相 의식을 집행하는 사람. 小 보좌관.

강講 예악에 뜻을 둔 그는 겸손하게 말했으나 국가의 중요한 일을 집행하고 싶다는 포부를 드러냈다. 공서화 역시 정사에 나가 자신의 능력을 발휘하고자 했다.

25-5. 증석과 공자의 꿈

點아 爾는 何如오 鼓瑟希러니 鏗爾舍瑟而作하여 對曰 異乎三子者之撰이니다
점   이   하여   고슬희   갱이사슬이작   대왈 이호삼자자지선

子曰 何傷乎리오 亦各言其志也니라 曰 莫春者에 春服旣成이어든 冠者五六人과 童
자왈 하상호   역각언기지야   왈 모춘자   춘복기성   관자오육인   동

子六七人으로 浴乎沂하여 風乎舞雩하여 詠而歸하리이다 夫子 喟然嘆曰 吾與點
자육칠인   욕호기   풍호무우   영이귀   부자 위연탄왈 오여점

也하노라 三子者出커늘 曾晳後러니 曾晳曰 夫三子者之言이 何如하니잇고 子
야   삼자자출   증석후   증석왈 부삼자자지언   하여   자

曰 亦各言其志也已矣니라 曰 夫子何哂由也시니잇고 曰 爲國以禮어늘 其言
왈 역각언기지야이의   왈 부자하신유야   왈 위국이례   기언

不讓이라 是故로 哂之호라 唯求則非邦也與잇가 安見方六七十과 如五六十而
불양   시고   신지   유구즉비방야여   안견방육칠십   여오육십이

非邦也者리오 唯赤則非邦也與잇가 宗廟會同이 非諸侯而何오 赤也爲之小면 孰
비방야자   유적즉비방야여   종묘회동이 비제후이하   적야위지소   숙

能爲之大리오
능위지대

국역 "점아, 너는 어떻게 하겠는가?"(점은) 슬을 드문드문 타다가 쩽그랑 하며 슬을 내려놓고 일어나 대답했다. "세 사람이 지닌 것과는

다릅니다." 공자께서 말씀하셨다. "무슨 상관인가? 또한 각각 자신의 뜻을 말하는 것이다." 증석이 말했다. "늦은 봄에 봄옷이 완성되거든 갓을 쓴 어른 대여섯 명과 어린이 예닐곱 명과 함께 기수에서 목욕하고, 무우에서 바람을 쐬며 노래를 부르며 돌아오고자 합니다." 공자께서 감탄하시며 말씀하셨다. "나는 점과 함께하겠노라." 세 사람이 나가고 증석이 뒤에 남았다. 증석이 물었다. "저 세 사람의 말이 어떻습니까?" 공자께서 말씀하셨다. "또한 각각 자신의 뜻을 말했을 뿐이다." "선생님께서 어찌 유의 말에 미소를 지으셨습니까?" "나라를 다스리는 일은 예로써 하는 것인데, 그 말이 겸손하지 않았다. 그 때문에 웃은 것이다." "구는 나라 다스리는 일이 아닌지요?" "사방 60~70리와 50~60리가 나라가 아닌 것을 어디에서 보았느냐?" "적은 나라 다스리는 일이 아닌지요?" "종묘의 일과 회동하는 일이 제후의 일이 아니고 무엇이겠는가? 적의 일을 작은 일이라고 한다면 누구의 일이 큰 일이겠느냐?"

강講　세 사람이 크든 작든 현실정치를 꿈꾼 데 반해 점은 평화로운 세상에서 가능할 꿈을 펼쳤다. 이것은 공자의 꿈과도 통한다. 늙은이들은 편안하고 친구들은 믿어주며 젊은이들을 감싸주는 세상은 이러한 세상에서 가능하다. 공자가 증점과 함께 하겠다고 한 이유다.

제12편

안연
顏淵

．
．
．

제자들의 질문

．
．

안연편은 제자들의 질문을 통해 공자 사상의 핵심인

인, 정치사상의 핵심인 신뢰와 덕, 그리고 정명이 제

시된다. 특히 인에 대한 다양한 답을 접할 수 있다.

또한 당시 노나라의 권력을 쥐고 있는 계강자와의 대

화가 많은데, 공자는 그에게 바른 정치와 정치인의

모습을 제시한다. 모두 24장이다.

1. 안연, 인을 묻다

顏淵이 問仁한대 子曰 克己復禮 爲仁이니 一日克己復禮면 天下歸仁焉하리니
안 연 문 인 자왈 극 기 복 례 위 인 일 일 극 기 복 례 천 하 귀 인 언

爲仁由己니 而由人乎哉아 顏淵曰 請問其目하노이다 子曰 非禮勿視하며 非
위 인 유 기 이 유 인 호 재 안 연 왈 청 문 기 목 자 왈 비 례 물 시 비

禮勿聽하며 非禮勿言하며 非禮勿動이니라 顏淵曰 回雖不敏이나 請事斯語矣
례 물 청 비 례 물 언 비 례 물 동 안 연 왈 회 수 불 민 청 사 사 어 의

로리이다

국역 　안연이 인에 대해 물었다. 공자께서 말씀하셨다. "자기를 극복
하여 예로 돌아가는 것이 인을 행하는 것이다. 하루 동안이라도 자기를
이겨서 예로 돌아가면 천하가 인으로 돌아갈 것이다. 인을 행하는 것은
자기로 말미암는 것이니, 남으로 말미암는 것이겠는가?" 안연이 물었다.
"청컨대 그 조목을 묻겠습니다." 공자께서 말씀하셨다. "예가 아니면 보
지 말고, 예가 아니면 듣지 말며, 예가 아니면 말하지 말고, 예가 아니면
움직이지 말라." 안연이 말했다. "제가 비록 명민하지 못하지만 청컨

대 이 말씀을 일삼아 실천하겠습니다."

글자풀이　克 극복하다. 勝승과 같다. 己 사사로운 마음. 개인의 사욕. 復 돌아감. 禮 천리의 절문. 歸 돌아오다. 目 조목. 구체적인 일. 非禮 사사로운 욕심. 욕망. 勿 ~ 하지 마라. 금지사. 敏 재빠르다. 명민하다. 민첩하다. 영리하다. 請事斯語矣 이 말씀을 일삼겠다. 이 말씀을 좌우명으로 삼겠다. 관용구.

강講　욕심과 욕망의 나를 넘어 하늘이 준 본래의 마음을 회복하는 것이 인으로, 오직 자신이 할 수 있는 일이다. 이를 위해 보고 듣고 말하고 행하는 모든 것을 예에 맞게 해야 한다. 인의 가장 높은 경지를 말한 것이다.

2. 중궁, 인을 묻다

仲弓이 問仁한대 子曰 出門如見大賓하며 使民如承大祭하고 己所不欲을 勿
중궁　문인　자왈 출문여견대빈　사민여승대제　기소불욕 물
施於人이니 在邦無怨하며 在家無怨이니라 仲弓曰 雍雖不敏이나 請事斯語
시어인　재방무원　재가무원　중궁왈 옹수불민　청사사어
矣로리이다
의

국역　중궁이 인에 대해 물었다. 공자께서 말씀하셨다. "문을 나서서는 큰 손님을 뵙듯이 하고, 백성을 부릴 때는 큰 제사를 받들듯이 하라. 자기가 하고자 하지 않는 것은 남에게 베풀지 말아야 하니, (이렇게 하면) 나라에서도 원망함이 없고, 집안에서도 원망함이 없을 것이다." 중궁이 말했다. "제가 비록 명민하지 못하지만 청컨대 이 말씀을 일삼겠습니다."

　大賓 모셔야 할 큰 손님. 使民 백성을 부리다. 백성에게 일을 시키다. 承 받들다. 모시다. 大祭 나라에서 행하는 제사.

강講　만나는 모든 사람을 큰손님처럼 귀하게 여기고, 백성을 경건과 공경으로 대하는 것이 인이다. 모든 존재를 존중하고 공경하며, 남을 나처럼 여긴다면 누가 원망하겠는가? 나라에서도 집안에서도 원망이 없을 것이다.

3. 사마우, 인을 묻다

司馬牛問仁한대 子曰 仁者는 其言也訒이니라 曰 其言也訒이면 斯謂之仁矣
사 마 우 문 인　　자 왈 인 자　　기 언 야 인　　　왈 기 언 야 인　　　사 위 지 인 의

乎잇가 子曰 爲之難하니 言之得無訒乎아
호　　　자 왈 위 지 난　　　언 지 득 무 인 호

국역　사마우가 인에 대해 물었다. 공자께서 말씀하셨다. "인자는 그 말하는 것을 조심한다.""그 말하는 것을 조심하면 곧 인이라 할 수 있습니까?" 공자께서 말씀하셨다. "이것을 행하기가 어려우니 말을 조심하지 않을 수 있겠는가?"

글자풀이　司馬牛 공자의 제자. 이름은 리犂. 상퇴向魋의 아우. 訒 말을 조심하다. 함부로 하지 않다.

강講　사람의 세 치 혀가 사람을 죽이기도 살리기도 한다. 말을 가리고 참는 것은 상대방의 입장을 헤아리고 배려하는 것이고, 말을 조심하

는 것은 상대방을 자신처럼 생각하는 것이다. 말을 조심하는 것이 인인
이유다.

4. 무엇을 근심하는가?

司馬牛問君子한대 子曰 君子는 不憂不懼니라 曰 不憂不懼면 斯謂之君子矣
사 마 우 문 군 자　　　자 왈 군 자　　불 우 불 구　　　왈 불 우 불 구　　사 위 지 군 자 의
乎잇가 子曰 內省不疚어니 夫何憂何懼리오
호　　　자 왈 내 성 불 구　　부 하 우 하 구

국역　사마우가 군자에 대해 물었다. 공자께서 말씀하셨다. "군자는
근심하지 않고 두려워하지 않는다." "근심하지 않고 두려워하지 않으면
곧 군자라고 할 수 있습니까?" 공자께서 말씀하셨다. "안으로 성찰하여
허물이 없으니, 무엇을 근심하고 무엇을 두려워하겠는가?"

글자풀이　內省 내면을 살피다. 안으로 반성하다. 疚 병들다. 하자. 허물. 부끄러
움. 何 어찌. 무엇.

강　군자는 넉넉하고 여유로운 존재다. 전전긍긍하며 걱정하거나
두려워하지 않는다. 자신을 돌이켜 성찰하고 반성하여 잘못됨이 없으니
근심도 두려워할 일도 없는 것이다.

5. 온 세상이 모두 형제다

司馬牛憂曰 人皆有兄弟어늘 我獨亡로다 子夏曰 商은 聞之矣로니 死生有
사마우우왈 인개유형제   아독무   자하왈 상 문지의   사생유

命이요 富貴在天이라호라 君子敬而無失하며 與人恭而有禮면 四海之內가 皆
명   부귀재천   군자경이무실   여인공이유례   사해지내 개

兄弟也니 君子何患乎無兄弟也리오
형제야   군자하환호무형제야

국역 사마우가 걱정하며 말했다. "남들은 모두 형제가 있는데, 저만 홀로 없습니다." 자하가 말했다. "내가 들으니 '죽고 사는 것은 명에 달려 있고, 부유하고 귀함은 하늘에 달려 있다'고 합니다. 군자가 경건한 마음을 유지해 도를 잃음이 없고, 남과 더불어 공손하고 예가 있으면 사해 안이 모두 형제이니, 군자가 어찌 형제 없음을 근심하십니까?"

글자풀이 命 태어날 때 하늘로부터 받은 것. 태어나고 죽음. 敬 경건하다. 진실함과 진정성으로 자신의 역할에 최선을 다하다. 無失 도를 잃지 않음. 四海 온 천하.

강講 근심해서 될 일이 있고 안 될 일이 있다. 다만 사람이 해야 할 일에 최선을 다해야 한다. 경건함으로 도를 지키고 공손하면서 예를 실천한다면 모든 사람과 하나 되니, 온 천하가 모두 형제다.

6. 현명하다는 것

子張이 問明한대 子曰 浸潤之譖과 膚受之愬가 不行焉이면 可謂明也已矣니라
자장 문명 자왈 침윤지참 부수지소 불행언 가위명야이의

浸潤之譖과 膚受之愬이 不行焉이면 可謂遠也已矣니라
침윤지참 부수지소 불행언 가위원야이의

국역 자장이 현명함에 대해 물었다. 공자께서 말씀하셨다. "물이 스며들 듯이 서서히 젖어들게 하는 참소와 피부로 느껴지는 하소연이 행해지지 않는다면 현명하다고 할 수 있다. 서서히 젖어들게 하는 참소와 피부로 느껴지는 하소연이 행해지지 않는다면 (안목이) 뛰어나다고 이를 만하다."

글자풀이 明 현명하다. 밝다. 浸潤 빗물이 벽에 스며들 듯이 서서히 젖어드는 것. 譖 참소. 헐뜯다. 무고하다. 膚受 피부로 느껴지는 바의 이해利害가 깊이 스며드는 것. 愬 하소연. 절박한 호소. 헐뜯다. 소訴와 통한다. 遠 멀다. 밝음이 지극하다.

강講 물이 스며들 듯 은근히 젖어드는 말이나, 절박한 하소연에도 휘둘리지 않고 거짓과 진실을 가리고, 욕심과 본심을 제대로 가려내 명징하게 파악할 때 현명하다고 할 수 있다.

7. 정치의 세 요소

子貢이 問政한대 子曰 足食足兵民信之矣리라 子貢曰 必不得已而去인댄 於斯三
者에 何先이리잇고 曰 去兵이니라 子貢曰 必不得已而去인댄 於斯二者에 何先
이리잇고 曰 去食이니 自古皆有死어니와 民無信이면 不立이니라

국역 자공이 정치에 대해 물었다. 공자께서 말씀하셨다. "식량이 풍
족하고, 병력이 든든하며, 백성들이 신뢰하는 것이다." 자공이 물었다.
"반드시 부득이해서 버려야 한다면 이 셋 중에 무엇을 먼저 버려야 합니
까?" "병력을 버려야 한다." 자공이 물었다. "반드시 부득이해서 버려야
한다면 이 둘 중에 무엇을 먼저 버려야 합니까?" "식량을 버려야 하니,
예로부터 누구나 죽지만 백성들의 신뢰가 없으면 설 수가 없다."

강講 식량과 병력, 백성들의 신뢰. 이 세 가지는 정치의 기본요소로
정치를 판단하는 시금석이다. 하지만 마지막까지 잃어서 안 되는 것은
백성들의 신뢰다. 백성의 신뢰가 없으면 병력과 식량이 충분해도 그 나
라는 무너진다. 하지만 신뢰가 바탕이 되면 백성은 국가와 통치자를 위
해 목숨을 걸 것이다. 신뢰가 나라를 존립시키고 통치자의 자리를 확립
시키는 힘이다.

8. 꾸밈도 중요하다

棘子成曰 君子는 質而已矣니 何以文爲리오 子貢曰 惜乎라 夫子之說이 君子
극 자 성 왈 군 자   질 이 이 의   하 이 문 위   자 공 왈 석 호   부 자 지 설   군 자

也나 駟不及舌이로다 文猶質也며 質猶文也니 虎豹之鞹이 猶犬羊之鞹이니라
야   사 불 급 설   문 유 질 야   질 유 문 야   호 표 지 곽   유 견 양 지 곽

국역 극자성이 말했다. "군자는 바탕이 질박하면 될 뿐이니, 꾸밈을
어디에 쓰겠소?" 자공이 말했다. "애석하구려! 선생의 말이 군자답지만
네 마리 말이 끄는 수레도 (선생의) 혓바닥을 따라잡지는 못하겠구려.
꾸밈이 바탕과 같으며, 바탕이 꾸밈과 같으니, 범과 표범의 털 없는 가죽
은 개와 양의 털 없는 가죽과 같습니다."

글자풀이 棘子成 위나라 대부. 駟 4마리의 말이 끄는 수레. 不及 따라잡지 못한
다. 따를 수 없다. 虎豹 범과 표범. 鞹 털 없는 가죽.

강講 호랑이와 표범 가죽이 귀하고 비싼 것은 무늬 때문이다. 무늬가
없다면 개와 양의 가죽과 다를 것이 없다. 본질의 질박함만을 따지자면
군자나 소인이나 그리 차이나지 않는다. 질박한 내면이 은은하고 우아하
게 드러나 무늬를 이룰 때 진정한 군자인 것이다.

9. 백성과 임금은 하나다

哀公이 問於有若曰 年饑用不足하니 如之何오 有若이 對曰 盍徹乎시니잇고
애공　문어유약왈　년기용부족　　여지하　유약　대왈 합철호

曰 二도 吾猶不足이어니 如之何其徹也리오 對曰 百姓이 足이면 君孰與不足
왈 이　오유부족　　여지하기철야　　대왈 백성　족　　군숙여부족

이며 百姓이 不足이면 君孰與足이리잇고
　　 백성　부족　　군숙여족

국역　애공이 유약에게 물었다. "올해 흉년이 들어 재용이 부족하니
어찌해야 하겠소?" 유약이 대답했다. "어찌 (10분의 1인) 철법을 쓰지
않으십니까?" 애공이 말했다. "10분의 2도 나는 오히려 부족한데, 어찌
철법을 시행하겠소?" 유약이 대답했다. "백성이 풍족하면 임금이 누구
와 더불어 부족하겠으며, 백성이 부족하면 임금이 누구와 더불어 풍족하
겠습니까?"

글자풀이　年 이 해. 올해. 饑 흉년. 기근. 가뭄. 用 국가의 재용財用. 盍 어찌 아니.
하불何不. 徹 주나라의 세금인 철법으로 10분의 1의 세금제도.

강講　흉년이 들었는데, 애공은 재정 부족을 걱정할 뿐 백성은 안중에
도 없다. 유약은 철법을 제시하면서 백성이 풍족해야 임금이 풍족하며,
백성이 부족하면 임금 또한 부족하다고 말한다. 흉년엔 백성의 삶부터
걱정하는 것이 통치자의 도리다.

10. 덕을 높이고 미혹됨을 분별하는 방법

子張이 問崇德辨惑한대 子曰 主忠信하며 徙義 崇德也니라 愛之란 欲其生하고
자 장   문 숭 덕 변 혹   자 왈 주 충 신   사 의 숭 덕 야   애 지   욕 기 생

惡之란 欲其死하나니 旣欲其生이요 又欲其死이 是惑也니라 誠不以富요 亦祇
오 지   욕 기 사   기 욕 기 생   우 욕 기 사   시 혹 야   성 불 이 부   역 지

以異니라
이 이

국역　자장이 덕을 높이고 미혹됨을 분별하는 것에 대해 물었다. 공자
께서 말씀하셨다. "충忠과 신信을 위주로 하고, 의義로 옮겨가는 것이 덕
을 높이는 것이다. 사랑하면 살기를 바라고 미워하면 죽기를 바라니, 이
미 그가 살기를 바랐는데 또 그가 죽기를 바라는 것, 이것이 미혹된 것이
다. 진실로 부유하게도 하지 못하고, 또한 다만 이상함만 취할 뿐이다."

글자풀이　崇 높이다. 辨 분별하다. 徙 옮기다. 실천하다. 따르다. 祇 다만. 異 이상
하다.

강講　본마음이 곧게 발현되는 덕은, 진실과 신실함을 중시하고 의를
실천할 때 높이게 된다. 또 자신의 감정에 휘둘리지 않아야 미혹됨을 분
별할 수 있다. 뒷부분의 문장은 『시경』「소아小雅·아행기야我行其野」의 내
용으로, 정자程子는 「계씨」편 12장 앞에 가야 한다고 보았다.

11. 이름답게

齊景公이 問政於孔子한대 孔子對曰 君君臣臣父父子子니이다 公曰 善哉라
제경공　문정어공자　　공자대왈 군군신신부부자자　　공왈 선재

信如君不君하며 臣不臣하며 父不父하며 子不子면 雖有粟이나 吾得而食諸아
신여군불군　신불신　부불부　자부자　수유속　오득이식저

국역 제나라 경공이 공자께 정사에 대해 물었다. 공자께서 말씀하셨
다. "임금은 임금답고, 신하는 신하다우며, 아버지는 아버지답고, 자식은
자식다운 것입니다." 제경공이 말했다. "좋소이다! 진실로 만일 임금이
임금답지 못하고, 신하가 신하답지 못하며, 아버지가 아버지답지 못하
고, 자식이 자식답지 못하다면, 비록 곡식이 있다 한들 내가 먹을 수 있
겠습니까?"

글자풀이 齊景公 제나라의 군주. 이름은 저구杵臼. 영공의 아들로, 장공이 시해당
한 후 왕으로 옹립되었다. 기원전 547년에서 기원전 490년까지 재위했다. 信 진실로.
참으로. 諸 지호之乎의 뜻.

강講 공자의 정치사상인 '정명正名'이다. 공자는 모든 이름이 제 역할
을 바르게 해 명名과 실實이 맞는 것을 정치라고 보았다. 모두가 제 이름
다울 때 공정하고 조화로운 세상이 될 수 있다.

12. 자로의 강직함

子曰 片言에 可以折獄者는 其由也與인저 子路는 無宿諾이러라
자왈 편언　　가이절옥자　　기유야여　　　자로　　무숙낙

국역　공자께서 말씀하셨다. "한쪽의 말만 듣고도 옥사獄事를 결단할
수 있는 자는 유由일 것이다. 자로는 승낙한 것을 묵혀두는 일이 없다."

글자풀이　片言 한쪽 사람의 말. 한마디 말. 반언半言. 折 결정하다. 결단하다. 송사
를 판결하다. 獄 옥사. 재판. 宿 묵히다. 묵다. 머물 유留와 같다. 諾 승낙하다.

강講　원고와 피고의 견해가 상반된 송사는 양쪽 말을 다 듣고 판단해
야 한다. 한쪽 말만으로도 잘잘못을 가리고 판단할 수 있는 것은 진실하
고 욕심 없으며 강직할 때 가능하다. 자로가 그랬다.

13. 송사 없는 세상

子曰 聽訟이 吾猶人也나 必也使無訟乎인저
자왈 청송　　오유인야　　필야사무송호

국역　공자께서 말씀하셨다. "송사를 듣고 판결하는 것은 나도 남과
같겠지만, 반드시 송사가 없도록 하겠다."

글자풀이　聽訟 송사를 듣고 판결하다. 無訟 송사에까지 이르지 않도록 함.

강講   송사란 쌍방 간의 옳고 그름을 법정에서 다투는 일로 이기든 지든 상처와 원망을 남긴다. 서로를 신뢰하고 이해한다면 송사는 일어나지 않을 것이다. 신뢰하여 말로 해결되는 세상, 공자가 이루고자 한 세상이다.

14. 자장이 정치를 묻다

子張이 **問政**한대 **子曰 居之無倦**하며 **行之以忠**이니라
자 장   문 정   자 왈 거 지 무 권   행 지 이 충

국역   자장이 정치에 대해 물었다. 공자께서 말씀하셨다. "거처할 때는 게으름이 없어야 하고, (정사를) 행할 때는 진실한 마음으로 해야 한다."

글자풀이   居 집에 거처하는 것. 倦 게으르다. 行 일이 나타난 것. 실천함. 忠 진실함. 진정성 있는 행동.

강講   정치는 모든 구성원을 바르게 하는 것으로, 무엇보다 사랑하는 마음이 있어야 한다. 사랑하면 집에 거처할 때도 게으를 수 없고, 진실된 마음으로 행하게 된다. 이 마음이 정치에까지 미쳐야 한다.

15. 글을 널리 배우다

子曰 博學於文이요 約之以禮면 亦可以弗畔矣夫인저
자 왈 박 학 어 문   약 지 이 례   역 가 이 불 반 의 부

국역 공자께서 말씀하셨다. "글을 널리 배우고 예로써 요약하면 또한 어긋남이 없을 것이다."

글자풀이 博學 널리 배우다. 約 요약하다. 단속하다. 畔 어긋나다. 위배되다. 矣 夫 '~하리라'의 뜻을 나타내는 어조사.

강講 「옹야」편 25장에 나왔다.

16. 군자와 소인의 마음씀씀이

子曰 君子는 成人之美하고 不成人之惡하나니 小人은 反是니라
자 왈 군 자   성 인 지 미   불 성 인 지 악   소 인   반 시

국역 공자께서 말씀하셨다. "군자는 남의 아름다운 점을 이루도록 하고, 남의 나쁜 점을 이루지 않도록 하지만, 소인은 이와 반대다."

글자풀이 成 이루다. 완성하다. 이끌어주다. 反 반대.

강講 군자는 상대방이 잘하거나 잘되는 것을 진심으로 기뻐하고 더

잘할 수 있도록 도와주지만 소인은 이와 반대로 생각하고 행동한다.

17. 정치란 바르게 하는 것

季康子 問政於孔子한대 **孔子對曰 政者**는 **正也**니 **子帥以正**이면 **孰敢不正**이리오
계 강 자 문 정 어 공 자   공 자 대 왈 정 자   정 야   자 솔 이 정   숙 감 부 정

국역　　계강자가 공자에게 정치에 대해 물었다. 공자께서 말씀하셨다.
"정치란 바르게 하는 것이니, 그대가 바름으로써 이끈다면 누가 감히 바
르지 않겠습니까?"

글자풀이　　正 바로잡다. 올바르다. 帥 솔선하다.

강講　　바르지 못한 사람이 조직을 바르게 할 수는 없다. 우선 말이 먹
히지 않는다. 정치 또한 그렇다. 통치자가 먼저 자신을 바르게 하고, 바
른 도리로 이끌어야 한다. 그럴 때 모두가 바른 세상이 된다.

18. 그대의 탐욕을 다스려라

季康子患盜하여 **問於孔子**한대 **孔子對曰 苟子之不欲**이면 **雖賞之**라도 **不竊**하리라
계 강 자 환 도   문 어 공 자   공 자 대 왈 구 자 지 불 욕   수 상 지   부 절

계강자가 도둑을 걱정하여 공자께 물었다. 공자께서 말씀하셨다. "진실로 그대가 탐욕스럽지 않다면 비록 상을 준다고 해도 도둑질하지 않을 것입니다."

苟 진실로. 欲 탐욕. 욕심. 竊 훔치다. 도둑질.

공자는 도둑의 원인을 계강자의 탐욕으로 보았다. 그는 임금을 허수아비로 만들었고 정권을 훔쳤으며 과도한 세금을 부과했다. 백성들이 도둑질할 수밖에 없었다. 탐욕을 다스리는 것, 정치의 첫걸음이다.

19. 군자의 덕, 소인의 덕

季康子問政於孔子曰 如殺無道하여 以就有道인댄 何如하니잇고 孔子對曰 子
계 강 자 문 정 어 공 자 왈   여 살 무 도   이 취 유 도   하 여   공 자 대 왈 자

爲政에 焉用殺이리오 子欲善이면 而民善矣리니 君子之德은 風이요 小人之德
위 정   언 용 살   자 욕 선   이 민 선 의   군 자 지 덕   풍   소 인 지 덕

은 草라 草上之風이면 必偃하나니라
초   초 상 지 풍   필 언

계강자가 공자께 정치를 물었다. "만일 무도한 자를 죽여서 도 있는 데로 나아가게 한다면 어떻겠습니까?" 공자께서 말씀하셨다. "그대가 정치를 하면서 어찌 사람 죽이는 방법을 쓰려고 하시오? 그대가 선하고자 하면 백성들이 선해질 것입니다. 군자의 덕은 바람이요 소인의 덕은 풀이니, 풀 위에 바람이 불면 반드시 눕습니다."

偃 쓰러지다. 눕다. 수그러들다. 복종하다.

강講   윗사람은 백성의 거울이다. 그가 하는 대로 백성들은 행한다. 질서 있는 세상을 원한다면 윗사람이 먼저 질서 있는 모습을 보여야 한다. 윗사람이 바를 때 백성들 역시 바르게 된다. 바람이 풀을 눕히는 것처럼.

20. 통달과 소문

子張이 問 士何如라야 斯可謂之達矣니잇고 子曰 何哉오 爾所謂達者여 子張이
자 장   문 사 하 여   사 가 위 지 달 의   자 왈 하 재   이 소 위 달 자   자 장

對曰 在邦必聞하며 在家必聞이니이다 子曰 是는 聞也라 非達也니라 夫達也者는
대 왈 재 방 필 문   재 가 필 문   자 왈 시   문 야   비 달 야   부 달 야 자

質直而好義하며 察言而觀色하여 慮以下人하나니 在邦必達하며 在家必達이니라
질 직 이 호 의   찰 언 이 관 색   려 이 하 인   재 방 필 달   재 가 필 달

夫聞也者는 色取仁而行違요 居之不疑하나니 在邦必聞하며 在家必聞이니라
부 문 야 자   색 취 인 이 행 위   거 지 불 의   재 방 필 문   재 가 필 문

국역   자장이 물었다. "선비가 어떻게 하면 통달한 사람이라고 할 수 있습니까?" 공자께서 말씀하셨다. "무엇이냐? 네가 말하는 통달이라는 것이." 자장이 대답했다. "나라에 있어서도 반드시 소문이 나며, 가家에 있어서도 반드시 소문이 나는 것입니다." 공자께서 말씀하셨다. "이것은 소문이 나는 것이지 통달한 것이 아니다. 통달하다는 것은 (본바탕이) 질박하고 곧으며 의를 좋아하고, 남의 말을 잘 살피고 표정을 잘 관찰해 (남의 마음을) 헤아려 자신을 낮추는 것이다. (이렇게 하면) 나라에 있어서도 반드시 통달하고, 가에 있어서도 반드시 통달하게 된다. 소문이라

는 것은 얼굴빛은 인을 취하지만 행위는 인에 어긋나며, (그렇게) 자처
하면서도 의심하지 않으니, 나라에서 있어도 반드시 소문이 나며, 가에
있어도 반드시 소문이 난다."

글자풀이   達 통달하다. 꿰뚫다. 聞 소문이 나다. 명예를 구하다. 質直 질박하고
곧다. 정직. 察言 남을 말을 잘 살핌. 觀色 남의 표정을 잘 살핌. 慮 헤아리다. 생각하
다. 사려 깊다. 居 자처하다.

강講   통달은 인자가 덕을 행하는 것으로, 순수하고 곧으며 말과 행동
이 일치한다. 소문은 모습은 인하지만 행동은 그렇지 않으니, 자기와 세
상을 속인다. 통달이 순수한 행동인 반면, 소문은 포장을 잘하기 때문에
명성과 부를 얻는다. 선비는 통달한 사람이지 소문을 목적으로 하는 사
람이 아니다.

21. 번지의 질문

樊遲從遊於舞雩之下러니 曰 敢問崇德修慝辨惑하노이다 子曰 善哉라 問이여
번지종유어무우지하   왈 감문숭덕수특변혹   자왈 선재 문
先事後得이 非崇德與아 攻其惡이요 無攻人之惡이 非修慝與아 一朝之忿으로
선사후득 비숭덕여 공기악   무공인지악 비수특여   일조지분
忘其身하여 以及其親이 非惑與아
망기신   이급기친   비혹여

국역   번지가 공자를 따라서 무우 아래에서 노닐면서 물었다. "감히
덕을 높이고, 사특한 마음을 닦으며, 미혹됨을 분별하는 것에 대해 묻겠

습니다." 공자께서 말씀하셨다. "좋구나! 질문이! 일을 먼저 하고 얻는 것을 뒤에 하는 것이 덕을 높이는 것이 아니겠는가? 자신의 나쁜 점을 다스리고 남의 나쁜 점을 탓하지 않는 것이 사특한 마음을 닦는 것이 아니겠는가? 하루아침의 분노로 자신을 잃고, 그 화가 부모에게까지 미치게 하는 것이 미혹됨이 아니겠는가?"

舞雩 기우제를 지내는 장소. 修 다스려 제거함. 慝 사특하다. 간사하다. 악이 마음에 숨어 있다. 辨 분별함. 변별함. 攻 다스리다. 거세하다.

강講 번지가 질문한 세 가지는 인자의 특징이다. 덕을 높이고, 마음을 닦으며, 분노를 조절하는 것이 그것이다. 이를 위해 인자는 늘 자신을 닦아 깨끗이 한다. 덕의 사람, 사특함이 없는 사람, 미혹됨을 분별하는 사람은 수신이 될 때 가능한 일이다.

22. 번지, 인과 지를 묻다

樊遲問仁한대 子曰 愛人이니라 問知한대 子曰 知人이니라 樊遲未達이어늘 子
번 지 문 인   자 왈 애 인   문 지   자 왈 지 인   번 지 미 달   자

曰 擧直錯諸枉이면 能使枉者直이니라 樊遲退하여 見子夏曰 鄕也에 吾見於夫
왈 거 직 조 저 왕   능 사 왕 자 직   번 지 퇴   견 자 하 왈 향 야   오 견 어 부

子而問知호니 子曰 擧直錯諸枉이면 能使枉者直이라하시니 何謂也요 子夏曰 富
자 이 문 지   자 왈 거 직 조 저 왕   능 사 왕 자 직   하 위 야   자 하 왈 부

哉라 言乎여 舜有天下에 選於衆하사 擧皐陶하시니 不仁者遠矣요 湯有天下에
재   언 호   순 유 천 하   선 어 중   거 고 요   불 인 자 원 의   탕 유 천 하

選於衆하사 擧伊尹하시니 不仁者遠矣니라
선 어 중   기 이 윤   불 인 자 원 의

국역   번지가 인에 대해 물었다. 공자께서 말씀하셨다. "사람을 사랑하는 것이다." 지에 대해 물었다. 공자께서 말씀하셨다. "사람을 알아보는 것이다." 번지가 이해하지 못했다. 공자께서 말씀하셨다. "곧은 사람을 등용해 굽은 사람 위에 두면 굽은 사람으로 하여금 곧아지게 할 수 있다." 번지가 물러나서 자하를 만나 말했다. "지난번에 내가 선생님을 뵙고 지에 대해 물었더니, 선생님께서 말씀하시기를 '곧은 사람을 등용해 굽은 사람 위에 두면 굽은 자로 하여금 곧아지게 할 수 있다'라고 하셨으니 무엇을 말한 것이오?" 자하가 말했다. "넉넉하구나, 말씀이여! 순임금이 천하를 소유하실 때 여러 사람 중에서 선택하여 고요를 등용하시니 불인한 자들이 멀어졌고, 탕임금이 천하를 소유하실 때 여러 사람 중에서 선택하여 이윤을 등용하시니 불인한 자들이 멀어졌습니다."

글자풀이   知 알아보다. 지智와 같다. 擧 등용하다. 올리다. 錯 올려놓다. 버리다. 枉 굽은 사람. 왜곡된 사람. 鄕 향向과 같다. 지난번에. 見 뵙다. 富哉 감탄사.

강講   바른 사람을 알아보는 지혜가 '지'이고, 그른 사람을 바르게 하는 것이 '인'이다. 사람을 알아볼 때[지인知人] 제대로 등용할 수 있고[용인用人], 그를 통해 세상이 다스려져[치세治世] 모두가 바르게[애인愛人]될 뿐 아니라 사람을 얻게[득인得人] 된다. 이것이 '지'하고 '인'한 것이다.

23. 벗과 사귀는 도리

子貢이 問友한대 子曰 忠告而善道之호되 不可則止하여 無自辱焉이니라
자공　문우　　자왈 충곡이선도지　　불가즉지하여　　무자욕언

국역 자공이 벗에 대해 물었다. 공자께서 말씀하셨다. "진심으로 말해 주고 잘 인도하되, 안 되면 그만두어서 스스로 욕되게 하지 말아야 한다."

강講 벗은 추구하는 방향과 생각이 같을 때 의리와 신뢰로 맺어진다. 진심어린 조언과 인도가 필요하지만, 계속되는 충고는 신뢰를 깨뜨리고 의를 상하게 한다. 그만두어서 욕되지 않도록 해야 한다.

24. 군자의 사귐

曾子曰 君子는 **以文會友**하고 **以友輔仁**이니라
증 자 왈 군 자　　이 문 회 우　　이 우 보 인

국역 증자가 말했다. "군자는 학문으로써 벗을 모으고, 벗으로써 인을 돕는다."

글자풀이 會 모으다. 사귀다. 輔 돕다.

강講 벗을 사귀는 방법은 다양하다. 하지만 군자는 학문을 통해 벗을 사귀고 생각을 나누며, 벗을 통해 인을 행하고 서로의 인을 돕는다. 모두가 인해지도록 하는 것, 군자의 사귐이다.

제13편

자로

子路

군자와 리더십

자로편은 정치와 명칭, 그리고 군자에 관한 내용이
많다. 다수의 제자들이 현실정치에 자리를 잡고 정치
에 대해 질문하는 모습을 볼 수 있는데, 공자의 정치
에 대한 구체적인 견해를 들을 수 있으며, 유학의 리
더와 리더십에 대한 구체적인 내용을 살펴볼 수 있
다. 모두 30장이다.

1. 자로, 정치를 묻다

子路問政한대 子曰 先之勞之니라 請益한대 曰 無倦이니라
자 로 문 정　　자 왈 선 지 노 지　　청 익　　왈 무 권

국역　자로가 정치에 대해 물었다. 공자께서 말씀하셨다. "솔선수범하고 부지런히 해야 한다." 더 말씀해주실 것을 청하자 말씀하셨다. "게으르지 말아야 한다."

글자풀이　先 솔선하다. 勞 부지런하게 하다. 益 加와 같음. 첨가.

강講　지도자의 솔선은 백성들의 마음과 신뢰를 얻는 힘이다. 즉 신뢰는 지도자의 솔선과 실천이라는 '몸의 언어'에 따라오는 선물이며, 백성들을 부지런하게 만드는 도구다. 게으름 없이 끝까지 최선을 다할 때 정치는 이루어진다.

2. 중궁, 정치를 묻다

仲弓이 爲季氏宰하여 問政한대 子曰 先有司요 赦小過하며 擧賢才니라 曰 焉
중궁 위계씨재 문정 자왈 선유사 사소과 거현재 왈 언

知賢才而擧之리잇고 曰 擧爾所知면 爾所不知를 人其舍諸아
지현재이거지 왈 거이소지 이소부지 인기사저

국역　중궁이 계씨의 가신이 되어 정치에 대해 물었다. 공자께서 말씀하셨다. "먼저 실무자에게 맡기고, 작은 허물은 용서하며, 어진 이와 재능있는 인재를 등용해야 한다." "어떻게 어진 이와 재능 있는 인재를 알아서 등용합니까?" "네가 아는 인재를 등용하면 네가 미처 모르는 인재들을 남들이 내버려두겠느냐?"

글자풀이　先 우선. 有司 실무 담당자. 赦 용서하다. 小過 하찮은 허물. 작은 과실. 賢 덕이 있는 사람. 才 재능이 있는 사람. 焉 어떻게. 의문사.

강講　정치는 혼자 하는 것이 아니다. 실무자가 자신의 업무를 책임질 때 시스템이 돌아간다. 또 작은 허물은 용서해야 책임 있게 일을 한다. 마지막으로 인재를 등용해야 한다. 이 세 가지가 정치를 가능하게 하는 힘이다.

3. 이름을 바로잡겠다

子路曰 衛君이 待子而爲政하시나니 子將奚先이시리잇고 子曰 必也正名乎인
자로왈 위군　대자이위정　　　자장해선　　　자왈 필야정명호

저 子路曰 有是哉라 子之迂也여 奚其正이시리잇고 子曰 野哉라 由也여 君子
자로왈 유시재　자지우야　해기정　　　자왈 야재　유야　군자

於其所不知에 蓋闕如也니라 名不正이면 則言不順하고 言不順이면 則事不成
어기소부지　개궐여야　명부정　즉언불순　언불순　즉사불성

하고 事不成이면 則禮樂不興하고 禮樂不興이면 則刑罰不中하고 刑罰不中이면
사불성　즉예악불흥　예악불흥　즉형벌부중　형벌부중

則民無所措手足이니라 故로 君子名之인댄 必可言也며 言之인댄 必可行也니
즉민무소조수족　고　군자명지　필가언야　언지　필가행야

君子於其言에 無所苟而已矣니라
군자어기언　무소구이이의

국역　자로가 물었다. "위나라의 임금이 선생님을 모시고 정치를 한다
면, 선생님께서는 장차 무엇을 먼저 하시겠습니까?" 공자께서 말씀하셨
다. "반드시 이름을 바로잡을 것이다." 자로가 말했다. "이렇다니까요. 선
생님의 세상 물정 모르심이! 어떻게 그것을 바로잡을 수 있겠습니까?"
공자께서 말씀하셨다. "경솔하구나, 유야! 군자는 자신이 알지 못하는
것에 대해서는 빼놓는 법이다. 이름이 바르지 못하면 말이 (이치에 맞지
않아) 순조롭지 않으며, 말이 순조롭지 않으면 일이 이루어지지 않는다.
일이 이루어지지 않으면 예악이 일어나지 못하고, 예악이 일어나지 못하
면 형벌이 바르게 적용되지 못하며, 형벌이 바르게 적용되지 못하면 백
성들이 손과 발을 둘 곳이 없어 어찌해야 할지 모른다. 그러므로 군자가
이름을 바르게 하면 반드시 말을 할 수 있으며, 말을 하면 반드시 행할
수 있으니, 군자는 그 말에 대해 구차한 것이 없어야 한다."

글자풀이 衛君 위나라의 군주 첩輒. 正名 명칭을 바로잡다. 迂 물정이 어둡다. 野 경솔하다. 거칠다. 闕 빼다. 빼놓다. 措 놓다. 두다. 苟 구차하다.

강講 첫 단추를 잘못 꿰면 모든 것이 어긋나듯이 정치도 그렇다. 이름과 지위, 즉 명과 실이 걸맞을 때 명령이 순조롭게 진행되어 일이 이루어지고 정치가 행해진다. 즉 정치는 이름답게 하는 것으로, 구차하게 변명을 늘어놓거나 핑계를 대서는 안 된다.

4. 윗사람의 예·의·신

樊遲請學稼한대 子曰 吾不如老農호라 請學爲圃한대 曰 吾不如老圃호라 樊遲出
번지청학가　자왈 오불여노농　청학위포　왈 오불여노포　번지출

이어늘 子曰 小人哉라 樊須也여 上好禮면 則民莫敢不敬하고 上好義면 則民
자왈 소인재　번수야　상호례　즉민막감불경　상호의　즉민

莫敢不服하고 上好信이면 則民莫敢不用情이니 夫如是면 則四方之民이 襁負
막감불복　상호신　즉민막감불용정　부여시　즉사방지민　강부

其子而至矣리니 焉用稼리오
기자이지의　언용가

국역 번지가 농사짓는 법을 배우고자 청했다. 공자께서 말씀하셨다. "나는 늙은 농부만 못하다." 채소 가꾸는 일을 배우고자 청했다. 공자께서 말씀하셨다. "나는 늙은 원예사만 못하다." 번지가 밖으로 나가자 공자께서 말씀하셨다. "소인이로구나, 번수는! 윗사람이 예를 좋아하면 백성들이 감히 공경하지 않음이 없고, 윗사람이 의를 좋아하면 백성들이 감히 복종하지 않음이 없으며, 윗사람이 신실함을 좋아하면 백성들이 감히 마음을 쓰지 않음이 없다. 이와 같으면 사방의 백성들이 자식을 포대

기에 업고 이를 것이니, 농사짓는 법을 어디에 쓰겠는가?"

글자풀이　稼 오곡을 심다. 농사를 짓다. 老農 늙은 농부. 농사 전문가. 圃 채소를 가꾸다. 채소를 심다. 樊須 번지의 이름. 莫~不… ～하여 …하지 않음이 없다. 情 마음. 襁 포대기.

강講　세상을 바르게 하기 위해 공자 문하에 들어왔다면 군자의 일인 예와 의와 신을 배우고 익혀야 한다. 윗사람이 예와 의와 신을 백성에게 쓰면 백성들이 공경하고 복종하며 올바른 마음을 써서 농사에 매진한다. 본인이 농사를 지을 겨를이 없다.

5. 시를 외운다는 것

子曰 誦詩三百하되 授之以政에 不達하며 使於四方에 不能專對하면 雖多나
자왈 송시삼백　　　수지이정　　부달　　시어사방　　불능전대　　수다

亦奚以爲리오
역해이위

국역　공자께서 말씀하셨다. "『시경』 삼백 편을 외우더라도 정치를 맡겼을 때 제대로 해내지 못하고, 사방의 나라에 사신으로 가서 혼자서 대처하지 못한다면, 비록 많이 외운다 한들 어디에 쓰겠는가?"

글자풀이　誦 외우다. 授 맡기다. 達 제대로 해내다. 使 사신으로 가다. 음은 '시'다. 專對 혼자서 대처하다. 홀로 해결하다.

인간의 마음과 실정, 정서와 이치를 담고 있는 시는 정치의 언어이기도 하다. 이 때문에 시를 외워 현실에 적용하여 정치와 외교를 행하였다. 만일 외우기만 하고 현실에 적용하지 못한다면 그것은 자리 도둑과 같다. 아무짝에도 쓸모없다.

6. 자신이 바르면

子曰 其身正이면 不令而行하고 其身不正이면 雖令不從이니라
자 왈 기 신 정　　　불 령 이 행　　　기 신 부 정　　　수 령 부 종

공자께서 말씀하셨다. "자신이 바르면 명령하지 않아도 행해지고, 자신이 바르지 않으면 비록 명령한다 하더라도 따르지 않는다."

윗사람의 바름은 마음으로 따르게 해 명령을 명령되게 한다. 이 때문에 명령하지 않아도 명령할 것이 행해진다. 하지만 바르지 않다면 명령을 해도 따르지 않는다.

7. 도토리 키재기

子曰 魯衛之政이 兄弟也로다
자 왈 노 위 지 정　　형 제 야

공자께서 말씀하셨다. "노나라와 위나라의 정치는 형제로구나."

노나라는 주공周公에게 봉해졌고, 위나라는 주공의 동생인 강숙康叔에게 봉해진 희姬 성의 나라다. 출발부터 형제였는데, 지금은 혼란의 정도마저 닮았다.

8. 무욕을 행한 공자 형

子謂衛公子荊하사대 善居室이로다 始有에 曰 苟合矣라하고 少有에 曰 苟完矣
라하고 富有에 曰 苟美矣라하니라

국역 공자께서 위나라 공자인 형에 대해 평가하셨다. "그는 집에 거처하기를 잘했다. 처음 (살림을) 갖추었을 때는 '그런대로 모여졌다'라고 했고, 다소 갖추자 '그런대로 완비되었다.'라고 했으며, 부유하게 되자 '그런대로 아름답다'라고 했다."

글자풀이 公子荊 위나라 헌공의 아들로 자는 남초南楚. 지족知足의 도를 알았다. 苟 그런대로.

강講 위나라의 대부인 형은 절제와 만족을 알아 현실에 맞게 행한 사람이었다. 처음 살림을 갖췄을 때부터 부유하게 된 이후에도 외물外物에 휘둘리지 않았다. 공자가 그를 찬탄한 이유다.

9. 부유하게 하고 가르쳐야지

子適衛하실새 冉有僕이러니 子曰 庶矣哉라 冉有曰 旣庶矣어든 又何加焉이리
자 적 위   염유복   자왈 서 의 재   염유왈 기 서 의   우하가언

잇고 曰 富之니라 曰 旣富矣어든 又何加焉이리잇고 曰 敎之니라
     왈 부 지   왈 기 부 의   우 하 가 언   왈 교 지

국역 공자께서 위나라에 가실 때 염유가 수레를 몰았다. 공자께서 말
씀하셨다. "백성들이 많구나!" 염유가 말했다. "이미 많으면 또 무엇을
더해야 합니까?" "부유하게 해주어야 한다." "이미 부유해지면 또 무엇
을 더해야 합니까?" "가르쳐야지."

글자풀이 適 가다. 僕 마부. 수레를 몰다. 庶 여러. 많다.

강講 경제와 교육은 수레의 두 바퀴와 같다. 굶주리는 상황에서는 교
육이 먹히질 않고, 풍족한데도 교육이 없으면 짐승과 같아진다. 먼저 부
유하게 하고 그런 뒤 가르칠 것, 선부후교先富後敎는 위정자의 숙제다.

10. 나를 등용한다면

子曰 苟有用我者면 朞月而已라도 可也니 三年이면 有成이리라
자왈 구유용아자   기 월 이 이   가 야   삼 년   유 성

국역 공자께서 말씀하셨다. "진실로 나를 등용하는 자가 있다면 1년
만 하더라도 괜찮아질 것이고, 3년이면 이루어짐이 있을 것이다."

朞 만 1년. 돌. 朞月 같은 달이 돌아오는 기간.

1년은 세상이 바뀌기에는 짧은 기간이다. 하지만 신뢰가 있다면 어느 정도 바뀐다. 공자는 자신을 등용한다면 신뢰가 구축되어 1년이면 웬만큼 바꿀 수 있다고 생각했다. 그렇다면 3년 정도면 이루고자 하는 세상도 가능할 것이다.

11. 선인의 영향력

子曰 善人이 爲邦百年이면 亦可以勝殘去殺矣라하니 誠哉라 是言也여
자왈 선인 위방백년   역가이승잔거살의   성재   시언야

국역 공자께서 말씀하셨다. "'선한 사람이 나라 다스리기를 백 년 동안 하면 잔학한 사람을 교화시키고, 사형을 없앨 수 있다'라고 하니 참으로 옳도다, 이 말씀이여!"

글자풀이 爲 다스리다. 勝殘 잔학한 사람을 교화시킨다. 去殺 사형을 쓰지 않음. 사형을 쓰지 않을 만큼 백성들이 교화됨. 誠 참되다. 삼가다.

강講 선인의 다스림은 한 세대로는 부족하고, 세 세대인 백 년이라면 가능하다. 그동안 잔학한 사람은 다 죽고, 새로 태어나는 사람은 선인의 영향력으로 선해져서 사형을 쓰지 않아도 다스림이 이루어질 수 있다.

12. 세상을 바꾸는 시간

子曰 如有王者라도 **必世而後仁**이니라
자 왈 여 유 왕 자   필 세 이 후 인

국역　공자께서 말씀하셨다. "만일 (천명을 받은) 왕이 있다 하더라도 반드시 한 세대가 지난 뒤에야 (교화가 미쳐 백성들이) 인해질 것이다."

글자풀이　王者 왕도정치를 행하는 자. 천명을 받은 왕. 世 세대. 30년. 仁 교화가 미치다.

강講　왕도를 행한다 해서 바로 세상이 바뀌진 않는다. 통치자가 백성의 마음을 자기 마음으로 삼아 백성에게 스며드는 시간이 필요한데, 그것이 한 세대다. 그럴 때 풍속이 변하고 백성들은 스스로 인하게 된다.

13. 정치의 출발

子曰 苟正其身矣면 **於從政乎**에 **何有**며 **不能正其身**이면 **如正人何**오
자 왈 구 정 기 신 의   어 종 정 호   하 유   불 능 정 기 신   여 정 인 하

국역　공자께서 말씀하셨다. "진실로 자신을 바르게 한다면 정치에 종사함에 무슨 어려움이 있겠으며, 자신을 바르게 하지 못한다면 어떻게 남을 바르게 하겠는가?"

강講　정치란 모든 존재를 다 살리는 것으로 먼저 자신을 바르게 해야 한다. 그렇다면 정치에 종사하는 데 어려움이 없다. 위정爲政이 통치자의 일이라면 종정從政은 대부의 일이다.

14. 정사와 집안일

冉子退朝어늘 子曰 何晏也오 對曰 有政이러이다 子曰 其事也로다 如有政
염 자 퇴 조　　　자 왈 하 안 야　　대 왈 유 정　　　　자 왈 기 사 야　　　　여 유 정

인댄 雖不吾以나 吾其與聞之니라
　　 수 불 오 이　　오 기 여 문 지

국역　염자가 조정에서 퇴근했다. 공자께서 물으셨다. "어찌 늦었는가?" 염유가 대답했다. "정사가 있었습니다." 공자께서 말씀하셨다. "집안의 일이겠지. 만일 정사가 있었다면 비록 내가 등용되지는 못했으나 내가 참여해 들었을 것이다."

글자풀이　冉子 염유. 염자라고 한 것을 미루어 그의 제자가 쓴 문장인 듯하다. 朝 계씨의 조정. 晏 늦다. 事 집안의 일. 政과 상대되는 개념이다. 以 등용되다. 用과 같음. 與聞 참여해 듣다.

강講　정치의 시작은 공公과 사私의 구분이다. 당시 계씨의 가신인 염유가 정사 때문에 늦었다고 대답하자 공자는 계씨의 집안일임을 환기시킨다. 집안일을 정사라고 하는 것은 명분도 이름도 맞지 않는 분수에 넘치는 일이기 때문이다.

15. 한마디 말의 위력

定公이 問 一言而可以興邦이라하니 有諸잇가 孔子對曰 言不可以若是其幾
정공   문 일언이가이흥방   유저   공자대왈 언불가이약시기기

也어니와 人之言曰 爲君難하며 爲臣不易라하나니 如知爲君之難也인댄 不幾
야   인지언왈 위군난   위신불이   여지위군지난야   불기

乎一言而興邦乎잇가 曰 一言而喪邦이라하니 有諸잇가 孔子對曰 言不可以
호일언이흥방호   왈 일언이상방   유저   공자대왈 언불가이

若是其幾也어니와 人之言曰 予無樂乎爲君이요 唯其言而莫予違也라하나니
약시기기야   인지언왈 여무락호위군   유기언이막여위야

如其善而莫之違也인댄 不亦善乎잇가 如不善而莫之違也인댄 不幾乎一言
여기선이막지위야   불역선호   여불선이막지위야   불기호일언

而喪邦乎잇가
이상방호

국역 정공이 물었다. "한마디의 말로 나라를 일으킬 수 있다고 하니
그러한 것이 있습니까?" 공자께서 대답하셨다. "말이란 이와 같이 기약
할 수는 없지만, 사람들의 말에 '임금 노릇하기가 어려우며 신하 노릇하
기가 쉽지 않다'라고 하니, 만일 임금 노릇의 어려움을 안다면, 한마디의
말로 나라를 일으키는 것을 기약할 수 있지 않겠습니까?" 정공이 물었
다. "한마디의 말로 나라를 잃을 수 있다고 하니 그러한 것이 있습니까?"
공자께서 대답하셨다. "말이란 이와 같이 기약할 수는 없지만, 사람들의
말에 '나는 임금 노릇이 즐거운 것이 아니라, 다만 내가 말하면 어김이
없는 것이 즐겁다'라고 하니, 만일 임금의 말이 선한데 어기는 자가 없다
면 또한 좋지 않겠습니까? 만일 임금의 말이 불선한데도 어기는 자가 없
다면, 한마디의 말로 나라를 잃는 것을 기약할 수 있지 않겠습니까?"

興邦 나라를 흥하게 하다. 幾 기약하다. 기대하다. 喪邦 나라를 망하게 하다.

강講   말은 행동을 만든다. 경敬과 덕을 지니고 신중하게 말하고 행동하며 자리를 어렵게 여기면 나라가 흥하겠지만, 자신의 말만 따르는 것을 기뻐한다면 아첨하는 자만 이르게 돼 나라를 잃는 것은 시간문제다. 무엇을 좋아하느냐에 따라 결과가 달라진다. 한마디 말의 위력이다.

16. 정치의 기본

葉公이 **問政**한대 **子曰 近者說**하며 **遠者來**니라
섭 공   문 정   자 왈 근 자 열   원 자 래

국역   섭공이 정치에 대해 물었다. 공자께서 말씀하셨다. "가까운 자들은 기뻐하고, 멀리 있는 자들은 오도록 하는 것입니다."

글자풀이   葉公 초나라 대부. 說 기뻐하다.

강講   가까운 자들을 기쁘게 하면 능력 있고 덕 있는 모든 자들이 몰려와 자신의 능력을 발휘한다. 이것이 정치의 기본이다.

17. 빨리 하려고 하지 말라

子夏爲莒父宰하여 問政한대 子曰 無欲速하며 無見小利니 欲速則不達하고 見
자하위거보재　　문정　　자왈무욕속　　무견소리　욕속즉부달　　　견

小利則大事不成이니라
소리즉대사불성

국역　　자하가 거보의 읍재가 되어 정치에 대해 물었다. 공자께서 말씀
하셨다. "빨리 하려고 하지 말고, 작은 이익을 탐하지 말아야 하니, 빨리
하고자 하면 도달하지 못하고, 작은 이익을 탐하면 큰일을 이루지 못
한다."

글자풀이　　莒父 노나라 읍의 명칭. 현 산동성 거현莒縣. 速 서두르다. 見 보다. 탐하다.

강講　　정치는 정책 하나에도 복잡하고 다양한 이해가 걸려 있다. 시간
이 걸리더라도 백성의 소리에 귀 기울여 가장 좋은 방법을 찾아야 한다.
그럴 때 백성과 하나 될 수 있고 먼 미래를 기약할 수 있다. 그것이 정치
담당자가 해야 할 일이다.

18. 정직이란 무엇인가?

葉公이 語孔子曰 吾黨에 有直躬者하니 其父攘羊이어늘 而子證之하니이다 孔子
섭공　어공자왈오당　유직궁자　　기부양양　　　이자증지　　　　공자
曰 吾黨之直者는 異於是하니 父爲子隱하며 子爲父隱하니 直在其中矣니라
왈　오당지직자　이어시　　부위자은　　자위부은　　　직재기중의

섭공이 공자께 말했다. "우리 고을에 정직하게 행동하는 자가 있는데, 그의 아비가 양을 훔치자 아들이 그 일을 증언했습니다." 공자께서 말씀하셨다. "우리 고을의 정직한 자는 이와 다릅니다. 아버지는 자식을 위해 숨겨주며, 자식은 아버지를 위해 숨겨줍니다. 정직은 그 가운데 있는 것입니다."

글자풀이 黨 마을. 향당. 1당은 25호戶. 直躬 자신을 바르게 행한 사람. 이름으로 보기도 한다. 攘 훔치다. 가로채다. 證 증명하다. 증언하다.

강講 섭공이 법의 입장에서 직궁의 증언을 정직이라고 판단했다면, 공자는 본래 마음을 따르는 것을 정직으로 보았다. 이로써 본다면 아버지의 잘못을 숨기고자 하는 것이 자식의 마음이다. 정직이라는 이름으로 부모와 자식이 서로 고발한다면 사회를 이루는 기반과 신뢰가 무너진다. 공자가 서로 숨겨주는 것을 정직이라고 말한 이유다.

19. 공·경·충이 인이다

樊遲問仁한대 子曰 居處恭하며 執事敬하며 與人忠을 雖之夷狄이라도 不可棄
번 지 문 인   자 왈 거 처 공   집 사 경   여 인 충   수 지 이 적   불 가 기

也니라
야

국역 번지가 인에 대해 물었다. 공자께서 말씀하셨다. "집에 거처할 때는 공손하고, 일을 집행할 때는 경건함을 유지하며, 사람을 대할 때는 진심으로 해야 하니, 비록 오랑캐 나라에 가더라도 이를 버려서는 안 된다."

恭 공손하다. 예의바르다. 외모로 드러난 예의. 敬 속마음을 주장하기
에 일을 위주로 한다. 與人 남과 교제함. 인간관계. 棄 내버리다. 그만두다.

강講 공·경·충은 모든 관계에서 행해야 할 군자의 도리로, 남과 조화
를 이룬다. 이 때문에 비문명 세계인 오랑캐의 나라에 가서도 행해야 한
다. 그럴 때 버려지지 않는다. 이것이 인의 힘이다.

20. 선비란 무엇인가?

子貢이 問曰 何如라야 斯可謂之士矣잇고 子曰 行己有恥하며 使於四方하여
자공 문왈 하여   사가위지사의   자왈 행기유치   시어사방

不辱君命이면 可謂士矣니라 曰 敢問其次하노이다 曰 宗族이 稱孝焉하며 鄕
불욕군명   가위사의   왈 감문기차   왈 종족 칭효언   향

黨이 稱弟焉이니라 曰 敢問其次하노이다 曰 言必信하며 行必果 硜硜然小人
당 칭제언   왈 감문기차   왈 언필신   행필과 경경연소인

哉나 抑亦可以爲次矣니라 曰 今之從政者는 何如하니잇고 子曰 噫라 斗筲之
재 억역가이위차의   왈 금지종정자는 하여   자왈 희 두소지

人을 何足算也리오
인 하족산야

국역 자공이 물었다. "어떠해야 선비라 할 수 있습니까?" 공자께서
말씀하셨다. "몸가짐을 행함에 부끄러워함이 있으며, 사방의 나라에 사
신으로 가서 임금의 명을 욕되게 하지 않으면 선비라 할 수 있다." "감히
그다음을 묻겠습니다." "종족들이 효자라고 칭찬하고, 향당에서는 공손
하다고 칭찬하는 사람이다." "감히 그다음을 묻겠습니다." "말에는 반드
시 믿음이 있고, 행동에는 반드시 결과가 있게끔 하는 자는 융통성 없는
소인이지만, 그래도 그다음은 될 수 있다." "지금 정치에 종사하는 자들

은 어떻습니까?" 공자께서 말씀하셨다. "아! 비루하며 자질구레한 사람들을 어찌 따질 수 있겠는가?"

글자풀이　斯 곧. 士 선비. 行己 행동. 使 사신으로 나아가다. 음은 '시'. 果 반드시 실행하는 것. 硜硜然 단단한 모양. 융통성이 없다. 고루하다. 噫 감탄사. 탄식하는 소리. 마음이 편치 않을 때 내는 소리. 斗筲之人 한 말이나 한 말 두 되 정도 되는 기량이 좁고 비루하며 자질구레한 사람. 算 세다. 따지다. 계산하다.

강講　학문의 수준에 따라 다양한 단계의 선비가 있다. 수신의 사람, 치국의 사람, 효제의 사람이 그것이다. 융통성은 없지만 말과 행동에 신중하고 실천력이 있다면 소인일지라도 그런 대로 괜찮은데, 지금 정치인들은 그마저도 없으니 무슨 말을 하랴!

21. 광자와 견자

子曰 不得中行而與之인댄 必也狂狷乎인저 狂者는 進取요 狷者는 有所不
자왈 부득중행이여지　　필야광견호　　광자　진취　견자　유소불

爲也니라
위 야

국역　공자께서 말씀하셨다. "중도를 실천하는 사람을 얻어서 함께할 수 없다면 반드시 광자나 견자와 함께할 것이다. 광자는 진취적이고, 견자는 하지 않는 바가 있다."

글자풀이　中行 중도를 행하다. 중용을 행하다. 與 함께하다. 狂者 뜻이 큰 사람.

미친 듯 일에 몰두하는 사람. 狷者 지조와 절개를 지키는 사람. 고집이 센 사람. 고지식한 사람.

강講　중도를 행하는 사람과 함께 하고 싶지만 만나기 쉽지 않다. 그럴 바엔 차라리 광자나 견자가 낫다. 광자와 견자는 지나치거나 고집이 센 면이 있지만, 해야 할 일과 하지 말아야 할 일이 명확하다. 그 단점을 잘 마름질하면 중도에도 나아갈 수 있다.

22. 한결같은 마음

子曰 南人이 有言曰 人而無恒이면 不可以作巫醫라하니 善夫라 不恒其德이면
자 왈 남 인　유 언 왈　인 이 무 항　　불 가 이 작 무 의　　　선 부　　불 항 기 덕
或承之羞라하니 子曰 不占而已矣니라
혹 승 지 수　　　자 왈 부 점 이 이 의

국역　공자께서 말씀하셨다. "남쪽 나라 사람들의 말에 '사람이 한결같은 마음이 없으면 무당이나 의사도 될 수 없다'라고 하니, 좋은 말이구나. '그 덕이 한결같지 않으면 혹 부끄러움을 당한다'라고 했다." 공자께서 말씀하셨다. "점을 치지 않았을 뿐이다."

글자풀이　恒 한결같음. 떳떳함. 항상 되고 오래 함. 承 받들다. 계승하다. 羞 부끄럽다.

강講　의사가 몸의 건강을 위해 질병을 치료한다면, 귀신을 섬기는 무당은 마음의 병과 미래의 걱정을 달래준다. 생명과 귀신, 마음을 다룬다

는 점에서 한결같고 떳떳한 마음이 요구된다. 이것은 괘를 뽑지 않아도 알 수 있다.

23. 화와 동

子曰 君子는 和而不同하고 小人은 同而不和니라
자왈 군자 화이부동 소인 동이불화

국역 공자께서 말씀하셨다. "군자는 남과 조화를 이루지만 같아지지 않고, 소인은 같아지려고 하지만 화합하거나 조화를 이루지 못한다."

강講 다양한 소리에 귀를 열고 소통하며 공감하는 군자와 달리 소인은 경쟁에 몰두하며 이익과 형세에 따라 휩쓸리고 갈등을 유발한다. 이 때문에 군자는 다름과도 조화를 이루지만, 소인은 같은 부류끼리만 어울리면서 다르면 배척한다.

24. 모두 좋아하는 사람

子貢問曰 鄕人皆好之면 何如하니잇고 子曰 未可也니라 鄕人皆惡之면 何如
자공문왈 향인개호지 하여 자왈 미가야 향인개오지 하여
하니잇고 子曰 未可也니라 不如鄕人之善者好之요 其不善者惡之니라
자왈 미가야 불여향인지선자호지 기불선자오지

국역 자공이 물었다. "마을 사람들이 모두 좋아한다면 어떻겠습니

까?" 공자께서 말씀하셨다. "옳다고 할 수 없다." 자공이 물었다. "마을 사람들이 모두 미워하면 어떻겠습니까?" 공자께서 말씀하셨다. "옳다고 할 수 없다. 마을 사람 가운데 선한 자들이 그를 좋아하고, 불선한 자들이 그를 미워하는 것만은 못하다."

글자풀이 鄕人 지방 사람들. 마을 사람들. 何如 어떤. ～어떠한가? 不如 ～만 못하다.

강講 한 집단의 사람이 모두 좋아하는 경우는 없다. 사람이든 일이든 선한 사람이 좋아하고 불선한 사람이 미워한다면 선하고 옳을 것이다. 통찰력과 판단을 지녀서 무리에 휩쓸리지 않도록 해야 한다.

25. 군자와 소인 섬기기

子曰 君子는 易事而難說也니 說之不以道면 不說也요 及其使人也하여는 器
자왈 군자   이사이난열야   열지불이도   불열야   급기사인야   기

之니라 小人은 難事而易說也니 說之雖不以道라도 說也요 及其使人也하여
지   소인   난사이이열야   열지수불이도   열야   급기사인야

는 求備焉이니라
구 비 언

국역 공자께서 말씀하셨다. "군자는 섬기기는 쉬워도 기쁘게 하기는 어렵다. 기쁘게 하기를 도로써 하지 않으면 기뻐하지 않으며, 사람을 쓰는 일에 이르러서는 그릇에 맞게 쓴다. 소인은 섬기기는 어려워도 기쁘게 하는 것은 쉽다. 기쁘게 하기를 비록 도에 맞지 않더라도 기뻐하고, 사람을 쓰는데 이르러서는 맡겨진 일을 완벽하게 할 것을 요구한다."

易 쉽다. 事 일. 섬기다. 說 기쁘다. 器 그릇에 맞게 쓰다. 적재적소의 등용. 求 요구하다. 備 완비되다. 갖추다.

강講 군자인 리더와 소인인 리더를 말한다. 공公을 중시하는 군자는 도에 맞게 하면 그뿐이지만, 사私를 중시하는 소인은 비위만 맞추면 기뻐한다. 사람을 부릴 때도 군자는 개인의 능력을 파악해 역량에 따라 일을 부여하지만, 소인은 한 사람에게 모든 일을 맡기며 완벽하게 처리할 것을 요구한다.

26. 여유로움과 교만

子曰 君子는 泰而不驕하고 小人은 驕而不泰니라
자 왈 군 자　태 이 불 교　　소 인　교 이 불 태

국역 공자께서 말씀하셨다. "군자는 여유롭되 교만하지 않고, 소인은 교만하되 여유롭지 않다."

강講 하늘의 도를 따르기에 군자는 걱정이 없다. 여유롭고 넉넉하며 겸손하다. 반면 타인의 눈을 과도하게 의식하는 소인은 강자에게는 비굴하고, 약자에게는 지위를 앞세워 교만하게 행동하지만 늘 여유가 없다.

27. 인에 가까운 것

子曰 剛毅木訥이 近仁이니라
자왈 강 의 목 눌 　 근 인

국역　공자께서 말씀하셨다. "강직하고 굳세며 질박하고 말을 더듬는 듯 조심스럽게 하는 것이 인에 가깝다."

글자풀이　剛 강직하다. 毅 굳세다. 의지가 강하다. 木 질박하다. 訥 말 더듬다. 木 訥 고지식하고 말재주가 없음.

강講　강직함과 굳셈은 본래의 마음이며, 질박하고 어눌함은 소탈하고 꾸밈이 없어 본마음과 통한다. 공자가 이를 인에 가깝다고 한 이유다.

28. 선비의 자세

子路問曰 何如라야 斯可謂之士矣잇고 子曰 切切偲偲하며 怡怡如也면 可謂
자로문왈 하 여 　 사 가위지사 의 　 자왈 절절시시 　 이 이여 야 　 가위
士矣니 朋友엔 切切偲偲요 兄弟엔 怡怡니라
사 의 　 붕우 　 절절시시 　 형제 　 이 이

국역　자로가 물었다. "어떻게 해야 선비라고 말할 수 있습니까?" 공자께서 말씀하셨다. "간절하고 자상하게 권면하며 화락하면 선비라고 말할 수 있다. 벗과의 사귐에는 간절하고 자상하게 권면하고, 형제와는 화락해야 한다."

切切 간절하다. 간곡하고 지극하다. 偲偲 자상하게 권면하다. 자세히 하도록 힘쓰다. 선을 권하다. 怡 기쁘다. 怡怡 화락和樂하다. 화목한 모양.

강講 선비는 인간관계도 남달라야 한다. 벗과의 사귐에는 벗을 자신과 동일시해 간절하고 자상하게 권면해야 하고, 형제간에는 화목하여 부모님을 기쁘게 해야 한다. 이것이 선비의 자세이며 도리다.

29. 나라를 지키는 힘

子曰 善人이 教民七年이면 亦可以卽戎矣니라
자 왈 선 인   교 민 칠 년   역 가 이 즉 융 의

국역 공자께서 말씀하셨다. "선한 사람이 7년 동안 백성을 가르치면, 또한 전쟁에 나아가게 할 수 있다."

글자풀이 教民 백성들을 가르치다. 可以 할 수 있다. 卽 나아가다. 戎 전쟁. 병장기.

강講 백성에게 사람됨을 가르치는 것이다. 효孝·제悌·충忠·신信으로 가정에서의 도리와 인간관계, 진정성과 신뢰를 가르친다면, 이를 통해 족식足食, 족병足兵, 민신民信의 정치가 이루어진다. 그 기간이 7년이다.

30. 백성을 버리지 말라

子曰 以不敎民戰이면 是謂棄之니라
자 왈 이 불 교 민 전   시 위 기 지

국역 공자께서 말씀하셨다. "가르치지 않은 백성으로써 전쟁을 하는 것은, 이것을 일러 그들을 버리는 것이라고 한다."

강講 평범한 인간도 악인이 되는 데는 한순간이다. 인간의 도리와 국가의 존재 이유, 사랑과 평화를 가르치지 않고 전쟁에 내모는 것은 살육과 죽음을 자행하는 것으로 그들을 버리는 것이다.

제14편

헌문

憲問

군자의 지향

헌문편 역시 인물에 대한 품평이 많다. 당대 정치인들과 관중에 대한 평가가 눈에 띈다. 또 선비에 대한 규정과 군자의 됨됨이, 군자의 자세인 수신과 덕·인·용 등 유학에서 중시하는 개념들을 볼 수 있다. 또한 은자들에 관한 내용도 기록되어 있다. 호인胡寅은 이 편을 원헌이 기록한 것으로 보았다. 성姓을 쓰거나 자를 쓰지 않고 직접 이름을 썼다는 점에서 그같이 유추한 것이다. 모두 47장으로, 논어의 편 중 가장 길다.

1. 부끄러운 일

憲이 **問恥**한대 **子曰 邦有道**에 **穀**하며 **邦無道**에 **穀**이 **恥也**니라
헌　문치　자왈 방유도　곡　방무도　곡 치야

국역　　헌이 부끄러움에 대해 물었다. 공자께서 말씀하셨다. "나라에 도가 있을 때도 (하는 일 없이) 녹만 먹고, 나라에 도가 없을 때도 (물러나지 않고) 녹만 먹는 것이 부끄러움이다."

글자풀이　　憲 공자의 제자인 원헌原憲. 자는 자사子思. 평생 청빈한 삶을 추구했으며 공자 사후 초야에 묻혀 살았다. 穀 녹. 예전에는 쌀로 봉급을 주었기 때문에 곡穀은 공무원의 월급이 된다.

강講　　능력을 발휘하여 도를 실현할 수 있는 나라에서도 녹봉만을 챙기고, 나라를 바르게 할 수 없음에도 물러나지 않고 녹봉만을 챙긴다면 이는 직무유기이며 백성의 고혈을 짜는 것이다. 부끄러운 일이다.

2. 극·벌·원·욕을 행하지 않는 것

克伐怨欲을 不行焉이면 可以爲仁矣잇가 子曰 可以爲難矣어니와 仁則吾不知
극 벌 원 욕　　불 행 언　　가 이 위 인 의　　　자 왈 가 이 위 난 의　　　　인 즉 오 부 지

也로라
야

국역　"이기려는 것, 과시하는 것, 원망하는 것, 욕심부리는 것이 행해
지지 않도록 한다면 인이라 할 수 있겠습니까?"공자께서 말씀하셨다.
"어려운 일이라고 할 수는 있으나 인인지는 나도 모르겠다."

글자풀이　克 남과 경쟁에서 이기다. 伐 자신의 공적을 자랑하다. 怨 남을 원망하
다. 欲 탐욕. 욕망.

강講　이 네 가지는 자기와의 싸움이다. 쉬운 일은 아니지만 그렇다고
인은 아니다. 인은 자신과의 싸움을 넘어 너와 하나가 되는 것이다. 그럴
때 경쟁도 과시도 원망도 욕심도 없어 하지 않으려 노력하지 않아도 된
다. 이것이 인이다.

3. 선비란?

子曰 士而懷居면 不足以爲士矣니라
자 왈 사 이 회 거　　부 족 이 위 사 의

공자께서 말씀하셨다. "선비로서 편안한 거처를 마음에 품는다면, 선비가 되기에 부족하다."

글자풀이　懷 품다. 마음에 두다. 생각하다. 居 편안하게 거처하는 것.

강講　선비란 도를 품고 행하여 도 있는 세상을 이루려는 자다. 편안함에 안주할 수 없다. 만일 부귀와 출세, 안락을 바라며 편안한 거처를 마음에 품는다면 도 있는 세상을 이룰 수 있을까?

4. 군자의 처세

子曰 邦有道엔 危言危行하고 邦無道엔 危行言孫이니라
자 왈 방 유 도　위 언 위 행　　방 무 도　위 행 언 손

국역　공자께서 말씀하셨다. "나라에 도가 있을 때는 말을 당당하게 하고 행동을 꼿꼿하게 하며, 나라에 도가 없을 때는 행동은 꼿꼿하게 하지만 말은 공손해야 한다."

글자풀이　危 높다. 당당하다. 孫 낮추다. 겸손하다.

강講　군자는 바름을 지향하기에 말과 행동이 꼿꼿하고 지조 있으며 당당해야 한다. 하지만 도 없는 나라에서는 다르다. 행동은 꼿꼿해야 하지만 말은 공손해야 한다. 자칫 위험에 처할 수 있기 때문이다.

5. 덕자와 인자

子曰 有德者는 必有言이어니와 有言者는 不必有德이니라 仁者는 必有勇이어
자왈 유덕자 필유언   유언자 불필유덕   인자 필유용

니와 勇者는 不必有仁이니라
　　용자 불필유인

국역 공자께서 말씀하셨다. "덕을 지닌 자는 반드시 훌륭한 말을 하
지만, 훌륭한 말을 한다고 해서 반드시 덕이 있는 것은 아니다. 인한 사
람은 반드시 용기가 있지만, 용기가 있다고 해서 반드시 인이 있는 것은
아니다."

강講 덕을 지닌 자는 한마디 말로도 상대방의 마음을 움직이고, 인자
는 남을 자신처럼 여기기에 잘못에 맞서고 바르게 하려는 용기가 있다.
하지만 훌륭한 말을 하거나 용기 있는 행동을 한다고 해서 덕과 인이 있
는 것은 아니다. 자신을 돋보이기 위해 하는 경우가 많다.

6. 덕의 힘

南宮适이 問於孔子曰 羿는 善射하고 奡는 盪舟호되 俱不得其死어늘 然이나
남궁괄 문어공자왈 예   선사   오   탕주   구부득기사   연

禹稷은 躬稼而有天下하시니이다 夫子不答이러시니 南宮适이 出커늘 子曰 君
우직 궁가이유천하   부자부답   남궁괄 출   자왈 군

子哉라 若人이여 尙德哉라 若人이여
자재 약인   상덕재 약인

국역　남궁괄이 공자께 물었다. "예羿는 활을 잘 쏘았고 오奡는 (육지에서) 배를 끌고 다닐 만큼 힘이 강했지만, 모두 제 명에 죽지 못했습니다. 하지만 우禹와 직稷은 몸소 농사를 지었는데도 천하를 소유했습니다." 공자께서 답하지 않으셨다. 남궁괄이 밖으로 나가자 공자께서 말씀하셨다. "군자로구나, 이 사람이여! 덕을 숭상하는구나, 이 사람이여!"

글자풀이　南宮适 남용南容. 羿 유궁국有窮國의 임금으로 활의 명수. 奡 한착寒浞의 아들로 힘이 장사여서 육지에서 배를 끌고 다녔다. 盪 움직이다. 끌고다니다. 其死 제대로 된 죽음. 禹 순임금 때 당시 근심거리였던 물을 다스려 천하를 소유한 하나라의 시조. 稷 순임금 때 농사를 관장했는데, 그 후손이 주나라를 세웠기에 주나라의 시조가 되었다. 若人 이 사람.

강講　역사를 보면 막강한 힘과 권력을 지녔음에도 단명하고, 소소한 듯한 덕을 지녔음에도 역사가 되는 사람들이 있다. 뛰어난 재주와 권력을 지닌 예와 오는 제 명에 죽지 못했지만, 평범한 듯한 우와 직은 하나라와 주나라의 시조가 될 수 있었다. 덕을 지닌 까닭이다.

7. 소인과 인

子曰 君子而不仁者는 有矣夫어니와 未有小人而仁者也니라
자 왈 군 자 이 불 인 자　유 의 부　　미 유 소 인 이 인 자 야

국역　공자께서 말씀하셨다. "군자로서 인하지 못한 자는 있어도 소인으로서 인한 자는 있지 않다."

강講 　인에 뜻을 둔 군자라도 자칫 인을 떠나기도 하고 인하지 못한 부분이 있지만, 이익만을 추구하는 소인은 나와 남을 나누고 자기중심적이며 늘 이기고자 한다. 소인 중에 인한 자가 없는 이유다.

8. 사랑과 진심

子曰 愛之인댄 **能勿勞乎**아 **忠焉**인댄 **能勿誨乎**아
자왈 애지　　능물로호　　충언　　능물회호

국역 　공자께서 말씀하셨다. "사랑한다면 수고롭게 하지 않을 수 있겠는가? 진심으로 대한다면 깨우쳐주지 않을 수 있겠는가?"

글자풀이 　勞 수고롭게 하다. 위로하다. 忠 충성. 진심. 정성을 다하다. 誨 가르치다. 깨우치다. 가르쳐 인도하다.

강講 　끼고 도는 사랑은 독이 된다. 사랑할수록 바르고 곧게 행동하도록 해야 한다. 또 진심으로 대한다면 좋은 말만 하지 말고 잘못된 판단이나 잘못을 깨우치도록 해야 한다.

9. 외교문서 작성법

子曰 爲命에 裨諶이 草創之하고 世叔이 討論之하고 行人子羽 修飾之하고 東
자왈 위명 비침 초창지   세숙 토론지   행인자우 수식지   동

里子産이 潤色之하니라
리자산   윤색지

국역 공자께서 말씀하셨다. "외교문서를 만들 때 비침이 초고를 작성
하고, 세숙이 토론하고 검토해 잘못된 점을 고쳤으며, 행인인 자우가 문
장을 꾸미고, 동리 사람인 자산이 문장에 문채를 더해 매끈하게 다듬었
다."

글자풀이 命 사명辭命. 외교문서. 爲命 제후에게 보내는 외교문서 작성. 草 대략.
초고. 創 처음 만들다. 世叔 정나라의 대부 유길游吉. 討 연구하다. 토론하다. 論 강론하
다. 行人 사신의 임무를 맡은 벼슬. 외교 담당. 子羽 정나라의 대부 공손휘公孫揮. 修飾
보충하고 삭제하여 문장을 꾸미다. 東里 지명. 자산이 거주하던 곳. 潤色 문채를 더해
다듬다.

강講 정鄭나라의 외교문서 작성과정이다. 당시 재상인 자산은 외교문
서를 작성할 때 초고부터 완성까지 정밀하게 함으로써 강대국인 진晉나
라와 초楚나라 사이에 끼어 있었음에도 주도권을 잃지 않았다.

10. 자산·자서·관중에 관한 평

或問子産한대 子曰 惠人也니라 問子西한대 曰 彼哉彼哉여 問管仲한대 曰 人
혹 문 자 산　　　　자 왈 혜 인 야　　　　　문 자 서　　　　왈 피 재 피 재　　　문 관 중　　　　왈 인

也 奪伯氏騈邑三百하여늘 飯疏食하되 沒齒無怨言하니라
야 탈 백 씨 병 읍 삼 백　　　　　　반 소 사　　　　몰 치 무 원 언

국역　어떤 사람이 자산子産에 대해 물었다. 공자께서 말씀하셨다. "은
혜로운 사람이다." 자서子西에 대해 물었다. "그 사람? 그 사람!" 관중에
대해 물었다. "그 사람이 백씨의 병읍 삼백 호를 빼앗았는데, (백씨는)
거친밥을 먹으면서도 삶을 마칠 때까지 원망하는 말이 없었다."

글자풀이　子西 초나라 공자인 신申. 소왕昭王을 세워 정치를 개혁하고 기강을 세
웠으나 나중에는 나라에 화를 초래했다. 彼哉 그를 외면하는 말. 奪 빼앗다. 伯氏 제
나라의 대부. 騈邑 지명. 齒 나이.

강講　세 사람에 대한 공자의 평가다. 혼란한 나라를 바로잡은 자산은
은혜로웠고, 정치개혁을 이루었지만 나라에 화를 초래한 자서는 평가할
가치가 없었으며, 바른 개혁을 행한 관중은 공정했다.

11. 가난과 원망

子曰 貧而無怨은 難하고 富而無驕는 易하니라
자 왈 빈 이 무 원　　난　　　부 이 무 교　　　이

공자께서 말씀하셨다. "가난하면서 원망이 없기는 어렵지만, 부유하면서 교만이 없기는 쉽다."

강講 가난한데도 즐거움을 멈추지 않은 안연도 있지만, 대부분의 사람들은 가난이 지속되면 세상을 원망하게 된다. 반면 부유하다고 교만하게 행동하면 부를 잃을 수 있다. 조심해야 한다.

12. 맹공작의 그릇

子曰 孟公綽이 爲趙魏老則優어니와 不可以爲滕薛大夫니라
자 왈 맹 공 작　위 조 위 로 즉 우　　　 불 가 이 위 등 설 대 부

국역 공자께서 말씀하셨다. "맹공작은 조씨趙氏와 위씨魏氏 집안의 가노가 되기에는 충분하지만, 등滕나라와 설薛나라의 대부는 될 수가 없다."

글자풀이 孟公綽 노나라의 대부로 매우 청렴하다. 趙·魏 진晉나라 경卿의 집안. 老 가노. 가신의 우두머리. 優 넉넉하다. 충분하다. 滕·薛 두 나라의 명칭. 大夫 국정을 맡은 자.

강講 조씨와 위씨는 진나라 경의 집안으로 제후국보다 컸지만 집안일 뿐이다. 반면 등나라와 설나라는 작지만 제후국이다. 청렴한 맹공작은 집안의 가노로는 손색이 없지만, 전문성이 요구되는 제후국의 대부가되어 정치를 하기에는 역부족이다. 청렴하다고 국정을 처리할 수 있는것은 아니다.

13. 성인의 요건

子路問成人한대 子曰 若臧武仲之知와 公綽之不欲과 卞莊子之勇과 冉求之
자로문성인   자왈 약장무중지지   공작지불욕   변장자지용   염구지

藝에 文之以禮樂이면 亦可以爲成人矣니라 曰 今之成人者는 何必然하리오 見
예   문지이예악   역가이위성인의   왈 금지성인자는 하필연   견

利思義하며 見危授命하며 久要에 不忘平生之言이면 亦可以爲成人矣니라
리사의   견위수명   구요   불망평생지언   역가이위성인의

국역　자로가 완성된 사람인 성인에 대해 물었다. 공자께서 말씀하셨다. "만일 장무중의 지혜와 공작의 무욕과 변장자의 용기와 염구의 재능을 갖추고, 예와 악으로 문채를 낸다면 또한 성인이라고 할 수 있다." 다시 말씀하셨다. "지금의 성인이 어찌 반드시 그렇겠는가? 이익을 보면 의로운지를 생각하고, (나라가) 위태로운 것을 보면 목숨을 바치며, 오래된 약속일지라도 평소에 했던 말을 잊지 않는다면, 또한 성인이라고 할 수 있을 것이다."

글자풀이　成人 완전한 사람. 인격이 완성된 사람. 전인全人. 臧武仲 노나라의 대부로 이름은 장손흘臧孫紇. 卞莊子 노나라 변읍卞邑의 대부. 勇 결단력. 藝 재능. 재예. 命 목숨. 久要 오래된 약속. 平生 평소.

강講　나이만 먹었다고 성인이 되는 것은 아니다. 지혜와 무욕, 용기와 결단력, 일할 수 있는 능력에 예악을 겸비할 때 인격이 완성된 사람이라고 할 수 있다. 그것이 어렵다면 올바름을 생각하고, 나라를 위해 목숨을 바치며, 평소의 말을 신뢰할 수 있는 사람이 되어야 한다.

14. 공자의 의구심

子問公叔文子於公明賈曰 信乎夫子不言不笑不取乎아 公明賈對曰 以告者
자 문 공 숙 문 자 어 공 명 가 왈 신 호 부 자 불 언 불 소 불 취 호 공 명 가 대 왈 이 고 자

過也로소이다 夫子時然後言이라 人不厭其言하며 樂然後笑라 人不厭其笑하며
과 야 부 자 시 연 후 언 인 불 염 기 언 낙 연 후 소 인 불 염 기 소

義然後取라 仁不厭其取하나니이다 子曰 其然가 豈其然乎리오
의 연 후 취 인 불 염 기 취 자 왈 기 연 기 기 연 호

국역　공자께서 공명가에게 공숙문자에 대해 물으셨다. "정말로 부자
께서는 말하지 않고 웃지 않으며 취하지 않는지요?" 공명가가 대답했다.
"말씀을 전한 자가 지나쳤습니다. 부자께서는 때가 된 연후에야 말하기
때문에 사람들이 그의 말을 싫어하지 않으며, 즐거운 연후에야 웃기 때
문에 사람들이 그의 웃음을 싫어하지 않으며, 의롭게 된 연후에야 취했
기 때문에 사람들이 그의 취함을 싫어하지 않는 것입니다." 공자께서 말
씀하셨다. "그렇습니까? 어찌 그럴 수 있습니까?"

글자풀이　公叔文子 위나라 대부인 공손지公孫枝. 문文은 시호다. 公明賈 위나라
사람. 過 지나치다. 厭 싫어하지 않다.

강講　때와 즐거움과 의에 맞게 행하는 것은 시중時中의 사람인 성인聖
人이 가능하다. 공숙문자가 그렇다는 말에 공자는 놀라워한다. 대단하다
고 소문난 사람 중 소문과 다른 경우가 많은 것처럼 공숙문자도 그렇지
않을까 의심한 것이다.

15. 장무중의 강요

子曰 臧武仲이 以防으로 求爲後於魯하니 雖曰不要君이나 吾不信也하노라
자 왈 장 무 중   이 방   구 위 후 어 노   수 왈 불 요 군   오 불 신 아

국역　공자께서 말씀하셨다. "장무중臧武仲이 방읍防邑을 가지고 노나라에 (자신의) 후계자를 세워줄 것을 요구했으니, 비록 임금에게 강요한 것이 아니라고 말하지만 나는 믿지 않는다."

글자풀이　臧武仲 지혜가 뛰어난 자로 알려짐. 죄를 짓고 주邾나라로 망명했다가 몰래 자신의 영지로 들어와 점거했다. 防 지명. 장무중에게 봉해진 고을. 後 후계자. 要 요청하다. 강요하다.

강講　형식은 점잖아도 내용이 그렇지 않으면 협박과 강요다. 후계자를 세우는 것은 왕의 권한인데, 방읍을 점거한 장무중이 그것을 요구했다. 이는 요구를 들어주지 않으면 반란을 일으키겠다는 의도가 담겼다. 장무중의 도를 넘는 행동에 대한 비판이다.

16. 진문공과 제환공

子曰 晉文公은 譎而不正하고 齊桓公은 正而不譎하니라
자 왈 진 문 공   휼 이 부 정   제 환 공   정 이 불 휼

국역　공자께서 말씀하셨다. "진문공은 속이고 바르지 않았으며, 제환

공은 바르고 속이지 않았다."

글자풀이　晉文公 춘추오패 중 하나. 이름은 중이重耳. 기원전 636년에 즉위해 기원전 628년에 사망했다. 齊桓公 춘추오패 중 하나. 이름은 소백小白. 기원전 685에 즉위해 기원전 643년에 사망했다. 正 바르다. 譎 속이다.

강講　초나라를 칠 때의 이야기다. 환공은 대의명분을 내세운 반면, 문공은 동맹국인 위나라를 쳐서 초나라를 전쟁에 끌어들였다. 둘 다 옳지 않지만 공자는 사건에 임하는 태도로 그들을 평가했다.

17. 관중의 인

子路曰 桓公이 殺公子糾어늘 召忽은 死之하고 管仲은 不死하니 曰 未仁乎인저
자 로 왈 환 공　 살 공 자 규　　 소 홀　 사 지　　 관 중　 불 사　　 왈 미 인 호
子曰 桓公이 九合諸侯호되 不以兵車는 管仲之力也니 如其仁 如其仁이리오
자 왈 환 공　 규 합 제 후　　 불 이 병 거　 관 중 지 력 야　 여 기 인 여 기 인

국역　자로가 말했다. "환공이 공자 규를 죽이자 소홀은 그를 따라 죽었고, 관중은 죽지 않았으니 인하지 않은 것 같습니다." 공자께서 말씀하셨다. "환공이 제후들을 규합하되 병장기와 수레 등 무력으로 하지 않은 것은 관중의 힘이니, (누가) 그만큼 인하겠는가? (누가) 그만큼 인하겠는가?"

글자풀이　九 규糾와 같다. 감독하다. 주자는 '흩어진 사람을 모으다.'로 보았고, 황간皇侃은 '9번의 회맹'으로 보았다. 兵車 무력.

자로가 환공을 섬긴 관중을 인하지 않다고 평가했지만, 공자는 관중으로 인해서 세상이 전쟁에 휩쓸리지 않고 안정되었다고 보았다. 이보다 더 큰 인은 없다. 자로가 작은 의리와 관념에 묶였다면, 공자는 대의大義와 현실적 입장에서 관중의 인을 평가했다.

18. 관중의 공

子貢曰 管仲은 非仁者與인저 桓公이 殺公子糾어늘 不能死요 又相之온여 子
자 공 왈 관 중　　비 인 자 여　　환 공　　살 공 자 규　　불 능 사　우 상 지　　　자

曰 管仲이 相桓公霸諸侯하여 一匡天下하니 民到于今에 受其賜하나니 微管仲
왈 관 중　　상 환 공 패 제 후　　일 광 천 하　　민 도 우 금　　수 기 사　　미 관 중

이면 吾其被髮左衽矣러니라 豈若匹夫匹婦之爲諒也하여 自經於溝瀆而莫之
　　오 기 피 발 좌 임 의　　　기 약 필 부 필 부 지 위 량 야　　자 경 어 구 독 이 막 지

知也리오
지 야

자공이 말했다. "관중은 인한 자가 아닙니다. 환공이 공자 규를 죽였는데도 죽지 못하고 또 그를 도왔습니다." 공자께서 말씀하셨다. "관중이 환공을 도와 제후 중에 으뜸이 되게 해 한 번 천하를 바로잡으니, 백성들이 지금에 이르기까지 그 혜택을 받고 있다. 관중이 없었다면 우리는 머리를 풀어헤치고 옷깃을 왼쪽으로 여미고 있었을 것이다. 어찌 필부필부匹夫匹婦가 작은 신의를 지키기 위해 스스로 도랑에서 목을 매고 죽어, 알아주는 사람이 없는 것과 같아야 하는가?"

相 돕다. 霸 으뜸이 되다. 우두머리. 匡 바로잡다. 一匡 하나로 바로잡다. 賜 혜택. 微 없다. 無와 같다. 만일 ~이 없었더라면. 被髮 머리를 풀어 헤치다.

衽 옷깃을 매다. 匹夫匹婦 이름 없는 백성들. 諒 작은 신의. 經 목을 매다. 溝瀆 도랑.

강講　제자들에게도 인이라는 평가를 주저하는 공자가 소인이라고 했던 관중에게 두 번이나 인을 허락한다. 이는 관중이 백성의 삶과 문명세계를 지켜냈음을 인정한 것이다.

19. 문에 합당한 공숙문자

公叔文子之臣大夫僎이 **與文子**로 **同升諸公**이러니 **子聞之**하시고 **曰 可以爲文**
공 숙 문 자 지 신 대 부 선　여 문 자　동 승 저 공　　자 문 지　　왈 가 이 위 문
矣로다
의

국역　공숙문자의 가신인 대부 선僎이 공숙문자와 함께 제후의 조정에 올랐다. 공자께서 들으시고 말씀하셨다. "(시호를) 문이라고 할 만하다."

글자풀이　臣 가신. 公 공조公朝. 조정. 조정에 나가 벼슬하다. 文 시호 중 최상으로 학문에 공적이 있거나 덕으로 백성을 평안하게 한 자에게 주어진다.

강講　때와 즐거움과 의에 맞게 행한 공숙문자는 자신의 가신인 선의 됨됨이를 알고 그를 천거해 함께 벼슬에 나갔다. 그가 문이란 시호를 받은 것은 당연한 일이다.

20. 인재등용의 힘

子言衛靈公之無道也러시니 康子曰 夫如是로되 奚而不喪이니잇고 孔子曰
자 언 위 령 공 지 무 도 야   강 자 왈 부 여 시   해 이 불 상   공 자 왈

仲叔圉는 治賓客하고 祝鮀는 治宗廟하고 王孫賈는 治軍旅하니 夫如是어니 奚
중 숙 어 치 빈 객   축 타 치 종 묘   왕 손 가 치 군 려   부 여 시   해

其喪이리오
기 상

국역　공자께서 위령공의 무도無道함을 말씀하셨다. 계강자가 말했다.
"이와 같은데도 어찌하여 지위를 잃지 않습니까?" 공자께서 말씀하셨
다. "(외교를 맡은) 중숙어가 빈객을 다스리고, 축관인 타는 종묘를 다스
리며, 왕손가는 군대를 다스립니다. 이와 같으니 어찌 잃겠습니까?"

글자풀이　衛靈公 기원전 534년에서 기원전 493년까지 재위했던 위나라 임금. 喪
지위를 잃다. 仲叔圉 공문자孔文子. 祝 축관.

강講　통치자나 리더는 자신이 뛰어나면 좋겠지만 그렇지 않을 경우
제대로 된 사람을 등용할 수 있어야 한다. 그것이 나라와 지위를 지킬 수
있는 힘이다. 영공이 그것을 보여준다.

21. 말조심하라

子曰 其言之不怍이면 則爲之也 難하니라
자 왈 기 언 지 부 작   즉 위 지 야 난

국역　공자께서 말씀하셨다. "그 말하는 것을 부끄러워하지 않는다면, 그것을 실천하기 어렵다."

글자풀이　怍 부끄러워하다. 爲 실천.

강講　늘 말이 실천될 수 있을지 살피고 함부로 말하지 않아야 한다. 실천되지 않는 말은 소음일 뿐이며 신뢰를 떨어뜨린다. 선현들이 말을 어렵게 여기고 조심했던 이유다.

22. 공자의 쓸쓸함

陳成子弒簡公이어늘 孔子沐浴而朝하사 告於哀公曰 陳恒이 弒其君하니 請討之
진 성 자 시 간 공　　　　공 자 목 욕 이 조　　　고 어 애 공 왈 진 항　　시 기 군　　　청 토 지

하소서 公曰 告夫三子하라 孔子曰 以吾從大夫之後라 不敢不告也호니 君曰
　　　공 왈 고 부 삼 자　　공 자 왈 이 오 종 대 부 지 후　　불 감 불 고 야　　　군 왈

告夫三子者온여 之三子하여 告하신대 不可라하여늘 孔子曰 以吾從大夫之
고 부 삼 자 자　　　지 삼 자　　　고　　　불 가　　　　공 자 왈 이 오 종 대 부 지

後라 不敢不告也니라
후　　불 감 불 고 야

국역　(제나라의) 진성자가 간공을 시해했다. 공자께서 목욕하고 조회하셔서 (노나라) 애공에게 아뢰었다. "진항이 그 군주를 시해했습니다. 청컨대 그를 토벌하소서." 애공이 말했다. "저 세 대부에게 말하시오." 공자께서 말씀하셨다. "내가 대부의 뒤를 따르는 사람이기 때문에 감히 아뢰지 않을 수 없었는데, 임금께서 저 세 대부에게 말하라고 하는구나." 세 사람에게 가서 말씀하셨으나 불가하다고 했다. 공자께서 말씀

하셨다. "내가 대부의 뒤를 따르는 사람이기 때문에 감히 말하지 않을 수 없었다."

글자풀이　陳成子 제나라 대부인 진항陳恒. 간공을 죽이고 평공平公을 세운 후 권력을 전횡했다. 簡公 제나라의 군주로 이름은 임壬. 세금을 지나치게 걷고 형벌이 엄했다. 三子 삼가三家. 세 대부. 삼환三桓인 계손季孫·맹손孟孫·숙손叔孫.

강講　군주를 시해하는 것은 국가의 질서를 무너뜨리고 인륜을 어기는 일이다. 그 때문에 공자가 토벌을 청했지만 실권이 없는 애공은 세 대부에게 미루고, 국정을 농단하는 세 대부는 자신들에게 부메랑이 될까 봐 거절한다. 예가 무너진 현장을 마주해야 하는 공자의 쓸쓸함이 느껴진다.

23. 임금 섬기는 방법

子路問事君한대 **子曰 勿欺也**요 **而犯之**니라
자 로 문 사 군　　자 왈 물 기 야　　이 범 지

국역　자로가 임금 섬기는 방법을 물었다. 공자께서 말씀하셨다. "속이지 말아야 하고, 얼굴을 대놓고 간해야 한다."

글자풀이　欺 속이다. 犯 얼굴을 마주하고 간쟁하다. 임금의 뜻에 거슬리더라도 옳은 말을 간한다.

강講 백성의 삶과 질, 국가의 안정과 평화가 군주의 판단과 결단에 달려 있기에 신하는 실정을 감추거나 속여서는 안 된다. 또 임금이 잘못할 경우 직간할 수 있어야 한다.

24. 군자와 소인의 삶

子曰 君子는 **上達**하고 **小人**은 **下達**이니라
자 왈 군 자   상 달   소 인   하 달

국역 공자께서 말씀하셨다. "군자는 위로 통달하고 소인은 아래로 통달한다."

강講 출발은 같다. 하지만 군자가 전체가 하나 되는 공公의 삶을 추구하여 위로 통달하는 반면, 소인은 자신의 이익에만 주력하기 때문에 나날이 퇴보한다.

25. 왜 공부하는가?

子曰 古之學者는 **爲己**러니 **今之學者**는 **爲人**이로다
자 왈 고 지 학 자   위 기   금 지 학 자   위 인

국역 공자께서 말씀하셨다. "옛날의 학자들은 자신을 위해 (공부)했는데, 지금의 학자들은 남을 위해 (공부)한다."

글자풀이 爲己 자신의 인격을 도야하다. 목적. 爲人 남에게 보이고 인정받기 위해 공부하다. 수단.

강講 선현들은 자기의 수양을 위해 공부했기에 공부 자체가 목적이고 기쁨이었다. 반면 지금의 학자들은 남에게 인정받고 경쟁에서 이겨 성공하기 위해 공부하기 때문에 공부가 기쁘지 않다.

26. 훌륭한 시자

蘧伯玉이 使人於孔子어늘 孔子與之坐而問焉曰 夫子何爲오 對曰 夫子欲
거 백 옥   시 인 어 공 자   공 자 여 지 좌 이 문 언 왈 부 자 하 위   대 왈 부 자 욕
寡其過而未能也니이다 使者出커늘 子曰 使乎使乎여
과 기 과 이 미 능 야   시 자 출   자 왈 시 호 시 호

국역 거백옥이 공자에게 사람을 보냈다. 공자께서 그와 함께 앉아서 물으셨다. "부자께서는 어떻게 지내시는가?" 시자가 대답했다. "부자께서는 허물을 적게 하고자 노력하지만 아직 능하지 못하십니다." 시자가 나가자 공자께서 말씀하셨다. "훌륭한 시자로구나! 훌륭한 시자로구나!"

글자풀이 蘧伯玉 위나라 대부로 이름은 瑗. 使人 심부름으로 보낸 사람. 與之坐 그와 함께 앉다.

강講 늘 자신을 닦고 성찰하는 거백옥을 모셨던 시자는 주인의 마음으로 주인을 표현해 그 마음을 전했다. 공자가 두 번이나 거듭 훌륭한 시자라고 칭찬한 이유다.

27. 그 지위에서 도모하라

子曰 不在其位하여는 **不謀其政**이니라
자 왈 부 재 기 위   불 모 기 정

국역 공자께서 말씀하셨다. "그 지위에 있지 않으면 그 정무를 논하지 말아야 한다."

강講 「태백」편 14장에 나왔다.

28. 군자의 생각

曾子曰 君子는 **思不出其位**니라
증 자 왈 군 자   사 불 출 기 위

국역 증자가 말했다. "군자는 생각하는 것이 그 지위를 벗어나지 않는다."

강講 군자는 '지금 여기'의 사람이다. 생각 역시 현재의 위치와 자리를 바탕으로 자신에게 주어진 역할과 일에 충실해야 한다. 이를 바르게 알고 지키는 자가 군자다.

29. 말보다 행동을

子曰 君子는 恥其言而過其行이니라
자 왈 군 자 치 기 언 이 과 기 행

국역 공자께서 말씀하셨다. "군자는 그 말하는 것을 부끄러워하고, 그 행동을 (말보다) 앞서게 한다."

강講 말을 할 때는 행할 수 있는지를 생각해야 한다. 말보다 행동을 먼저 하면 말이 부끄럽지 않게 된다. 한편 "군자는 그 말이 그 행동을 앞서는 것을 부끄럽게 여긴다."로 보기도 한다.

30. 군자의 도 세 가지

子曰 君子道者三에 我無能焉호니 仁者는 不憂하고 知者는 不惑하고 勇者는
자 왈 군 자 도 자 삼 아 무 능 언 인 자 불 우 지 자 불 혹 용 자

不懼니라 子貢曰 夫子自道也삿다
불 구 자 공 왈 부 자 자 도 야

국역 공자께서 말씀하셨다. "군자의 도가 세 가지인데, 나는 할 수 있는 것이 없다. 인자는 근심하지 않고, 지자는 미혹되지 않으며, 용자는 두려워하지 않는다." 자공이 말했다. "선생님께서 스스로 하신 말씀이시다."

글자풀이 無能 능한 것이 없다. 능히 행하지 못하다.

인·지·용은 군자의 도리이며 덕의 내용이다. 이에 대해 능하지 않다고 말한 것은 늘 인·지·용을 노력하고자 했기 때문에 그것이 얼마나 어려운지 알기 때문이다. 인·지·용은 「자한」편 28장에 나왔다.

31. 나는 그럴 여가가 없다

子貢이 **方人**하더니 **子曰 賜也**는 **賢乎哉**아 **夫我則不暇**로라
자 공　방 인　　　자 왈 사 야　현 호 재　부 아 즉 불 가

자공이 사람들을 비교했다. 공자께서 말씀하셨다. "사는 뛰어난가 보구나. 나는 그럴 여가가 없다."

　方 비교. 賢 뛰어나다. 낫다. 乎哉 의문사. 暇 겨를. 여가.

남을 판단하고 비교하고 비난하는 시간에 자신을 닦아야 하지 않을까? 자신은 비난받지 않을 자신이 있는가? 자공의 행동을 완곡하게 꾸짖는 말이다.

32. 먼저 자신의 능력을 길러라

子曰 不患人之不己知요 **患其不能也**니라
자 왈 불 환 인 지 불 기 지　환 기 불 능 야

국역 공자께서 말씀하셨다. "남들이 나를 알아주지 않음을 걱정하지 말고, 자신의 능하지 못함을 걱정해야 한다."

강講 세상은 실력을 갖춘 능력자를 찾고 있다. 먼저 실력부터 갖춰야 한다. 실력과 능력을 갖출 때 운運이 따르고 기회가 온다. 이 문장은 다른 형태로 『논어』에 네 번이나 나온다. 그만큼 제자들에게 강조한 것으로 볼 수 있다.

33. 현명한 사람

子曰 不逆詐하며 不億不信이나 抑亦先覺者 是賢乎인저
자 왈 불 역 사   불 억 불 신   억 역 선 각 자 시 현 호

국역 공자께서 말씀하셨다. "(남이 나를) 속일까 미리 짐작하지 않으며, (남이 나를) 믿어주지 않을까 억측하지도 않는다. 그러나 또한 먼저 깨닫는 자가 현명한 것이다."

글자풀이 逆 미리 짐작하다. 지레짐작하다. 詐 속이다. 기롱하다. 億 억측하다. 헤아리다. 억臆과 같다. 抑 그러나.

강講 상대방이 나를 속일까 불신하고 편견과 선입견으로 미리 금 그어서는 안 된다. 신뢰와 성실로 임할 때 사람을 제대로 볼 수 있고 깨달을 수 있다. 이것이 현명함이다.

34. 공자의 역공

微生畝 謂孔子曰 丘는 何爲是栖栖者與오 無乃爲佞乎아 孔子曰 非敢爲
미생묘 위공자왈 구 하위시서서자여 무내위녕호 공자왈 비감위

佞也라 疾固也니라
녕야 질고아

국역　미생묘가 공자에게 말했다. "그대는 어찌하여 이다지도 연연해
하는가? 말재주를 구사하는 것이 아닌가?" 공자께서 말씀하셨다. "감히
말재주를 구사하는 것이 아니라 고루한 것을 미워하는 것입니다."

글자풀이　微生畝 노나라의 은자. 미생微生은 성姓. 묘畝는 이름. 栖栖 연연해하다.
정처 없이 떠돌다. 無乃 ～이 아니다. 爲佞 말재주를 구사하다. 疾 미워하다. 固 고집
불통. 고루함.

강講　세상을 바꿀 수 없다고 생각하는 미생묘가 공자가 혐오하는 '말
재주'를 구사해 공자를 조롱했다. 그러자 공자는 세상을 바꿀 수 없다고
생각하는 고집불통과 고루함을 미워하는 것이라고 공손하게 역공한다.

35. 천리마의 덕

子曰 驥는 不稱其力이라 稱其德也니라
자왈 기 불칭기력 칭기덕아

공자께서 말씀하셨다. "천리마는 그 힘을 칭찬하는 것이 아니라 그 덕을 칭찬하는 것이다."

驥 천리마. 뛰어난 인물. 稱 칭찬하다. 德 길이 잘 들고 성질이 양순해 주인을 목적지까지 안전하게 모시는 능력.

하루에 천리를 달리는 천리마가 귀한 이유는 속도도 빠르지만, 태운 사람을 안전하게 목적지까지 닿도록 하기 때문이다. 사람도 그렇다. 능력과 재주를 받쳐주는 덕이 뛰어날 때 능력 또한 빛난다.

36. 곧음으로 원한을 갚아라

或曰 以德報怨이 何如하니잇고 **子曰 何以報德고 以直報怨**이요 **以德報德**이니라
혹 왈 이 덕 보 원　　하 여　　　　 자 왈 하 이 보 덕　　 이 직 보 원　　　 이 덕 보 덕

국역 어떤 사람이 말했다. "덕으로 원한을 갚는 것이 어떻습니까?" 공자께서 말씀하셨다. "무엇으로 덕을 갚을 것이오? 곧음으로 원한을 갚고, 덕으로 덕을 갚아야 하오."

강講 원한도 덕도 덕으로 갚는다면 과연 올바른 것일까? 공자는 원한에 대해서는 올바름과 곧음으로 갚고, 덕은 덕으로 갚아야 한다고 말한다. 이성적이고 합리적이다.

37. 공자의 고뇌와 자부심

子曰 莫我知也夫인저 子貢曰 何爲其莫知子也잇고 子曰 不怨天하며 不尤人
자왈 막아지야부   자공왈 하위기막지자아   자왈 불원천   불우인

이요 下學而上達하노니 知我者는 其天乎인저
하학이상달   지아자   기천호

국역　공자께서 말씀하셨다. "나를 아는 자가 없구나." 자공이 말했다. "어찌 선생님을 아는 자가 없다고 하십니까?" 공자께서 말씀하셨다. "하늘을 원망하지 않고 남을 탓하지 않으며, 아래에서 배워 위로 통달하니, 나를 아는 것은 하늘일 것이다."

강講　치자治者든 은자隱者든 공자를 바르게 아는 이가 없었다. 그럼에도 공자는 하늘을 원망하거나 남을 탓하지 않았다. 평생을 치열하게 살면서 인간의 일을 통해 하늘의 도를 알았고, 천명이 주어졌음도 깨달았다. 하늘만은 자신을 안다는 자부심에 숙연해진다.

38. 모두가 명이다

公伯寮愬子路於季孫이어늘 子服景伯이 以告曰 夫子固有惑志於公伯寮하나
공백료소자로어계손   자복경백   이고왈 부자고유혹지어공백료

니 吾力이 猶能肆諸市朝니이다 子曰 道之將行也與도 命也며 道之將廢也與
오력   유능사저시조   자왈 도지장행야여도 명야   도지장폐야여

도 命也니 公伯寮其如命何리오
명야   공백료기여명하

공백료가 계손씨에게 자로를 헐뜯자 자복경백이 공자께 아뢰었다. "부자[계손]가 진실로 공백료에게 마음이 미혹되어 있지만, 제 힘이라면 오히려 (공백료의 시체를) 시장이나 조정에 늘어놓을 수 있습니다." 공자께서 말씀하셨다. "도가 장차 행해지는 것도 (하늘의) 명이며, 도가 장차 폐해지는 것도 (하늘의) 명이니, 공백료가 그 (하늘의) 명을 어떻게 하겠느냐?"

글자풀이 公伯寮 노나라 사람. 공백公伯은 성이고, 료寮가 이름이다. 愬 참소하다. 헐뜯다. 子服景伯 노나라 대부. 백伯은 항렬이고, 이름은 하何다. 固 진실로. 참으로. 猶 그래도. 肆 시신을 늘어놓다. 市朝 시장과 조정으로 당시 죄를 지은 사람을 처형하는 장소였다.

강講 공백료의 말에 흔들리는 계손과 흥분하여 전하는 자복경백의 모습이 영상처럼 그려진다. 하지만 공자는 살고 죽는 것, 도의 행과 폐, 모두가 인간의 힘이 아닌 하늘[명命]에 달려 있음을 안다. 공백료가 할 수 있는 일이 아니다.

39. 네 부류의 은자들

子曰 賢者는 辟世하고 其次는 辟地하고 其次는 辟色하고 其次는 辟言이니라
자 왈 현 자   피 세   기 차   피 지   기 차   피 색   기 차   피 언

국역 공자께서 말씀하셨다. "현자는 (무도한) 세상을 피하고, 그다음은 (어지러운) 지역을 피하며, 그다음은 (거짓된) 안색을 피하고, 그다음

은 (왜곡된) 말을 피한다."

글자풀이   辟 피하다. 피避와 같다.

강講   당시 능력과 덕이 뛰어나지만 무도한 세상을 견딜 수 없었던 은자隱者들은 세상과 지역과 사람과 말을 피해 떠났다. 세상에 이름을 걸려는 욕심이 있으면 할 수 없는 일이다.

40. 일곱 명의 실천자

子曰 作者七人矣로다
자 왈 작 자 칠 인 의

국역   공자께서 말씀하셨다. "(은둔을) 실천한 사람이 일곱 명이다."

강講   이 문장은 위의 장과 이어져 이 네 가지를 실천한 사람인 듯하다.

41. 그럼에도 하는 자

子路宿於石門이러니 晨門曰 奚自오 子路曰 自孔氏로라 曰 是知其不可而爲
자 로 숙 어 석 문   신 문 왈 해 자   자 로 왈 자 공 씨   왈 시 지 기 불 가 이 위
之者與아
지 자 여

국역 자로가 석문에서 묵었는데, 문지기가 물었다. "어디에서 오셨소?" 자로가 말했다. "공씨에게서 왔습니다." "그 안 되는 줄 알면서도 하는 사람 말이오?"

글자풀이 宿 유숙하다. 石門 지명. 晨門 새벽에 성문을 열어주는 일을 맡은 자. 문지기. 自 ~부터.

강講 혼란한 세상을 대하는 태도다. 은자들은 안 된다고 미리 금을 긋고 하지 않았지만, 공자는 안 된다는 것을 알면서도, 세상을 바꾸려는 노력을 멈추지 않았다. 이것이 은자와 공자의 다른 점이다.

42. 공자의 경쇠소리

子擊磬於衛러시니 有荷簣而過孔氏之門者曰 有心哉라 擊磬乎여 旣而曰
자 격 경 어 위　　有 하 궤 이 과 공 씨 지 문 자 왈　유 심 재　　격 경 호　　기 이 왈

鄙哉라 硜硜乎여 莫己知也어든 斯已而已矣니 深則厲요 淺則揭니라 子曰 果
비 재　　경 경 호　　막 기 지 야　　사 이 이 이 의　　심 즉 려　　천 즉 게　　자 왈 과

哉라 末之難矣니라
재　　말 지 난 의

국역 공자께서 위나라에서 경쇠를 두드리고 계셨다. 삼태기를 메고 공씨의 문 앞을 지나던 자가 말했다. "마음이 (천하에) 있구나, 경쇠를 두드림이여!" 조금 있다가 말했다. "비루하구나, 땅땅거리는 소리여! 자기를 알아주지 않으면 그만둘 따름이다. 물이 깊으면 옷을 벗고 건너고, 얕으면 옷을 걷고 건너야 한다." 공자께서 말씀하셨다. "과감하구나. 어

려울 것이 없겠구나."

글자풀이   擊 두드리다. 치다. 磬 경쇠. 荷 메다. 蕢 삼태기. 旣而 조금 있다가. 鄙
비루하다. 천박하다. 硜硜 단단하다. 확고하다. 고집스럽다. 厲 옷을 벗고 건너다. 揭
옷을 걷고 건너다. 果 용감하다. 과감하다. 末 없다.

강講   세상을 걱정하는 마음이 공자의 경쇠소리에 담겨 있다. 지나가
던 은자가 듣고 마음에 천하를 두었다며 비웃었다. 세상을 포기하지 않
은 공자와 과감하게 세상을 버린 은자는 다르다. 이해받지 못해도 하늘
의 뜻을 꿋꿋이 따르는 공자의 모습이다.

43. 유훈정치

子張曰 書云 高宗이 諒陰三年을 不言이라하니 何謂也잇고 子曰 何必高宗이
리오 古之人이 皆然하니 君薨이어든 百官이 總己하여 以聽於冢宰三年하니라

국역   자장이 말했다. "『서경』에 이르기를 '고종이 양암에서 3년 동안
말하지 않았다'라고 하는데, 무엇을 이르는 것입니까?" 공자께서 말씀하
셨다. "하필 고종뿐이겠는가? 옛사람들은 모두 그랬으니, 임금이 돌아가
시면 백관들은 자기의 직책을 총괄해 총재에게 듣는 것을 3년 동안
했다."

글자풀이   高宗 은나라 임금인 무정武丁. 諒陰 천자가 거상居喪하는 곳. 三年 삼년

상. 25개월. 薨 제후의 죽음. 천자의 죽음은 붕崩, 대부의 죽음은 졸卒, 사의 죽음은 불록不祿, 서민의 죽음은 사死. 百官 모든 관리. 聽 명령을 듣다. 總己 자기의 직책을 다하다. 冢宰 태재太宰로 오늘날의 국무총리.

강講 　임금이 3년 상을 지낼 때, 직접 정사를 행하지 않아도 통치가 가능했던 것은 총재의 지휘 아래 모든 신하들이 자신의 직책에 묵묵히 매진했기 때문이다. 남겨진 아버지의 뜻을 묵묵히 잇는다고 해서 이를 유훈정치遺訓政治라고 한다. 여기에서 자장이 인용한 말은 「열명說命」편의 기록이다.

44. 윗사람이 예를 좋아하면

子曰 上好禮則民易使也니라
자 왈 상 호 례 즉 민 이 사 야

국역 　공자께서 말씀하셨다. "윗사람이 예를 좋아하면, 백성을 부리기 쉽다."

강講 　예는 관계 속에서 분수와 직분에 맞게 행하며 상대를 배려하는 것이다. 윗사람이 예로써 대하고 예에 맞게 행동하면 아랫사람 또한 예로써 윗사람을 공경하고 신뢰한다. 이렇게 한다면 결코 정치가 어렵지 않다.

45. 군자가 되는 길

子路問君子한대 子曰 修己以敬이니라 曰 如斯而已乎잇가 曰 修己以安人이니
자로문군자　　　자왈 수기이경　　　왈 여사이이호　　　왈 수기이안인

라 曰 如斯而已乎잇가 曰 修己以安百姓이니 修己以安百姓은 堯舜도 其猶病
　왈 여사이이호　　　왈 수기이안백성　　　수기이안백성　요순　기유병

諸시니라
저

국역　　자로가 군자에 대해 물었다. 공자께서 말씀하셨다. "경으로써
자기를 닦는 것이다.""이같이만 하면 됩니까?""자기를 닦아서 사람들
을 편안하게 하는 것이다.""이같이만 하면 됩니까?""자기를 닦아서 백
성을 편안하게 하는 것이니, 자기를 닦아서 백성을 편안하게 하는 것은
요임금과 순임금도 오히려 부족하다고 여기셨다."

강講　　수신은 군자의 출발이다. 경으로 자신을 닦을 때 너와 하나 될
수 있고, 세상과 하나 될 수 있다. 공자는 '안인'과 '안백성'으로 확대하
면서도 '수기修己'를 놓치지 않았다. 자기를 닦지 않고 세상을 구제할 수
는 없다. 그것이 군자의 길이다.

46. 나잇값

原壤이 夷俟러니 子曰 幼而不孫弟하며 長而無述焉이요 老而不死가 是爲賊이
원양　이사　　　자왈 유이불손제　　　　장이무술언　　　노이불사　시위적

라하시고 以杖叩其脛하시다
　　　　이 장 고 기 경

국역　원양이 걸터앉아서 (공자를) 기다리고 있으니, 공자께서 말씀하셨다. "어렸을 때는 공손하지 않았고, 어른이 되어서는 내세울 것이 없으며, 늙어서는 죽지도 않으니, 이야말로 (인륜을) 해치는 놈이로구나." 그러면서 지팡이로 그의 정강이를 두드리셨다.

글자풀이　原壤 노나라 사람으로 공자의 옛 친구. 夷 웅크리고 걸터앉다. 무릎을 세우고 앉다. 俟 기다리다. 述 칭찬. 賊 도적. 杖 지팡이. 叩 두드리다. 脛 정강이.

강講　나이에 맞게 행동을 하는 것이 '나잇값'이다. 한데 원양은 나이가 들어서도 사람이 갖춰야 할 기본적인 예를 무시했다. 사소한 듯해도 이러한 행동이 풍속과 세상을 어지럽힌다. 공자가 인륜을 해치는 놈이라고 질타한 이유다.

47. 빨리 이루려는 자

闕黨童子將命이어늘 或이 問之曰 益者與잇가 子曰 吾見其居於位也하며 見其
궐 당 동 자 장 명　　　　혹　문 지 왈 익 자 여　　　자 왈 오 견 기 거 어 위 야　　　　견 기

與先生並行也호니 非求益者也라 欲速成者也니라
여 선 생 병 행 야　　　비 구 익 자 야　　　욕 속 성 자 야

국역　궐당의 동자가 명령을 전달하는 일을 맡자 어떤 사람이 물었다. "(공부가) 진전된 자입니까?" 공자께서 말씀하셨다. "나는 그 아이가 (어른의) 자리에 앉아 있는 것을 보았고, 선생과 어깨를 나란히 하여 걸어가는 것을 보았소. (공부가) 진전되기를 구하는 자가 아니라 빨리 이루고자 하는 자더이다."

　　童子 관례를 행하지 않은 자의 칭호. 將 전달하다. 將命 손님과 주인 사이의 말을 전달하는 것. 益 진전進展. 배움에 진전이 있는 것. 並行 어깨를 나란히 하여 함께 걷다.

강講　　동자는 앉을 때는 구석에, 걸을 때는 어른들 뒤에 떨어져 걷는 것이 예법이다. 하지만 그는 어른들과 같은 자리에 앉고 함께 걸었다. 공자가 볼 때 그는 출세를 지향하는 아이였다. 무심히 하는 행동에 생각과 마음, 욕망이 담겨 있다.

제15편

위령공
衛靈公

．

．

．

군자의 삶과 철학

．

．

위령공편은 공자가 위나라에서 겪었던 일로부터 시작한다. 군자의 수신과 처세, 이상적인 인간형과 통치자론 등이 거론된다. 특히 공자의 교육관을 볼 수 있는데, 오늘날 우리 교육의 지표이기도 하다. 헌문편에 이어서 공자와 은자의 만남에 대한 기록이 많다. 모두 41장이다.

1. 군자의 궁, 소인의 궁

衛靈公이 問陳於孔子한대 孔子對曰 俎豆之事는 則嘗聞之矣어니와 軍旅之
事는 未之學也라하시고 明日에 遂行하시다 在陳絶糧하니 從者病하여 莫能興
이러니 子路慍見曰 君子亦有窮乎잇가 子曰 君子는 固窮이니 小人은 窮斯濫
矣니라

국역 위령공이 공자께 진 치는 법을 물었다. 공자께서 말씀하셨다. "제사에 관한 일은 일찍이 들었지만, 군대에 관한 일은 아직 배우지 못했습니다." 다음 날 드디어 길을 떠나셨다. 진나라에 계실 때 양식이 떨어지니, 따르던 자들이 병들어 일어나지 못했다. 자로가 성난 얼굴로 뵙고는 말했다. "군자도 궁할 때가 있습니까?" 공자께서 말씀하셨다. "군자라야 진실로 궁할 수 있으니, 소인들은 궁하면 함부로 한다."

陳 군대의 항오行伍. 俎豆 제사 때 희생과 제물을 얹는 도구. 제사. 예법. 明日 다음 날. 遂 드디어. 마침내. 陳 진나라. 慍 성난 얼굴. 窮 궁핍. 斯 ~하면. 이에. 濫 함부로 하다. 넘치다.

강講 예법과 제사는 문명과 평화를, 전쟁은 살육과 고통과 궁핍을 의미한다. 전쟁하는 법을 묻는 위령공에게 공자는 완곡법으로 백성의 삶에 신경쓸 것을 말한다. 위나라를 떠난 공자가 만난 것은 포위와 굶주림이었다. 성난 자로에게 군자만이 궁핍할 수 있다고 한 것은 그런 상황에도 편법을 쓰지 않고 곤궁함을 견뎌야 함을 말한 것이다.

2. 공자의 공부

子曰 賜也아 女以予爲多學而識之者與아 對曰 然하이다 非與잇가 曰 非也
자 왈 사 야   여 이 여 위 다 학 이 지 지 자 여   대 왈 연   비 여   왈 비 야
라 予는 一以貫之니라
여   일 이 관 지

국역 공자께서 말씀하셨다. "사야, 너는 내가 많이 배워서 그것을 기억하는 자라고 생각하느냐?" 자공이 대답했다. "그렇습니다. 아닙니까?" "아니다. 나는 하나의 이치로 모든 것을 꿰뚫고 있다."

글자풀이 也 ~야. 호격조사. 女 너. 여汝와 같다. 識 기억하다. 與 의문종결사. 也 단정의 어조사. 貫 꿰뚫다.

강講 배운 것을 기억하는 데는 한계가 있다. 하지만 하나의 이치로

모든 것을 꿰뚫는 공부는 다르다. 어떤 것이든 문제되지 않으며, 미래의
일도 예측가능하다. 이것이 공자의 공부다. '일이관지'는 「리인」편 15장
에도 나온다.

3. 덕을 아는 자가 드물다

子曰 由아 知德者鮮矣니라
자 왈 유　　지 덕 자 선 의

국역　공자께서 말씀하셨다. "유야, 덕을 아는 자가 드물구나."

강講　덕이란 이미 내 안에 주어진 것이다. 이 때문에 누구나 덕을 행
할 수 있으나 덕이 주어진 것조차 알지 못하는 사람들이 많다. 그것을 안
다면 세상이 달라질 것이다.

4. 무위의 다스림

子曰 無爲而治者는 其舜也與신저 夫何爲哉시리오 恭己正南面而已矣시니라
자 왈 무 위 이 치 자　　기 순 야 여　　　부 하 위 재　　　공 기 정 남 면 이 이 의

국역　공자께서 말씀하셨다. "다스리지 않고도 다스린 사람은 순임금
이시다. 무엇을 하셨는가? 자기 자신을 공손히 하여 바르게 남면하셨을
뿐이다."

無爲 작위함이 없다. 南面 천자의 자리.

강講 다스리지 않아도 다스려지는 세상은 리더가 인재를 알아보고 적재적소에 등용해 능력을 발휘하도록 할 때 이룰 수 있다. 위에서 아래에 이르기까지 모두가 제역할을 하기 때문에 천자는 바르게 앉아있기만 하면 된다. 이것이 순임금의 정치였다.

5. 뜻을 행하는 방법

子張問行한대 子曰 言忠信하며 行篤敬이면 雖蠻貊之邦이라도 行矣어니와 言
자 장 문 행   자 왈 언 충 신   행 독 경   수 만 맥 지 방   행 의   언

不忠信하며 行不篤敬이면 雖州里나 行乎哉아 立則見其參於前也요 在輿則
불 충 신   행 부 독 경   수 주 리   행 호 재   입 즉 견 기 참 어 전 야   재 여 즉

見其倚於衡也니 夫然後에 行이니라 子張이 書諸紳하니라
견 기 의 어 형 야   부 연 후   행   자 장   서 저 신

국역 자장이 (뜻이) 행해지는 것에 대해 질문했다. 공자께서 말씀하셨다. "말이 진실되고 믿음직스러우며 행실이 독실하고 공경스러우면, 비록 오랑캐 나라라 할지라도 (뜻이) 행해질 수 있다. (하지만) 말이 진실되고 믿음직스럽지 않고 행실이 독실하고 공경스럽지 않다면 비록 자신의 동네라 할지라도 (뜻이) 행해질 수 있겠는가? 서 있을 때는 그것이 [충신독경忠信篤敬] 앞에 참여한 것을 볼 수 있고, 수레에 타고 있을 때는 그것이 멍에에 기댄 것을 볼 수 있어야 하니 그런 뒤에야 (뜻이) 행해질 수 있다." 자장이 (이 말씀을) 띠에 적었다.

글자풀이　蠻 남쪽 오랑캐[남면南蠻]. 貊 북쪽 오랑캐[북적北狄]. 만맥蠻貊은 미개하고 야만적인 나라. 州里 자기가 사는 동네. 시골 마을. 향리鄕里. 州는 1만 2,500호의 마을, 里는 25호의 마을. 其 충신독경忠信篤敬. 參 참여하다. 倚 기대다. 衡 멍에. 書 글로 쓰다. 紳 큰 띠의 아래로 드리워진 것.

강講　지닌 뜻을 행하기 위해서는 말과 행동이 진실되고 믿음직스러우며 독실하고 공경스러워야 한다. 그럴 때 오랑캐나라에 가서도 통할 수 있다. 사소한 일상에서도 이것을 잊지 않는다면 뜻이 행해질 수 있다.

6. 사어와 거백옥

子曰 直哉라 史魚여 邦有道에 如矢하며 邦無道에 如矢로다 君子哉라 蘧伯玉이여 邦有道則仕하고 邦無道則可卷而懷之로다

국역　공자께서 말씀하셨다. "곧구나, 사어여! 나라에 도가 있을 때도 화살처럼 곧으며, 나라에 도가 없을 때도 화살처럼 곧구나. 군자답구나, 거백옥이여! 나라에 도가 있을 때는 벼슬을 하고, 나라에 도가 없으면 거두어 감추어두는구나!"

글자풀이　史魚 사관인 어魚. 위나라의 대부로 이름은 추鰌. 자는 자어子魚. 사史는 관명. 卷 거두다. 懷 감추다.

강講　위나라 영공 때의 사관인 어와 거백옥은 동시대 사람이다. 사어

가 주검으로 간언하여 영공이 허물을 알도록 했다면, 거백옥은 도를 실천하고 행한 사람이다. 공자가 이 두 사람을 찬탄한 이유다.

7. 지혜로운 사람

子曰 可與言而不與之言이면 失人이요 不可與言而與之言이면 失言이니 知者
자왈 가여언이불여지언　　실인　　불가여언이여지언　　실언　　지자
는 不失人하며 亦不失言이니라
　불실인　　역불실언

국역　공자께서 말씀하셨다. "더불어 말할 만한데도 더불어 말하지 않으면 사람을 잃고, 더불어 말할 만하지 않은데도 더불어 말하면 말을 잃는다. 지혜로운 자는 사람도 잃지 않고, 말도 잃지 않는다."

강講　말할 만한데도 하지 않는 것은 상대방을 믿지 못하거나 욕심 때문이요, 말할 사람이 아닌데도 말하는 것은 상대방을 파악하지 못했거나 자신을 자랑하기 위함이다. 때와 사람을 가려서 말할 때, 말도 사람도 잃지 않는다. 이것이 지혜로운 사람이다.

8. 지사와 인인

子曰 志士仁人은 無求生以害仁이요 有殺身以成仁이니라
자왈 지사인인　무구생이해인　　유살신이성인

국역　공자께서 말씀하셨다. "뜻 있는 선비와 인한 사람은 삶을 구하려 인을 해치지 않고, 몸을 바쳐서라도 인을 이룸이 있다."

글자풀이　志士 도에 뜻을 둔 선비. 仁人 어진 마음을 지녀 덕을 이룬 사람.

강講　삶과 몸은 유한하지만, 인은 하늘로 사는 것이고 영원으로 사는 것이다. 도에 뜻을 둔 선비와 덕을 이룬 인한 사람이 목숨을 바쳐서라도 추구하는 이유다.

9. 인을 행하는 방법

子貢이 問爲仁한대 子曰 工欲善其事인댄 必先利其器니 居是邦也하여 事其
자 공 　 문 위 인 　　 자 왈 공 욕 선 기 사 　　 필 선 리 기 기 　 거 시 방 야 　　 사 기
大夫之賢者하며 友其士之仁者니라
대 부 지 현 자 　　 우 기 사 지 인 자

국역　자공이 인을 행하는 것에 대해 물었다. 공자께서 말씀하셨다. "장인이 그 일을 잘하려면 반드시 먼저 그 연장을 날카롭게 갈아야 한다. (그처럼) 이 나라에 거처해서는 대부 가운데 현명한 사람을 섬기고, 선비 가운데 인한 사람과 벗해야 한다."

글자풀이　爲仁 인을 행하다. 인을 실천하다. 工 장인. 기술자. 利 날카롭게 하다. 예리하게 하다.

강講　보고 배우는 것보다 효과적인 것이 없다. 인을 행하기 위해서는

인한 사람과 함께 하는 것이 우선이다. 위로는 현명하고 어진 대부를 섬기고, 가까이로는 어질고 현명한 사士와 벗하는 것, 이것이 인을 실천하는 출발이다.

10. 나라 다스리는 법

顏淵이 問爲邦한대 子曰 行夏之時하며 乘殷之輅하며 服周之冕하며 樂則韶
안 연　　문 위 방　　　자 왈　행 하 지 시　　　승 은 지 로　　　　복 주 지 면　　　　악 즉 소

舞요 放鄭聲하며 遠佞人이니 鄭聲은 淫하고 佞人은 殆나라
무　　방 정 성　　　원 녕 인　　　정 성　음　　　영 인　태

국역　안연이 나라 다스리는 법에 대해 물었다. 공자께서 말씀하셨다. "하나라의 책력을 행하고, 은나라의 수레를 타며, 주나라의 면류관을 쓰고, 음악은 (순임금의 음악인) 소무를 쓰며, 정나라의 음악은 추방하고, 말재주 있는 자를 멀리 해야 하니, 정나라의 음악은 음탕하고, 말을 잘하는 사람은 위태롭다."

글자풀이　時 절기, 책력. 輅 큰 수레. 冕 주나라의 면류관. 제복에 쓰는 관. 韶舞 순임금의 음악과 춤. 鄭聲 정나라의 음악. 佞人 말재주가 뛰어난 사람.

강講　나라를 다스리는 것은 백성의 삶을 책임지는 것이다. 공자는 각 왕조의 가장 좋은 점을 안연에게 제시했다. 가르침을 그대로 따르는 안연이기에 최고의 나라가 될 수 있는 방법을 제시한 것이다.

11. 멀리까지 헤아려라

子曰 人無遠慮면 必有近憂니라
자 왈 인 무 원 려   필 유 근 우

국역　공자께서 말씀하셨다. "사람이 멀리 내다보는 헤아림이 없으면, 반드시 가까운 근심이 있다."

글자풀이　慮 헤아리다. 사려하다.

강講　현재뿐 아니라 멀리까지 헤아리는 지혜와 안목을 지닐 때 불확실한 미래를 확실히 할 수 있다. 그렇지 않으면 순간순간 맞닥뜨리는 발밑의 근심에 전전긍긍하며 살아야 한다.

12. 공자의 탄식

子曰 己矣乎라 吾未見好德을 如好色者也로라
자 왈 이 의 호   오 미 견 호 덕   여 호 색 자 야

국역　공자께서 말씀하셨다. "그만두자꾸나! 나는 아직 덕을 좋아하기를 이성을 좋아하듯이 하는 자를 보지 못했다."

강講　앞에 '이의호己矣乎'가 붙었을 뿐, 「자한」편 17장에 나왔다.

13. 지위를 훔친 자

子曰 臧文仲은 其竊位者與인저 知柳下惠之賢而不與立也로다
자 왈 장 문 중　　기 절 위 자 여　　　지 유 하 혜 지 현 이 불 여 립 야

국역　공자께서 말씀하셨다. "장문중은 그 지위를 훔친 자로구나. 유하혜의 뛰어남을 알면서도 함께 조정에 서지 않았다."

글자풀이　臧文仲 장공·민공·희공·문공의 4대 임금을 모셨다. 어질고 지혜 있는 자로 칭송받았다. 竊位 능력이 뒷받침되지 않음에도 지위에 앉은 것. 柳下惠 노나라 대부인 전획展獲. 공자와 동시대에 살았다. 與立 조정에 함께 서다.

강講　능력 있는 자를 알고도 쓰지 않은 것도 도둑질이요, 제자리가 아닌데도 차지하는 것도 도둑질이다. 장문중은 이 두 가지를 다했기 때문에 공자로부터 자리를 도둑질한 자라는 비판을 면하지 못했다.

14. 원망을 없애는 법

子曰 躬自厚而薄責於人이면 則遠怨矣니라
자 왈 궁 자 후 이 박 책 어 인　　　즉 원 원 의

국역　공자께서 말씀하셨다. "몸소 자책하기를 두텁게 하고, 남을 책망하기를 가볍게 한다면 원망이 멀어질 것이다."

躬 몸소. 自 자책하다. 자신을 책하다.

강講 자신에게는 엄격하게 하여 바르도록 하고, 남에게는 부드럽게 대한다면, 남을 원망하는 일이 없게 되고, 남이 나를 원망하는 일도 없게 된다.

15. 나도 할 수 없다

子曰 不曰如之何 如之何者는 吾末如之何也已矣니라
자 왈 불 왈 여 지 하 여 지 하 자   오 말 여 지 하 야 이 의

국역 공자께서 말씀하셨다. "'어찌할까, 어찌할까'라고 (간절하게) 말하지 않는 자는 나도 어찌할 수가 없다."

글자풀이 如之何 어찌할까. 어떤 일에 대해 깊이 생각하고 살피는 것. 간절함. 末 미未와 같다. 也已矣 ~할 따름이다. 종결형 어미.

강講 '어찌할까?'라는 질문은 간절한 고민이며 몸부림이다. 공자는 스스로 간절할 때 도움도 줄 수 있다고 말한다. 간절하지 않은데 무엇을 해줄 수 있겠는가? 아무것도 할 수 없다.

16. 덕에 들어가기 어렵다

子曰 群居終日에 言不及義요 好行小慧면 難矣哉라
자 왈 군 거 종 일   언 불 급 의   호 행 소 혜   난 의 재

국역　공자께서 말씀하셨다. "여럿이 하루 종일 거처하면서 말이 의로움에 미치지 않고, 하찮은 작은 꾀나 행하기 좋아한다면, (덕에 들어가기) 어렵구나."

글자풀이　群居 여럿이 함께 모이다. 小慧 하찮은 꾀. 작은 지혜. 잔머리.

강講　여럿이 모여 지혜를 모으면 놀라운 아이디어가 나올 수 있고, 세상도 변화시킬 수 있다. 그런데 모여서 농담만을 주고받거나 우스갯소리나 잔머리를 굴리며 꾀만을 과시한다면 곤란하고 어렵다.

17. 군자다움

子曰 君子는 義以爲質이요 禮以行之하며 孫以出之하며 信以成之하나니 君子
자 왈 군 자   의 이 위 질   예 이 행 지   손 이 출 지   신 이 성 지   군 자
哉라
재

국역　공자께서 말씀하셨다. "군자는 의로움으로 바탕을 삼고, 예로 그것을 행하며, 겸손함으로 그것을 드러내고, 신뢰로 그것을 이루어내니, 군자답구나."

義 마땅함. 올바름. 質 바탕. 줄기. 孫 손遜과 같다. 出 밖으로 드러내다. 나타나다.

강講 때와 상황에 알맞은 예는 의를 행하는 것이고, 겸손하고 공손한 말은 의를 드러내는 것이며, 성실과 신뢰는 의를 이루는 것이다. 의를 바탕으로 할 때 예와 손과 신으로 군자가 될 수 있다.

18. 무능이 병이다

子曰 君子는 病無能焉이요 不病人之不己知也니라
자 왈 군 자   병 무 능 언   불 병 인 지 불 기 지 야

국역 공자께서 말씀하셨다. "군자는 자신의 무능을 병으로 여기고, 남들이 자기를 알아주지 않는 것을 병으로 여기지 않는다."

강講 군자가 병으로 여기고 근심하는 것은 자신의 무능이다. 무능한데도 알아주기를 바란다면 군자라고 할 수 없다.

19. 군자의 괴로움

子曰 君子는 疾沒世而名不稱焉이니라
자 왈 군 자   질 몰 세 이 명 불 칭 언

공자께서 말씀하셨다. "군자는 세상을 마치도록 이름이 일컬어지지 않는 것을 괴로워한다."

글자풀이 疾 싫어한다. 괴로워하다. 沒世 세상을 다하다. 평생토록. 종신終身과 같다.

강講 수신이 치인으로 확장되어, 삶의 자취와 공부가 이룬 무늬가 있으면 이름은 알려진다. 이 때문에 군자는 자신의 삶이 남에게 미치지 않았는가를 괴로워해야 한다.

20. 군자와 소인의 다른 점

子曰 君子는 求諸己요 小人은 求諸人이니라
자 왈 군 자   구 저 기   소 인   구 저 인

국역 공자께서 말씀하셨다. "군자는 자신에게서 (원인을) 찾고, 소인은 남에게서 (원인을) 찾는다."

강講 군자는 일의 원인을 자신에게 둔다. 자신에게서 문제를 찾고 고치며 자신을 바르게 한다. 하지만 소인은 잘한 것은 자신이, 잘못이나 안 좋은 일은 모두 남 탓이다.

21. 군자의 자긍심

子曰 君子는 矜而不爭하고 群而不黨이니라
자 왈 군 자   긍 이 부 쟁   군 이 부 당

국역 공자께서 말씀하셨다. "군자는 자긍심이 있지만 다투지 않고, 무리를 이루지만 편당을 만들지는 않는다."

글자풀이 矜 자긍심. 씩씩함. 몸가짐을 장중하게 하는 것. 群 조화롭게 무리짓다. 黨 편당.

강講 자존감이 높고 자긍심을 지닌 사람은 귀가 열려 있다. 자신과 다른 생각도 수용하기 때문에 다툼이 없고, 다양한 생각을 지닌 사람들과 조화를 이룬다.

22. 군자의 판단력

子曰 君子는 不以言擧人하며 不以人廢言이니라
자 왈 군 자   불 이 언 거 인   불 이 인 폐 언

국역 공자께서 말씀하셨다. "군자는 말(이 좋은 것)만으로 (그) 사람을 쓰지 않으며, 사람(이 나쁘다는 것)만으로 (좋은) 말을 버리지 않는다."

강講 말과 사람을 분별하는 판단력을 지닐 때 말에 현혹되지 않고, 사람 때문에 말을 버리지도 않는다. 그럴 때 바른 사람과 함께 하고, 좋은 말을 쓸 수 있다.

23. 평생 숙제

子貢이 問曰 有一言而可以終身行之者乎잇가 子曰 其恕乎인저 己所不欲을
자 공   문 왈 유 일 언 이 가 이 종 신 행 지 자 호   자 왈   기 서 호   기 소 불 욕

勿施於人이니라
물 시 어 인

국역 자공이 물었다. "한마디 말로써 종신토록 행할 만한 것이 있습니까?" 공자께서 말씀하셨다. "서恕일 것이다. 자기가 하고자 하지 않는 것을 남에게 베풀지 않는 것이다."

강講 영특했지만 그릇이라는 평가를 받았던 자공에게 공자가 내준 평생의 숙제다. 다른 사람을 나처럼 여기는 것! 그릇을 넘어 군자로 가기 위한 자공의 과정이다.

24. 백성에 대한 믿음

子曰 吾之於人也에 誰毀誰譽리오 如有所譽者면 其有所試矣니라 斯民也
자왈 오 지 어 인 야   수 훼 수 예   여 유 소 예 자   기 유 소 시 의   사 민 야

는 三代之所以直道而行也니라
   삼 대 지 소 이 직 도 이 행 야

국역　공자께서 말씀하셨다. "내가 남에 대해서 누구를 비난하고 누구를 칭찬하겠는가? 만일 칭찬하는 사람이 있다면 시험해본 바가 있기 때문이다. 이 백성들은 (하·은·주) 삼대에 곧은 도로써 행했던 사람들이다."

글자풀이　毀 비난하다. 훼방하다. 譽 칭찬하다. 試 시험하다. 斯民 지금 이 백성. 三代 하·은·주 삼대. 이상사회. 直道 사사롭게 왜곡되지 않은 곧은 도.

강講　삶에 부대끼며 사는 사람들이지만 원래 이런 모습은 아니었다. 이들은 오래 전 삼대시대에 도를 행하며 바르게 살았던 사람들이다. 이 때문에 삼대를 회복한다면 충분히 본래의 모습으로 살아갈 수 있다. 공자의 사람에 대한 믿음과 인간 이해다.

25. 신중함과 미덕이 사라진 세상

子曰 吾猶及史之闕文也와 有馬者借人乘之러니 今亡矣夫인저
자왈 오유급사지궐문야   유마자차인승지   금무의부

공자께서 말씀하셨다. "나는 그래도 사관들이 (의심스러운) 글을 빼놓고 쓰는 것과 말을 소유한 자가 남에게 빌려주어 타게 하는 것을 보았는데, 지금은 (그런 일이) 없어졌구나."

글자풀이 史 사관. 闕文 의심스러운 글을 빼놓고 쓰다. 借 빌려주다. 亡 없다.

강講 사관은 곧고 공정해야 하는데, 지금의 사관은 알지 못해도 아는 체하며 역사를 기록하거나 꾸미고, 말을 소유한 자는 남의 불편은 아랑곳하지 않는다. 신중함과 미덕이 사라진 세상에 대한 안타까움이 담겨 있다.

26. 덕과 계책을 어지럽히는 것

子曰 巧言은 亂德이요 小不忍則亂大謀니라
자왈 교언   난 덕   소 불 인 즉 난 대 모

국역 공자께서 말씀하셨다. "교묘하게 꾸민 말은 덕을 어지럽히고, 작은 것을 참지 못하면 큰 계획을 어지럽힌다."

강講 세 치 혀로 잘 꾸며진 말은 세상과 덕을 어지럽혀 불신을 조장한다. 또 자신의 잇속만 챙기거나 개인적인 분노를 참지 못하면 큰 계획을 어그러뜨린다. 교언을 분별하고, 작은 일에 끄달리지 않도록 살피는 눈을 지녀야 한다.

27. 반드시 살펴라

子曰 衆惡之라도 必察焉하며 衆好之라도 必察焉이니라
자 왈 중 오 지　　　필 찰 언　　　중 호 지　　　필 찰 언

국역　공자께서 말씀하셨다. "여러 사람이 미워하더라도 반드시 살펴보아야 하며, 여러 사람이 좋아하더라도 반드시 살펴보아야 한다."

강講　옳은 일인데도 비난을 받는 경우도 있고, 대중의 기호에 영합해 칭찬과 환호를 받기도 한다. 이 때문에 대중의 호불호에 휘둘리지 말고, 올바른 잣대를 지녀서 옳고 그름을 살펴 바르게 판단할 수 있어야 한다.

28. 사람과 도

子曰 人能弘道요 非道弘人이니라
자 왈 인 능 홍 도　　　비 도 홍 인

국역　공자께서 말씀하셨다. "사람이 도를 넓히는 것이지, 도가 사람을 넓히는 것은 아니다."

글자풀이　弘 넓히다. 道 사람이 따라야 할 도리. 사람다움의 도리.

강講　도는 사람이 걸어야 하는 길이며 사람다움을 확립해주는 도리로, 한시도 사람과 떨어질 수 없다. 하지만 도는 도일 뿐, 도를 따르고 넓

히는 것은 사람이다. 공자는 모든 가치의 중심에 사람을 두어, 사람이 도를 넓히고 세상을 바르게 할 수 있다고 보았다. 사람이 도의 주인인 것이다.

29. 이것이 허물이다

子曰 過而不改 是謂過矣니라
자 왈 과 이 불 개 시 위 과 의

국역 공자께서 말씀하셨다. "허물이 있어도 고치지 않는 것, 이것을 허물이라고 한다."

강講 잘못임을 알았을 때 바로 인정하고 고치기란 쉽지 않다. 일단 변명부터 하는데, 이로 인해 고칠 기회를 잃고 더 많은 잘못에 빠진다. 이것이 정말로 큰 잘못이다.

30. 배움이 먼저다

子曰 吾嘗終日不食하며 終夜不寢하여 以思호니 無益이라 不如學也로라
자 왈 오 상 종 일 불 식   종 야 불 침   이 사   무 익   불 여 학 야

국역 공자께서 말씀하셨다. "내 일찍이 종일토록 먹지 않고, 밤새도록 잠도 자지 않으며 사색했으나 무익했다. 배우는 것만 못했다."

'배우고 생각하고[학이사學而思]'는 공부의 정도正道다. 배운 것을 바탕으로 생각이 이루어질 때 배움도 생각도 바르게 되어 실천에까지 이르러 배움이 현실에서 실현된다. 배움이 먼저다.

31. 도를 도모하는 군자

子曰 君子는 謀道요 不謀食하나니 耕也에 餒在其中矣요 學也에 祿在其中矣
자왈 군자　모도　불모식　　　 경야　뇌재기중의　 학야　 녹재기중의

니 君子는 憂道요 不憂貧이니라
　군자　우도　불우빈

국역 공자께서 말씀하셨다. "군자는 도를 도모하고 밥을 도모하지 않는다. 농사를 지어도 굶주림이 그 속에 있고, 학문을 해도 녹이 그 가운데 있으니, 군자는 도를 근심하지 가난을 근심하지 않는다."

글자풀이 謀 도모하다. 추구하다. 耕 농사를 짓다. 餒 주리다. 굶주리다. 在其中 그 속에 있다. 學 도를 추구하는 일.

강講 열심히 농사를 지어도 전쟁과 재해, 취렴聚斂 등에 의해 굶주릴 수 있다. 하지만 군자가 도를 추구해 학문을 하여 세상을 올바르게 이끈 다면 모두가 배부를 수 있다.

32. 통치자가 지녀야 할 요소

子曰 知及之라도 仁不能守之면 雖得之나 必失之니라 知及之하며 仁能守
자왈 지급지 　　 인불능수지 　수득지 필실지 　　지급지 　　 인능수

之라도 不莊以涖之면 則民不敬이니라 知及之하며 仁能守之하며 莊以涖之라도
지 　부장이리지 즉민불경 　　 지급지 　　 인능수지 　　 장이리지

動之不以禮면 未善也니라
동지불이례 　 미선야

국역　공자께서 말씀하셨다. "지혜가 거기에 미치더라도 인으로 그것을 지켜낼 수 없으면, 비록 얻었다 할지라도 반드시 잃게 된다. 지혜가 거기에 미치며 인이 그것을 지켜낸다 할지라도, 장엄함으로 임하지 않으면 백성들이 공경하지 않는다. 지혜가 거기에 미치며 인이 그것을 지켜내며, 장엄함으로 임하더라도, 백성을 움직일 때 예로써 하지 않으면 좋지 못하다."

글자풀이　知 지혜. 莊 장엄하다. 涖 임하다. 動 흥기시키다. 고무시키다.

강講　지혜·인·장엄함·예는 통치자가 지녀야 할 요소다. 통치자의 자리에서 지혜로 백성에게 알맞는 정책을 제시하고, 인으로 백성과 하나되며, 장엄함으로 위엄을 드러내고, 예로 백성들을 고무시킬 수 있다면 모두가 행복하고 바른 세상이 이루어질 수 있다.

33. 군자와 소인의 일

子曰 君子는 不可小知而可大受也요 小人은 不可大受而可小知也니라
자 왈 군 자   불 가 소 지 이 가 대 수 야   소 인   불 가 대 수 이 가 소 지 야

국역 　공자께서 말씀하셨다. "군자는 작은 일은 알 수 없지만 큰 일은
맡을 수 있고, 소인은 큰 일은 맡을 수 없지만 작은 일은 알 수 있다 ."

강講 　소인은 작고 소소하며 전문적인 일에서 능하다. 반면 군자는 국
가를 다스리고 미래를 계획하며 백성을 조화롭게 하는 일에 능력을 발
휘한다. 각각의 역할과 능력이 다르기 때문에 그릇에 따라 일을 맡겨야
한다.

34. 인의 중요성

子曰 民之於仁也에 甚於水火하니 水火는 吾見蹈而死者矣어니와 未見蹈
자 왈 민 지 어 인 야   심 어 수 화   수 화   오 견 도 이 사 자 의   미 견 도

仁而死者也로라
인 이 사 자 야

국역 　공자께서 말씀하셨다. "백성에게 인은 물과 불보다 더 중요하
다. 물과 불의 경우 내가 밟다가 죽은 자를 보았지만, 인을 밟다가 죽은
자는 보지 못했다."

강講　물과 불은 삶에 반드시 필요한 요소다. 한데 사람을 사람답게 하는 인은 그보다 더 중요하다. 물과 불은 과도하게 많거나 적으면 죽음에 빠뜨리지만 인은 사람을 살린다. 그런데도 하지 않는다. 공자의 안타까움이 절절하다.

35. 인은 양보하지 않는다

子曰 當仁하여 **不讓於師**니라
자 왈 당 인　　불 양 어 사

국역　공자께서 말씀하셨다. "인을 해야 할 상황에서는 스승에게도 양보하지 않는다."

글자풀이　當 인을 자기 책임으로 삼는다. 인을 지키다. 인을 행하다.

강講　진리를 터득하고 인을 행하는 것은 그 누구에게도 양보해서는 안 된다. 인은 자신에게 달려 있고, 자신이 행하는 것이며, 천하와 하나 되는 것이다. 스승에게도 양보할 수 없다.

36. 올바르고 곧은 군자

子曰 君子는 **貞而不諒**이니라
자 왈 군 자　　정 이 불 량

국역 공자께서 말씀하셨다. "군자는 곧은 이치를 따라 올바르게 행동하고, 자잘한 약속에 얽매이지 않는다."

글자풀이 貞 시비를 가려서 올바르게 행하는 것. 곧은 이치. 諒 옳고 그른 것을 가리지 않고 약속에만 얽매인 것. 자잘한 약속.

강講 정貞이 의리[의義]에 합하는 올바른 도인 반면, 량諒은 사소한 약속이다. 약속도 중요하지만 비난이 두려워 자잘한 약속에 얽매어 큰 도를 그르쳐서는 안 된다.

37. 임금 섬기는 법

子曰 事君호되 **敬其事而後其食**이니라
자 왈 사 군   경 기 사 이 후 기 식

국역 공자께서 말씀하셨다. "임금을 섬길 때 (자신에게 주어진) 일을 경건하게 행하고, 그 녹은 뒤로 해야 한다."

강講 임금을 섬기는 것은 국정에 참여하여 백성의 삶을 안정되게 하는 것이다. 주어진 직책과 역할에 최선을 다하는 것이 공직자의 자세로, 녹은 자연히 따라온다.

38. 참교육을 행하다

子曰 有教無類니라
자 왈 유 교 무 류

국역 공자께서 말씀하셨다. "가르침에 있어서 사람을 가리지 않았다."

강講 공자학교는 문턱이 없어 배우고자 하는 모든 이들에게 문을 열어주었다. 제자들의 눈높이에 맞춰 교육했던 공자는 누구에게나 공평하게 배움의 기회를 준 스승이었다.

39. 도가 같지 않으면

子曰 道不同이면 不相爲謀니라
자 왈 도 부 동   불 상 위 모

국역 공자께서 말씀하셨다. "(지향하는) 도가 같지 않으면 서로 도모하지 않아야 한다."

강講 도는 지향하는 이념이며 방향이며 길이다. 같은 지향을 가진 사람과 함께 공동의 선을 추구해야 한다. 지향이 다르면 함께 하기 어렵다.

40. 말은 뜻을 전달하는 것

子曰 辭는 達而已矣니라
자 왈 사   달 이 이 의

국역 공자께서 말씀하셨다. "말은 뜻이 통하면 될 뿐이다."

강講 의사소통의 도구인 말은 뜻이 명확하게 통하는 것을 목적으로 한다. 말을 말 되게 하는 것은 본뜻이 제대로 전달될 때로, 이것이 말의 힘이다. 꾸며서 아름답게 장식하는 것에 힘을 써서는 안 된다.

41. 악사를 돕는 법

師冕이 見할새 及階어늘 子曰 階也라하시고 及席이어늘 子曰 席也라하시고 皆
사 면   현   급 계   자 왈 계 야   급 석   자 왈 석 야   개

坐어늘 子告之曰 某在斯 某在斯라하시다 師冕이 出커늘 子張이 問曰 與師言
좌   자 고 지 왈 모 재 사 모 재 사   사 면   출   자 장   문 왈 여 사 언

之道與잇가 子曰 然하다 固相師之道也니라
지 도 여   자 왈 연   고 상 사 지 도 야

국역 악사인 면이 공자를 뵈었다. 그가 섬돌에 이르자 공자께서 말씀하셨다. "섬돌입니다." 자리에 이르자 공자께서 말씀하셨다. "자리입니다." 모두 앉자 공자께서 그에게 일러주셨다. "아무개는 여기에 있고, 아무개는 여기에 있습니다." 악사인 면이 나가자 자장이 물었다. "악사와 더불어 말하는 방법입니까?" 공자께서 말씀하셨다. "그렇다. 진실로 악

사를 돕는 방법이다."

글자풀이　師 악사. 冕 악사의 이름. 階 섬돌. 某 아무개. 道 방법.

강講　시각장애인인 악사 면冕이 공자를 뵈러 왔다. 공자는 하나하나 알려주면서 길을 안내했고, 함께 있는 자들도 일일이 소개했다. 장애인 도 불편없이 함께하도록 하는 것, 이것이 인仁이다.

제16편

계씨

季氏

공자의 정치철학

계씨편은 『논어』의 다른 편들과 그 형식이 다르다. 글
이 길거나, '자왈'이 아닌 '공자왈'로 시작된 문장이 많
다. 정치에 관한 내용이 많아서 공자의 정치철학을 엿
볼 수 있다. 또 세 가지로 정리해놓은 문장이 많아 일
관된 내용을 모아놓은 모음집 같기도 하다. 송나라의
홍흥조洪興祖는 『논어』의 텍스트인 노론魯論·제론齊論·
고론古論 중 '제론'이라고 보았다. 모두 14장이다.

1-1. 염유와 계로가 공자를 방문하다

季氏將伐顓臾러니 冉有季路見於孔子曰 季氏將有事於顓臾리이다 孔子曰
계씨장벌전유　　　염유계로현어공자왈　계씨장유사어전유　　　공자왈

求아 無乃爾是過與아 夫顓臾는 昔者에 先王이 以爲東蒙主하시고 且在邦域之
구　무내이시과여　부전유　석자　선왕　이위동몽주　　　차재방역지

中矣라 是社稷之臣也니 何以伐爲리오 冉有曰 夫子欲之언정 吾二臣者는 皆
중의　시사직지신야　하이벌위　　염유왈 부자욕지　오이신자　개

不欲也로소이다
불욕야

국역　계씨가 장차 전유를 치려고 했다. 염유와 계로가 공자를 찾아뵙
고 말씀드렸다. "계씨가 전유에서 일을 벌이려고 합니다." 공자께서 말
씀하셨다. "구야! 이것은 너의 잘못이 아니냐? 저 전유는 옛날에 주나라
선왕께서 동쪽의 몽산 아래에 봉해 제사를 주관하게 하셨고, 또 노나라
영토 안에 있으니, 이는 사직社稷의 신하인데 어찌 정벌하려고 하는가?"
염유가 말했다. "계손이 하려는 것이지, 우리 두 신하는 모두 원치 않습
니다."

글자풀이 季氏 노나라 삼환三桓 중 하나. 有事 국가의 큰일인 제사와 전쟁. 여기서는 전쟁을 가리킨다. 季路 자로. 顓臾 노나라의 부용국. 부용국은 신하의 나라를 의미한다. 주공이 노나라에 봉해지기 전부터 몽산의 제사를 맡아왔다. 無乃 하지 않은가? ~아닌가? 昔者 옛날. 求 염유의 이름. 東蒙 동쪽의 몽산. 노나라에 봉해 몽산의 제사를 주관함. 主 제주祭主. 夫子 계손.

강講 염유는 계씨의 가신이 된 후 자주 공자를 실망시켰다. 계씨가 태산에서 여旅 제사를 지낼 때도 말리지 않았고, 농지세를 신설해 많은 세금을 거두어들이기도 했다. 공자가 염유를 꾸짖은 것은 그가 계씨의 일을 주도적으로 진행한 것을 알기 때문이다.

1-2. 누구의 잘못인가?

孔子曰 求아 周任이 有言曰 陳力就列하여 不能者止라하니 危而不持하며 顚而
공자왈 구 주임 유언왈 진력취렬 불능자지 위이부지 전이

不扶면 則將焉用彼相矣리오 且爾言이 過矣로다 虎兕出於柙하며 龜玉이 毁於
불부 즉장언용피상의 차이언 과의 호시출어합 귀옥 훼어

櫝中이 是誰之過與오
독중 시수지과여

국역 공자께서 말씀하셨다. "구야, 주임이 말하기를 '힘을 다해 벼슬에 나가서 제 역할을 할 수 없으면 그만두어야 한다'라고 했다. (나라가) 위태로운데도 붙잡지 못하며, 넘어지는데도 부축하지 못한다면, 장차 저 신하를 어디에 쓰겠는가? 또 너의 말이 잘못되었다. 범과 들소가 우리에서 뛰쳐나오고, 큰 거북과 옥이 궤 속에서 망가졌다면, 이는 누구의 잘못이겠는가?"

周任 옛날의 어진 사관史官. 陳力 힘을 쓰다. 능력을 펴다. 列 자리. 벼슬. 扶 부축하다. 相 신하. 虎兕 범과 들소. 柙 짐승우리. 龜玉 나라의 점을 치는 큰 거북과 옥. 櫝 독. 함. 궤.

강講 공직자는 통치자를 바르게 하고 백성들의 삶을 안정되게 해야 한다. 그것을 못하는 것은 공직자의 허물이며, 할 수 없다면 그만두어야 한다.

1-3. 공직자가 신경 써야 할 세 가지

冉有曰 今夫顓臾는 固而近於費하니 今不取면 後世에 必爲子孫憂하리이다 孔
염유왈 금부전유   고이근어비   금불취   후세   필위자손우   공

子曰 求아 君子는 疾夫舍曰欲之요 而必爲之辭니라 丘也聞호니 有國有家者는
자왈 구 군자   질부사왈욕지   이필위지사   구야문   유국유가자

不患寡而患不均하며 不患貧而患不安이라하니 蓋均이면 無貧이요 和면 無寡요
불환과이환불균   불환빈이환불안   개균   무빈   화   무과

安이면 無傾이니라
안   무경

국역 염유가 말했다. "지금 저 전유는 (성곽이) 견고하고 비읍과 가까우니, 지금 취하지 않으면 후세에 반드시 자손들에게 근심이 될 것입니다." 공자께서 말씀하셨다. "구야, 군자는 원한다고 말하지 않고 그것을 위하여 변명하는 것을 미워한다. 내가 들으니 나라를 소유하고 가를 소유한 자는 (백성이) 적은 것을 근심하지 않고 (분배가) 고르지 못한 것을 근심하며, 가난을 근심하지 않고 편안하지 못함을 근심한다고 한다. 대개 고르면 가난이 없고, 조화를 이루면 (백성이) 적음이 없으며, 편안하면 (나라가) 기울어짐이 없다."

固 성곽이 견고하다. 費 계씨의 근거지가 있는 읍. 疾 미워하다. 舍 버리다. 捨와 같다. 寡 백성이 적다. 貧 재물이 모자라다. 均 분수를 얻음. 고르다. 安 통치자와 백성들 모두가 편안한 세상.

강講 고르면 구성원들이 제 역할을 할 수 있어 가난이 없고, 화합하고 조화로우면 백성들이 적어지지 않으며, 나라가 안정되고 평안하면 국가를 신뢰하기에 치우치거나 기울어지지 않는다. 이 때문에 공직자는 가장 먼저 균·화·안을 신경써야 한다.

1-4. 공자의 근심, 계손의 근심

夫如是故로 遠人이 不服이면 則修文德以來之하고 旣來之면 則安之니라 今
부 여 시 고   원 인   불 복   즉 수 문 덕 이 래 지   기 래 지   즉 안 지   금

由與求也는 相夫子호되 遠人이 不服而不能來也하며 邦分崩離析而不能守也
유 여 구 야   상 부 자   원 인   불 복 이 불 능 래 야   방 분 붕 리 석 이 불 능 수 야

하고 而謀動干戈於邦内하니 吾恐季孫之憂 不在顓臾而在蕭牆之内也하노라
     이 모 동 간 과 어 방 내   오 공 계 손 지 우 부 재 전 유 이 재 소 장 지 내 야

국역 "이와 같으므로 멀리 있는 사람이 복종하지 않으면 문덕을 닦아서 오도록 하고, 이미 왔으면 편안하도록 해야 한다. 지금 유와 구는 계씨를 돕는다고 하면서 멀리 있는 사람이 복종하지 않는데도 오게 하지 못하며, 나라가 분열되고 무너지며 사람들이 떠나는데도 지키지 못하면서 나라 안에서 창과 방패를 동원할 것을 꾀하는구나. 나는 계손의 근심이 전유에 있지 않고 병풍 안에 있을까 두렵도다."

글자풀이 文德 외적으로는 문화, 내적으로는 덕. 分崩離析 나라가 분열되고 붕괴

되어 백성들이 여기저기 흩어지다. 蕭牆 임금과 신하가 만날 때 치는 병풍. 천자는 외병 外屛, 제후는 내병內屛, 대부는 염簾, 사士는 유帷를 쳤다. 한데 계씨는 참람하게 병을 쳤다.

강講　대부분의 우환은 발밑에서 시작된다. 천자의 예를 참칭한 계씨는 이미 국가의 질서를 무너뜨렸다. 그런데도 염유와 자로는 제 역할을 하지 못하고 있다. 계씨의 근심은 자신의 집안에 있었다.

2. 역사의 법칙

孔子曰 天下有道면 則禮樂征伐이 自天子出하고 天下無道면 則禮樂征伐이
공 자 왈　천 하 유 도　　즉 예 악 정 벌　　자 천 자 출　　　천 하 무 도　　즉 예 악 정 벌

自諸侯出하나니 自諸侯出이면 蓋十世에 希不失矣요 自大夫出이면 五世에 希不
자 제 후 출　　　자 제 후 출　　개 십 세　희 불 실 의　　자 대 부 출　　오 세　희 불

失矣요 陪臣이 執國命이면 三世에 希不失矣니라 天下有道면 則政不在大夫하
실 의　　배 신　집 국 명　　삼 세　희 불 실 의　　　천 하 유 도　　즉 정 부 재 대 부

고 天下有道면 則庶人이 不議하나니라
　천 하 유 도　　즉 서 인　불 의

국역　공자께서 말씀하셨다. "천하에 도가 있으면 예악과 정벌이 천자로부터 나오고, 천하에 도가 없으면 예악과 정벌이 제후로부터 나온다. 제후로부터 나오면 열 세대 안에 잃지 않음이 드물고, 대부로부터 나오면 다섯 세대 안에 잃지 않음이 드물며, 가신이 국가의 명령을 집행하면 세 세대 안에 잃지 않음이 드물다. 천하에 도가 있으면 정치가 대부에게 있지 않고, 천하에 도가 있으면 백성들이 정치에 대해 논하지 않는다."

글자풀이　禮樂 국가를 다스리는 기본 질서. 征伐 제후국이 정치를 잘못할 경우 천자가 무력으로 제후를 치는 것. 希 드물다. 陪臣 가신. 執 집행하다. 議 왈가왈부하다. 논하다.

강講 역사에는 모름지기 일정한 법칙이 있다. 천하에 도가 있으면 바른 인재들이 등용되고 모두가 제 역할을 할 수 있어 오래 지속되지만, 천하에 도가 무너져 신뢰가 없는 세상에서는 백성들까지 정치에 대해 왈가왈부한다.

3. 삼환의 미래

孔子曰 祿之去公室이 五世矣요 政逮於大夫가 四世矣니라 故로 夫三桓之子
공 자 왈 녹 지 거 공 실   오 세 의   정 체 어 대 부   사 세 의   고   부 삼 환 지 자

孫이 微矣니라
손   미 의

국역 공자께서 말씀하셨다. "녹이 공실을 떠난 지 다섯 세대가 되었고, 정치 권력이 대부에게 이른 지 네 세대가 되었다. 그러므로 저 삼환의 자손이 미약해진 것이다."

글자풀이 祿 국가를 지탱하는 공적인 물질. 五世 선공宣公·성공成公·양공襄公·소공昭公·정공定公의 다섯 공公. 逮 이르다. 微 미약하다.

강講 지금의 시점과 위치를 안다면 이를 통해 미래를 알 수 있다. 권불십년權不十年, 화무십일홍花無十日紅이라고 했다. 지금 권력을 지녔다고 해서 영원히 계속되는 것이 아니니, 역사 앞에서 늘 두려워하고 조심해야 한다.

4. 유익한 벗과 해로운 벗

孔子曰 益者三友요 損者三友니 友直하며 友諒하며 友多聞이면 益矣요 友便
공자왈 익자삼우 손자삼우 우직 우량 우다문 익의 우편
辟하며 友善柔하며 友便佞이면 損矣니라
벽 우선유 우편녕 손의

국역 공자께서 말씀하셨다. "유익한 벗이 셋이요, 해로운 벗이 셋이
다. 정직한 자를 벗하고, 믿음직한 자를 벗하며, 견문이 넓은 자를 벗하
면 유익하다. 편벽된 자를 벗하고, 아첨하는 자를 벗하며, 말만 번지르르
한 자를 벗하면 해롭다."

글자풀이 諒 믿음직하다. 진실하다. 多聞 견문이 넓다. 便辟 한쪽으로 치우치다.
善柔 아첨하는 자. 무조건 좋다고 하며 기쁘게 하는 데만 신경 쓰는 자. 便佞 말재주
가 뛰어난 자.

강講 어떤 사람과 벗하느냐에 따라 삶이 달라진다. 정직하고 믿음직
스러우며 견문이 넓은 사람과 함께한다면 자신 역시 그와 비슷하게 되
겠지만, 그렇지 않을 경우 판단력과 안목이 흐려지고 치우치게 된다.

5. 유익한 것과 해로운 것

孔子曰 益者三樂요 損者三樂니 樂節禮樂하며 樂道人之善하며 樂多賢友면
공자왈 익자삼요 손자삼요 요절예악 요도인지선 요다현우
益矣요 樂驕樂하며 樂佚遊하며 樂宴樂이면 損矣니라
익의 요교락 요일유 요연락 손의

국역 공자께서 말씀하셨다. "유익한 것이 세 가지 좋아함이요 해로운 것이 세 가지 좋아함이다. 예악으로 절제하기를 좋아하고, 남의 좋은 점을 말하기 좋아하며, 어질고 뛰어난 벗이 많음을 좋아하면 유익하다. 교만하고 방종함을 좋아하고, 안일하게 노는 것을 좋아하며, 향락을 즐기는 것을 좋아하면 해롭다."

글자풀이 樂 좋아하다. 음은 '요'. 道 말하다. 賢友 어질고 뛰어난 벗. 驕樂 교만하고 무례하며 방종한 것. 멋대로 행동하는 것. 佚遊 안일하고 게으르다. 宴樂 향락을 즐기다.

강講 사람들이 좋아하는 것 중에는 자신을 성장시키는 것도 있지만 해치는 것도 있다. 무엇을 취하느냐에 따라 삶이 달라진다. 예와 인을 행할 것인가, 잠시의 즐거움에 빠질 것인가는 자신의 선택에 달려 있다.

6. 군자를 모실 때의 허물

孔子曰 侍於君子에 有三愆하니 言未及之而言을 謂之躁요 言及之而不言을
공 자 왈 시 어 군 자   유 삼 건   언 미 급 지 이 언   위 지 조   언 급 지 이 불 언

謂之隱이요 未見顏色而言을 謂之瞽니라
위 지 은   미 견 안 색 이 언   위 지 고

국역 공자께서 말씀하셨다. "군자를 모실 때 세 가지 허물이 있다. 아직 말할 때가 되지 않았는데 말하는 것은 조급한 것이라 하고, 말해야 할 때가 되었는데도 말하지 않는 것은 숨기는 것이라 하며, (윗사람의) 안색을 살펴보지도 않고 말하는 것은 눈뜬장님이라고 한다."

글자풀이 侍 모시다. 君子 윗사람. 위정자. 愆 허물. 잘못. 躁 성급하다. 조급하다. 隱 물었는데도 대답하지 않는 것. 숨기다. 음흉하다. 瞽 어둡다. 분별이 없다. 눈뜬장님.

강講 윗사람을 모실 때는 행동 하나하나가 조심스럽다. 때와 장소를 가리고, 해야 할 말과 하지 말아야 할 말을 가리며, 안색을 살펴서 말해야 할 때 해야 한다.

7. 군자가 경계해야 할 세 가지

孔子曰 君子有三戒하니 少之時에는 血氣未定이라 戒之在色이요 及其壯也하
여는 血氣方剛이라 戒之在鬪요 及其老也하여는 血氣旣衰라 戒之在得이니라

국역 공자께서 말씀하셨다. "군자는 세 가지 경계해야 할 것이 있다. 젊었을 때는 혈기가 아직 안정되지 않기 때문에 경계함이 이성에 있고, 장성함에 이르러서는 혈기가 강하기 때문에 경계함이 다투는 것에 있으며, 노년에 이르러서는 혈기가 이미 쇠약해졌기 때문에 경계함이 탐욕에 있다."

글자풀이 戒 경계하다. 조심하다. 경警과 같다. 色 여색. 壯 장년. 장성하다. 得 탐욕. 노욕老慾. 노추老醜.

강講 사람의 혈기는 소년기, 장년기, 노년기에 따라 추구하는 것이 다르다. 따라서 때에 따라 이성, 다툼, 탐욕을 경계해야 한다. 이를 위해

지기志氣를 길러 혈기에 휘둘리지 않도록 해야 한다. 수신과 성찰로 지기를 기르면 때에 따라 변하는 혈기에 흔들리지 않아 바람직한 존재가 될 수 있다.

8. 군자가 두려워하는 것

孔子曰 君子有三畏하니 畏天命하며 畏大人하며 畏聖人之言이니라 小人은 不知天
공 자 왈 군 자 유 삼 외   외 천 명   외 대 인   외 성 인 지 언   소 인 부 지 천

命而不畏也라 狎大人하며 侮聖人之言이니라
명 이 불 외 야 압 대 인   모 성 인 지 언

국역　공자께서 말씀하셨다. "군자는 세 가지 두려워하는 것이 있다. 천명을 두려워하고, 대인을 두려워하며, 성인의 말씀을 두려워한다. 소인은 천명을 알지 못하기 때문에 두려워하지 않으니, 대인을 업신여기고, 성인의 말씀을 얕본다."

글자풀이　畏 두려워하다. 경외하다. 大人 덕이 높은 사람. 狎 업신여기다. 가볍게 여기다. 侮 깔보다. 얕보다. 업신여기다.

강講　군자는 하늘의 뜻을 알기에 덕 있는 사람을 따르며 성인의 말씀을 듣고자 한다. 이를 통해 하늘과 땅에 부끄러움이 없고 떳떳한 사람이 되려고 노력한다. 하지만 성공과 권력, 부에 관심이 맞춰져 있는 소인에게 그것은 한갓 웃음거리일 뿐 두려움이 없다.

9. 사람의 네 부류

孔子曰 生而知之者는 上也요 學而知之者는 次也요 困而學之 又其次也니
공자왈 생이지지자   상야   학이지지자   차야   곤이학지 우기차야

困而不學이면 民斯爲下矣니라
곤이불학   민사위하의

국역 　공자께서 말씀하셨다. "태어나면서부터 아는 자는 최상이요, 배워서 아는 자는 다음이요, 어려움을 겪으며 배우는 자는 또 그다음이다. 곤란함을 겪어도 배우지 않는다면 백성으로서 최하가 된다."

글자풀이 　之 도리. 이치. 목적어로 보기도 한다. 困 어려움을 겪다. 불통.

강講 　사람은 태어날 때부터 다르기도 하지만 삶의 자세, 환경, 노력 여하에 따라 달라지기도 한다. 공자는 도리나 이치를 깨달은 정도에 따라 사람을 생지生知·학지學知·곤지困知·하우下愚로 나누었다. 나는 어디에 속하는지 생각해볼 일이다.

10. 군자가 지녀야 할 아홉 가지 생각

孔子曰 君子有九思하니 視思明하며 聽思聰하며 色思溫하며 貌思恭하며 言思
공자왈 군자유구사   시사명   청사총   색사온   모사공   언사

忠하며 事思敬하며 疑思問하며 忿思難하며 見得思義니라
충   사사경   의사문   분사난   견득사의

국역 　공자께서 말씀하셨다. "군자는 아홉 가지를 생각함이 있다. 볼

때는 밝게 볼 것을 생각하고, 들을 때는 귀가 밝을 것을 생각하며, 얼굴빛은 온화할 것을 생각하며, 용모는 공손할 것을 생각하며, 말은 진실할 것을 생각하며, 일은 경건하고 공경스럽게 할 것을 생각하며, 의심나는 것은 물을 것을 생각하며, 분노가 일어날 때는 어려움에 처할 것을 생각하며, 얻는 것을 보면 의로운지를 생각한다."

강講 '구사九思'는 학문을 성장시키고 지혜를 더하기 위한 군자의 자세다. 바르게 듣고 바르게 보는 총명聰明을 바탕으로, 옳고 그른 것을 분별하여 용모를 바르게 하고, 마음의 분노와 이로움 앞에서의 자세에 이르기까지 자신을 올바르게 하는 생각 가꾸기다.

11. 본 사람과 보지 못한 사람

孔子曰 見善如不及하며 見不善如探湯을 吾見其人矣요 吾聞其語矣로라 隱
공 자 왈   견 선 여 불 급   견 불 선 여 탐 탕   오 견 기 인 의   오 문 기 어 의   은
居以求其志하며 行義以達其道를 吾聞其語矣요 未見其人也로라
거 이 구 기 지   행 의 이 달 기 도   오 문 기 어 의   미 견 기 인 야

국역 공자께서 말씀하셨다. "선함을 보면 마치 미치지 못할 것처럼 하고, 불선을 보면 마치 끓는 물을 더듬는 것처럼 (피해야) 한다고 하는데, 나는 그렇게 하는 사람을 보았고 그러한 말도 들었다. 숨어 살면서 올바른 뜻을 추구하고, 의로움을 행하며 도에 통달해야 한다고 하는데, 나는 그러한 말은 들었지만 아직 그렇게 하는 사람은 보지 못했다."

글자풀이　不及 미치지 못하다. 닿지 못하다. 探湯 끓는 물을 더듬다. 隱居 세상을 피해 숨어 살다.

강講　선에 뜻을 두고 행하고자 노력하며, 불선을 피하고자 노력하는 사람은 보기도 하고 듣기도 했다. 하지만 올바른 세상을 위해 숨어 살면서도 올바른 뜻을 추구하고 의로움으로 도에 통달한 사람은 말만 들었지 보진 못했다.

12. 백성의 칭송

齊景公은 有馬千駟호되 死之日에 民無德而稱焉이요 伯夷叔齊는 餓于首
제 경 공　유 마 천 사　　사 지 일　민 무 덕 이 칭 언　　백 이 숙 제　　아 우 수

陽之下호되 民到于今稱之하니라 其斯之謂與인저
양 지 하　　민 도 우 금 칭 지　　기 사 지 위 여

국역　제나라 경공은 말 4천 필을 소유했지만, 그가 죽는 날에 백성들 중 그의 덕을 칭송하는 자가 없었다. 백이와 숙제는 수양산 아래서 굶주려 죽었지만, 백성들이 지금에 이르도록 칭송하고 있다. 바로 이것을 말하는 것이다.

글자풀이　駟 한 수레를 끄는 4마리 말. 千駟 4천 필의 말. 稱 칭찬하다. 餓 굶주리다.

강講　삶은 죽은 이후에도 평가받는다. 지위와 부를 소유한 경공의 죽음은 잊혀졌지만, 인을 구하여 인을 얻고, 의로움을 실천한 백이와 숙제는 지금까지 백성들의 칭송이 있다.

13. 하나를 물어서 셋을 알다

陳亢이 問於伯魚曰 子亦有異聞乎아 對曰 未也로다 嘗獨立이어시늘 鯉趨而
진항 문어백어왈 자역유이문호 대왈 미야 상독립 리추이

過庭이러니 曰 學詩乎아 對曰 未也이다 不學詩면 無以言이라하여시늘 鯉退
과정 왈 학시호 대왈 미야 불학시 무이언 리퇴

而學詩호라 他日에 又獨立이어시늘 鯉趨而過庭이러니 曰 學禮乎아 對曰 未
이학시 타일 우독립 리추이과정 왈 학례호 대왈 미

也로이다 不學禮면 無以立이라하여시늘 鯉退而學禮호라 聞斯二者로라 陳亢이
야 불학례 무이립 리퇴이학례 문사이자 진항

退而喜曰 問一得三호니 聞詩聞禮하고 又聞君子之遠其子也로라
퇴이희왈 문일득삼 문시문례 우문군자지원기자야

국역 진항이 백어에게 물었다. "그대는 또한 특별히 들은 것이 있습
니까?" 백어가 대답했다. "없습니다. 일찍이 (아버지께서) 홀로 서 계실
때 제가 종종걸음으로 뜰을 지나니, '시를 배웠느냐?'라고 물으시기에
'아직 배우지 못했습니다'라고 대답했더니, '시를 배우지 않으면 말을 할
수 없다'라고 하셔서 제가 물러나 시를 배웠습니다. 다른 날에 또 홀로
서 계시는데, 제가 종종걸음으로 뜰을 지나니 '예를 배웠느냐?'라고 물
으시기에 '아직 배우지 못했습니다'라고 대답하니, '예를 배우지 않으면
설 수가 없다'라고 하시기에 제가 물러나 예를 배웠습니다. 이 두 가지를
들었습니다." 진항이 물러나 기뻐하며 말했다. "하나를 물어서 세 가지
를 얻었다. 시를 들었고, 예를 들었으며, 또 군자가 자기 자식을 멀리하
는 것을 들었다."

글자풀이 陳亢 진항. 공자의 제자. 진자금陳子禽. 진강이라고도 한다. 伯魚 공자의
아들. 리鯉. 異聞 특별하게 들은 것. 趨 빠르게 종종걸음으로 걷다. 過庭 뜰을 지나다.

강講　공자가 아들에게 권한 것은 시와 예였다. 시는 사람들과 더불어 말을 하게 하고, 예는 자리에 설 수 있도록 한다. 이 두 가지는 제자들에게도 강조한 것이다. 진항은 이와 함께 아들이라고 특별대우 하지 않았던 공자에 대해 알게 되었다.

14. 제후의 아내를 칭하는 예

邦君之妻를 君이 稱之曰夫人이요 夫人이 自稱曰小童이요 邦人이 稱之曰
방군지처　군　칭지왈부인　　부인　자칭왈소동　　방인　칭지왈

君夫人이요 稱諸異邦曰寡小君이요 異邦人이 稱之에 亦曰君夫人이니라
군부인　　칭저이방왈과소군　　이방인　칭지　역왈군부인

국역　임금의 아내를 임금이 일컬을 때는 부인夫人이라 하고, 부인이 스스로 일컬을 때는 소동小童이라고 하며, 그 나라 사람들이 일컬을 때는 군부인君夫人이라 하고, 다른 나라에게 일컬을 때는 과소군寡小君이라 하며, 다른 나라 사람들이 일컬을 때는 또 군부인이라고 한다.

글자풀이　邦君 임금. 小童 제후의 부인이 자신을 낮추어 일컫는 말. 寡 덕이 적다. 겸사.

강講　호칭은 부르는 사람에 따라 다르다. 당시 정치의 혼란만큼 호칭도 무분별하게 사용됐다. 아내의 호칭은 더 그랬을 것이다. 그 때문에 호칭의 바른 사용법을 말한 것이다.

제17편

양화
陽貨

·
·
·
·

배움의 힘

·
·

양화편은 가신들이 쿠데타를 일으킨 내용이 많다. 나라의 어지러움이 극한에 다다른 것이다. 그런 중에 마음이 흔들리기도 하는 인간 공자를 만날 수 있다. 또 공자의 정치적 태도와 처세處世, 배움의 중요성과 함께 공자가 경계한 인간형인 소인들에 대해서도 구체적으로 다룬다. 풍의馮椅는 위령공편에서 양화편까지를 하나의 체계로 보았다. 위령공편에서는 제후의 잘못을, 계씨편에서는 대부의 잘못을, 양화편에서는 가신들의 잘못을 기록했다고 보았다. 모두 26장이다.

1. 공자, 양화를 만나다

陽貨欲見孔子어늘 孔子不見하신대 歸孔子豚이어늘 孔子時其亡也而往拜之
양 화 욕 현 공 자   공 자 불 견   귀 공 자 돈   공 자 시 기 무 야 이 왕 배 지

러시니 遇諸塗하시다 謂孔子曰 來하라 予與爾言호리라 曰 懷其寶而迷其邦이
우 저 도   위 공 자 왈 래   여 여 이 언   왈 회 기 보 이 미 기 방

可謂仁乎아 曰 不可하다 好從事而亟失時가 可謂知乎아 曰 不可하다 日月이
가 위 인 호   왈 불 가   호 종 사 이 기 실 시   가 위 지 호   왈 불 가   일 월

逝矣라 歲不我與니라 孔子曰 諾다 吾將仕矣로리라
서 의   세 불 아 여   공 자 왈 낙   오 장 사 의

국역　양화가 공자를 만나고자 했다. 공자께서 만나주지 않자, 공자께 삶은 돼지를 선물로 보냈다. 공자께서는 그가 없는 때를 틈타서 사례하러 가시다가 길에서 마주쳤다. 양화가 공자에게 말했다. "어서 오시오. 내 그대와 함께 할 말이 있소이다." 이어서 말하였다. "훌륭한 보물을 품고서 나라를 어지럽게 내버려 두는 것을 인이라고 할 수 있겠소?" "그렇다고 할 수 없습니다." "정치에 종사하기를 좋아하면서 자주 때를 놓치는 것을 지라고 할 수 있겠소?" "그렇다고 할 수 없습니다." "해와 달이

가니, 세월은 나를 위하여 기다려주지 않소이다." 공자께서 말씀하셨다. "알겠습니다. 내가 장차 벼슬을 하겠습니다."

글자풀이　陽貨 계평자季平子와 계환자季桓子의 가신으로 이름은 호虎다. 쿠데타를 일으켜 삼환三桓을 제거하려다 실패하고 진晉나라로 달아났다. 歸 선물하다. 饋궤와 같다. 豚 삶은 돼지고기. 亡 없다. 懷其寶 훌륭한 보배를 품다. 나라를 안정시킬 도덕을 간직하다. 從事 정사에 참여하다. 亟 자주. 失時 때를 놓치다. 知 지혜롭다.

강講　쿠데타를 일으킨 양화와 공자의 만남이다. 꼼수를 써서 공자를 만난 양화는 공자가 중시하는 가치인 인仁과 지智와 시時로 정곡을 찌르며 자신을 도울 것을 부탁한다. 공자는 인·지·시와 함께 의義와 예禮를 엄격히 했기 때문에 불의不義하고 무례無禮한 양화와는 함께할 수 없었다.

2. 본성과 습관

子曰 性相近也나 習相遠也니라
자 왈 성 상 근 야　습 상 원 야

국역　공자께서 말씀하셨다. "성은 서로 비슷하지만, 습관에 의해 서로 멀어진다."

글자풀이　近 동同이 포함됨. 遠 이異가 포함됨.

강講 성性은 본래 주어진 것이지만, 기질을 겸하고 있어서 미세한 차이가 있다. 처음엔 모두가 선한 존재로 비슷하지만, 시간이 지나면서 배우고 익힌 습관에 의해 달라진다.

3. 상지와 하우

子曰 唯上知與下愚는 不移니라
자 왈 유 상 지 여 하 우   불 이

국역 공자께서 말씀하셨다. "오직 가장 지혜로운 자와 지극히 어리석은 자는 변화되지 않는다."

글자풀이 上知 지극히 지혜롭다. 최상의 지혜. 下愚 지극히 어리석다. 移 옮기다. 변화시키다.

강講 교육으로도 바꾸지 못하는 것이 있다. 지극히 맑고 지혜로운 자와 지극히 어리석은 자다. 지극히 맑은 사람은 더러운 것조차 맑게 하지만, 지극히 어리석은 자는 변하려는 생각 자체가 없다. 그러니 바뀔 수 없다.

4. 닭 잡는 데 소 잡는 칼

子之武城하사 聞弦歌之聲하시다 夫子莞爾而笑曰 割鷄에 焉用牛刀리오 子游
자지무성   문현가지성   부자완이이소왈 할계   언용우도   자유

對曰 昔者에 偃也 聞諸夫子호니 曰 君子 學道則愛人이요 小人이 學道則易
대왈 석자에 언야 문저부자   왈 군자 학도즉애인   소인   학도즉이

使也라호이다 子曰 二三者아 偃之言이 是也니 前言은 戲之耳니라
사야   자왈 이삼자 언지언 시야 전언 희지이

국역　공자께서 무성에 가시니 현악기의 연주와 노랫소리가 들렸다.
공자께서 빙그레 웃으시며 말씀하셨다. "닭을 잡는데, 어찌 소 잡는 칼을
쓰느냐?" 자유가 대답했다. "예전에 제가 선생님께 들으니 '군자가 도를
배우면 사람을 사랑하고, 소인이 도를 배우면 부리기가 쉽다.'라고 하셨
습니다." 공자께서 말씀하셨다. "얘들아, 언의 말이 옳다. 방금 한 말은
농담이었다."

글자풀이　武城 곡부의 작은 읍. 弦 금琴과 슬瑟. 클래식 음악. 之 가다. 莞爾 빙그
레웃다. 의태어. 割鷄 닭을 잡다. 작은 고을을 다스리다. 焉 어찌. 牛刀 소 잡는 칼. 국
가의 재상. 子游 오吳나라 사람으로 성은 언言, 이름은 언偃. 무성의 재상. 小人 백성.
是也 옳다. 前言 방금 한 말. 戲 농담하다.

강講　자유가 다스리는 무성에서 예악이 시행됐다. 공자가 흡족해 했
지만 국가를 다스릴 만한 인재가 작은 읍을 다스리는 현실에 대한 안타
까움도 있다. '닭 잡는데 소 잡는 칼'에는 그러한 공자의 마음이 담겨
있다.

5. 공산불요의 부름

公山弗擾以費畔하여 召어늘 子欲往이러시니 子路不說曰 末之也已니 何必公
공산불요이비반   소   자욕왕   자로불열왈 말지야이   하필공

山氏之之也시리잇고 子曰 夫召我者는 而豈徒哉리오 如有用我者면 吾其爲東
산씨지지야   자왈 부소아자 이개도재   여유용아자   오기위동

周乎인저
주호

국역 공산불요가 비읍을 기반으로 반란을 일으키고 (공자를) 부르
니, 공자께서 가시려고 했다. 자로가 기뻐하지 않으며 말했다. "가실 곳
이 없으면 그만이지, 하필 공산 씨에게 가려고 하십니까?" 공자께서 말
씀하셨다. "나를 부르는 자가 어찌 공연히 부르겠는가? 만일 나를 등용
하는 자가 있다면, 나는 그곳을 동쪽의 주나라로 만들 것이다."

글자풀이 公山弗擾 계씨의 가신. 양화와 함께 반란을 일으켰다. 畔 반란을 일으
키다. 末 없다. 無와 같다. 已 그만두다. 止와 같다. 徒 공연히. 하릴없이. 用 등용
하다.

강講 공산불요는 공실公室을 강화하고 사가私家를 막아 이름을 바로
세우겠다는 것을 명분으로 쿠데타를 일으킨 후 공자를 불렀다. 공자가
동쪽의 주나라를 꿈꾸며 흔들렸던 이유다.

6. 공·관·신·민·혜

子張이 問仁於孔子한대 孔子曰 能行五者於天下면 爲仁矣니라 請問之한대
자장 문인어공자 공자왈 능행오자어천하 위인의 청문지

曰 恭寬信敏惠니 恭則不侮하고 寬則得衆하고 信則人任焉하고 敏則有功하고
왈 공관신민혜 공즉불모 관즉득중 신즉인임언 민즉유공

惠則足以使人이니라
혜즉족이사인

국역   자장이 공자에게 인에 대해 물었다. 공자께서 말씀하셨다. "다섯 가지를 천하에 행할 수 있으면 인이 된다." 자장이 그 내용을 청하니 말씀하셨다. "공손함, 너그러움, 신뢰, 민첩함, 은혜로움이다. 공손하면 업신여김을 받지 않고, 너그러우면 많은 사람을 얻으며, 신뢰하면 사람들이 신임하여 일을 맡기고, 민첩하면 공이 있으며, 은혜로우면 충분히 사람을 부릴 수 있다."

글자풀이   則 ~하면. 조건의 접속사. 侮 업신여기다. 모욕을 당하다. 敏 부지런하다. 민첩하다.

강講   공손한 자세와 너그러운 마음으로 백성들과 함께 할 때 신뢰를 받고, 민첩하게 움직여 백성들에게 은혜를 베풀면 백성들이 자발적으로 일하게 된다는 점에서 자장이 실천해야 할 인의 내용이다.

7. 필힐의 초청

佛肹이 召어늘 子欲往이러시니 子路曰 昔者에 由也 聞諸夫子호니 曰 親於
필힐 소   자욕왕   자로왈 석자 유야 문저부자   왈 친어

其身에 爲不善者어든 君子不入也라하시니 佛肹이 以中牟畔이어늘 子之往也
기신 위불선자   군자불입야   필힐 이중모반   자지왕야

는 如之何잇고 子曰 然하다 有是言也니라 不曰堅乎아 磨而不磷이니라 不曰
  여지하   자왈 연 유시언야   불왈견호아 마이불린   불왈

白乎아 涅而不緇니라 吾豈匏瓜也哉라 焉能繫而不食이리오
백호   날이불치   오기포과야재   언능계이불식

국역　필힐이 초청하자 공자께서 가려고 하셨다. 자로가 말했다. "예
전에 제가 선생님께 들었는데, '자신에게 직접 불선을 행하는 자에게는
군자가 들어가지 않는다'라고 하셨습니다. 필힐이 중모 땅을 기반으로
반란을 일으켰는데, 선생님께서 가시려 하시니 어째서입니까?" 공자께
서 말씀하셨다. "그렇다. 그런 말을 한 적이 있었다. 그러나 견고하다고
말하지 않더냐? 갈아도 얇아지지 않으니 말이다. 희다고 말하지 않더냐?
검은 물을 들여도 검어지지 않으니 말이다. 내가 어찌 뒤웅박이겠느냐?
어찌 매달려 있기만 하고 먹히지 않을 수 있겠는가?"

글자풀이　佛肹 진晉나라 대부인 조간자趙簡子의 가신. 중모中牟 땅을 기반으로 반
란을 일으킴. 親 직접. 친히. 磷 얇아지다. 涅 물속에 있는 검은 흙. 검게 물들이다.
緇 검은 비단. 匏 박. 匏瓜 뒤웅박. 쓴 것은 먹을 수가 없지만 가벼워 허리에 차고 헤
엄칠 때 사용했다.

강講　공산불요와 필힐이 배반한 것은 계환자와 조간자였지 나라가 아
니었다. 세상을 바꿀 수 있다면 그들과도 함께해야 한다. 공자는 자로에게

자신은 그들과 함께 해도 닳아지지 않고, 검어지지 않는다고 설득한다. 뒤웅박처럼 매달려만 있어서는 아무것도 할 수 없다. 구제에 대한 공자의 간절함을 볼 수 있다.

8. 육덕과 육폐

子曰 由也아 女聞六言六蔽矣乎아 對曰 未也로이다 居하라 吾語女호리라 好仁不
자왈 유야   여문육언육폐의호   대왈 미야   거   오어녀   호인불

好學이면 其蔽也愚하고 好知不好學이면 其蔽也蕩하고 好信不好學이면 其蔽
호학   기폐야우   호지불호학   기폐야탕   호신불호학   기폐

也賊하고 好直不好學이면 其蔽也絞하고 好勇不好學이면 其蔽也亂하고 好剛
야적   호직불호학   기폐야교   호용불호학   기폐야란   호강

不好學이면 其蔽也狂이니라
불호학   기폐야광

국역 공자께서 말씀하셨다. "유야, 너는 여섯 가지 덕목과 여섯 가지 폐단에 대해 들었느냐?" 자로가 대답했다. "아직 듣지 못했습니다." "앉거라. 내가 너에게 말해주마. 인을 좋아하되 배우기를 좋아하지 않으면 그 폐단은 어리석게 된다. 지혜를 좋아하되 배우기를 좋아하지 않으면 그 폐단은 방탕하게 된다. 신의를 좋아하되 배우기를 좋아하지 않으면 그 폐단은 남을 해치게 된다. 곧은 것을 좋아하되 배우기를 좋아하지 않으면 그 폐단은 고집스럽고 각박하게 된다. 용맹을 좋아하되 배우기를 좋아하지 않으면 그 폐단은 세상을 어지럽힌다. 강직함을 좋아하되 배우기를 좋아하지 않으면 그 폐단은 뜻만 크고 경솔하게 된다."

글자풀이 六言 아름다운 덕. 蔽 가리다. 폐해. 폐단. 居 앉다. 賊 해치다. 絞 급하

다. 狂 뜻이 크다. 경솔하다.

강講　　인仁·지知·신信·직直·용勇·강剛의 육덕六德이 올바르게 되기 위해서는 그 중심에 배움이 있어야 한다. 배움이 없으면 우愚·탕蕩·적賊·교絞·난亂·광狂으로 빠진다. 배움이 육덕과 육폐를 가르는 축이다.

9. 시를 배워야 하는 이유

子曰 小子는 何莫學夫詩오 詩는 可以興이며 可以觀이며 可以群이며 可以怨이
자왈 소자　　하막학부시　　시　　가이흥　　　가이관　　　가이군　　　가이원

며 邇之事父며 遠之事君이요 多識於鳥獸草木之名인저
이지사부　　원지사군　　다식어조수초목지명

국역　　공자께서 말씀하셨다. "너희들은 어찌 시를 배우지 않느냐? 시는 뜻을 일으킬 수 있고, (사물을) 관찰할 수 있으며, 무리를 지을 수 있고, 원망할 수 있으며, 가까이로는 부모를 섬기고, 멀리로는 임금을 섬길 수 있으며, 새와 짐승과 풀과 나무의 명칭을 많이 알게 한다."

글자풀이　　小子 공자의 제자들. 너희들. 群 조화를 이루다. 怨 원망하다. 정치를 풍자하고 비판하다. 邇 近과 같다.

강講　　인간의 순수한 감정을 드러내는 시는 사람과 자연이 하나 될 수 있게 한다. 그뿐 아니다. 관찰력을 키우고, 공감하며 무리짓고 조화를 이루는가 하면, 비판의식도 갖게 하며 인륜을 세우고 다양한 상식을 알게 해준다. 공자가 시를 강조한 이유다.

10. 주남과 소남을 배워야 하는 이유

子謂伯魚曰 女爲周南召南矣乎아 人而不爲周南召南이면 其猶正牆面而立
자 위 백 어 왈   여 위 주 남 소 남 의 호   인 이 불 위 주 남 소 남   기 유 정 장 면 이 립

也與인저
야 여

국역   공자께서 (아들인) 백어에게 말씀하셨다. "너는 「주남」과 「소
남」을 배웠느냐? 사람이 「주남」과 「소남」을 배우지 않으면, 그것은 마치
담장을 정면으로 마주하고 서 있는 것과 같다."

글자풀이   女 너. 爲 배우다. 學과 같다. 周南·召南 시경의 첫 편명. 正 정면.

강講   『시경』의 첫 편명인 「주남」과 「소남」은 남녀의 감정을 진솔하게
그린 시다. 순수한 마음은 보이지 않는 마음을 연결하여 소통하게 해준
다. 공자가 아들에게 권한 이유다.

11. 진정한 예와 음악

子曰 禮云禮云이나 玉帛云乎哉아 樂云樂云이나 鐘鼓云乎哉아
자 왈 예 운 예 운   옥 백 운 호 재   악 운 악 운   종 고 운 호 재

국역   공자께서 말씀하셨다. "예라 이르고, 예라고 말하지만, 옥과 비
단을 말하는 것이겠는가? 음악이라 이르고, 음악이라고 말하지만, 종과
북을 말하는 것이겠는가?"

글자풀이　玉帛 제후가 천자에게 바치는 구슬[옥玉]과 비단[백帛]. 樂 음악. 乎哉 강한 반어의 어조사.

강講　예와 악의 본질은 공경과 배려, 조화와 화합이다. 하지만 당시에는 옥과 비단, 종과 북 등 물질과 형식, 허례虛禮와 허식虛飾이 예와 악의 자리를 차지했다. 껍데기뿐인 예악을 안타까워하는 공자다.

12. 안팎이 다른 사람

子曰 色厲而內荏을 譬諸小人하면 其猶穿窬之盜也與인저
자 왈 색 려 이 내 임　비 저 소 인　기 유 천 유 지 도 야 여

국역　공자께서 말씀하셨다. "얼굴빛은 위엄이 있으면서 마음은 유약한 사람을, 소인에 비유하자면 그것은 마치 벽을 뚫거나 담장을 넘는 도적과 같은 것이다."

글자풀이　色 얼굴빛. 厲 위엄이 있다. 荏 유약하다. 부드럽다. 譬 비유하다. 小人 소인배. 穿 담장을 뚫다. 窬 담을 넘다.

강講　표정은 근엄하고 위엄이 있어 정의로운 군자 같은데, 마음은 나약하고 줏대가 없어 이익에 따라 이리저리 흔들리는 사람을 공자는 좀도둑 같다고 표현했다. 이들은 명성만을 탐하는 소인배인 것이다.

13. 향원

子曰 鄕原은 德之賊也니라
자 왈 향 원　덕 지 적 야

국역 공자께서 말씀하셨다. "향원은 덕을 해치는 자다."

글자풀이 鄕原 시골에서 점잖은 선비인 듯 행동하는 사람.

강講 덕과 지식이 있다고 알려진 향원은 근엄한 얼굴로 올바름을 말하며 어른 노릇을 하지만, 실제로는 제 잇속만 챙기며 세상을 속인다. 그들 때문에 덕 있는 사람까지 불신하니, 덕을 해치고 있는 것이다.

14. 길에서 듣고 내뱉는 말

子曰 道聽而塗說이면 德之棄也니라
자 왈 도 청 이 도 설　덕 지 기 야

국역 공자께서 말씀하셨다. "길에서 듣고 길에서 말하면 덕을 버리는 것이다."

강講 말에는 마음과 생각이 담겨 있다. 그런데 듣자마자 그 말의 진위眞僞나 영향, 파장 등을 생각하지 않고 바로 내뱉는다면 어떻게 덕이 담기겠는가?

15. 비루한 사람

子曰 鄙夫는 可與事君也與哉아 其未得之也엔 患得之하고 旣得之하얀 患失
자왈 비부   가여사군야여재   기미득지야   환득지   기득지   환실

之하나니 苟患失之면 無所不至矣니라
지   구환실지   무소부지의

국역　공자께서 말씀하셨다. "비루한 사람과 함께 임금을 섬길 수 있
겠는가? (그 사람은) 아직 얻지 못했다면 얻을 것을 근심하고, 이미 얻고
나서는 잃을 것을 근심한다. 만일 잃을 것을 근심한다면 못하는 일이 없
을 것이다."

글자풀이　鄙夫 비루하고 천한 사람. 소인배. 與哉 의문과 반어의 종결어미. 之 지위·
부귀·권세 등. 無所不至 하지 못함이 없다. 이르지 않는 바가 없다.

강講　비부는 자기밖에 모르는 소인배다. 출세가 성공의 척도로, 지위
와 권력, 부와 명예를 위해 수단과 방법을 가리지 않는다. 그 때문에 못
하는 것이 없다. 그런 사람과 무엇을 할 수 있을까?

16. 백성들의 병폐

子曰 古者에 民有三疾이러니 今也에는 或是之亡也로다 古之狂也는 肆러니
자왈 고자 민유삼질 금야   혹시지무야   고지광야 사

今之狂也는 蕩이요 古之矜也는 廉이러니 今之矜也는 忿戾요 古之愚也는 直
금지광야 탕 고지긍야 렴   금지긍야 분려 고지우야 직

이러니 今之愚也는 詐而已矣로다
금지우야 사 이 이 의

국역 공자께서 말씀하셨다. "옛날에는 백성들에게 세 가지 병폐가 있
었는데, 지금은 이마저도 없구나. 옛날에 뜻이 큰 자는 작은 예절에 구애
받지 않고 행동했는데, 지금의 광자는 방탕하기만 하고, 옛날에 자긍심
이 있는 자는 청렴했는데, 지금의 긍자는 사납기만 하며, 옛날에 어리석
은 자는 정직했는데, 지금의 우자는 속이기만 할 뿐이다."

글자풀이 疾 병폐. 狂 뜻이 높다. 肆 작은 예절에 구애받지 않다. 거리낌 없이 행
동하다. 蕩 방탕하다. 矜 자긍심. 행동이 모나다. 廉 청렴하다. 검소하다. 忿戾 원망하
고 어그러지다. 사납다. 詐 속이다. 간사하다.

강講 옛사람의 병폐와 오늘날의 병폐가 다르다. 옛사람의 경우 광자
와 긍자와 우자가 남에게 피해를 주지는 않았는데, 오늘날에는 남에게
피해를 주고 사회를 혼란시킨다.

17. 교언영색과 인

子曰 巧言令色이 鮮矣仁이니라
자 왈 교 언 영 색   선 의 인

국역 공자께서 말씀하셨다. "교묘하게 말하고 얼굴빛을 곱게 하는 자
는 드물구나, 인함이여!"

강講 「학이」편 3장에 나왔다.

18. 사이비를 미워하다

子曰 惡紫之奪朱也하며 惡鄭聲之亂雅樂也며 惡利口之覆邦家者하노라
자 왈 오 자 지 탈 주 야   오 정 성 지 란 아 악 야   오 리 구 지 복 방 가 자

국역 공자께서 말씀하셨다. "자주색이 붉은색을 빼앗는 것을 미워하
며, 정나라의 음악이 아악을 어지럽히는 것을 미워하며, 말 잘하는 입이
나라를 전복시키는 것을 미워한다."

글자풀이 紫 자주색. 섞인색[간색間色]이다. 朱 붉은색. 정색正色으로, 적赤·청靑·황黃·
백白·흑黑이다. 鄭聲 정나라의 음악. 雅樂 바른 음악. 利口 말재주가 뛰어난 입. 覆 나라를
전복시키다. 나라를 기울고 망하게 하다.

강講　같은 듯한데 아닌 것을 사이비似而非라고 한다. 고혹적인 자주색, 음탕한 음악, 말 잘하는 사람이 그랬다. 그것은 색의 순수함, 아악의 단정한 아름다움, 올곧은 바른 말이 설 자리를 빼앗고, 사람들을 현혹시켰으며 나라를 어지럽혔다. 이 때문에 공자가 미워했다.

19. 공자의 선언

子曰 予欲無言하노라 子貢曰 子如不言이시면 則小子何述焉이리잇고 子曰 天
자 왈 여 욕 무 언　　　 자 공 왈 자 여 불 언　　　 즉 소 자 하 술 언　　　 자 왈 천

何言哉시리오 四時行焉하며 百物이 生焉하나니 天何言哉시리오
하 언 재　　　 사 시 행 언　　 백 물　　 생 언　　 천 하 언 재

국역　공자께서 말씀하셨다. "나는 말을 하지 않으려 한다." 자공이 말했다. "선생님께서 말씀을 하지 않으시면 저희들이 어떻게 따르겠습니까?" 공자께서 말씀하셨다. "하늘이 무슨 말을 하는가? 사계절이 운행되고 만물이 생겨나지만 하늘이 무슨 말을 하는가?"

강講　천지의 운행과 만물의 생장 속에 진리가 담겨 있다. 말을 하지 않겠다는 공자의 선언에는 계절의 운행과 생육 속에서 스스로 진리를 깨닫기 바라는 스승의 마음이 담겨 있다.

20. 유비의 방문을 거절하다

孺悲欲見孔子어늘 孔子辭以疾하시고 將命者出戶어늘 取瑟而歌하사 使之聞
유비욕현공자   공자사이질   장명자출호   취슬이가   사지문

之하시다
지

국역　유비가 공자를 뵙고자 했는데, 공자께서 병을 핑계로 거절하셨
다. 명령을 전달하는 자가 문을 나가자, 슬을 가져다 노래를 부르시어 그
로 하여금 듣게 하셨다.

글자풀이　孺悲 노나라 사람. 일찍이 공자에게 사상례士喪禮를 배웠다. 辭 거절하
다. 將命者 명을 전달하는 사람. 瑟 비파에 가까운 25현의 악기.

강講　병을 핑계로 유비의 방문을 거절하면서 노래를 불렀던 것은, 왜
거절했는지 스스로 깨닫게 하기 위한 방법이었다. 맹자가 말한 '달갑게
여기지 않는 가르침'인 '불설지교회不屑之教誨'가 이것이다.

21. 삼년상을 하는 이유

宰我問 三年之喪이 期已久矣로소이다 君子三年을 不爲禮면 禮必壞하고 三年
재아문 삼년지상 기이구의   군자삼년 불위례   예필괴   삼년

을 不爲樂이면 樂必崩하리니 舊穀이 旣沒하고 新穀이 旣升하며 鑽燧改火하나
  불위악   악필붕   구곡 기몰   신곡 기승   찬수개화

니 期可已矣로소이다 子曰 食夫稻하며 衣夫錦이 於女에 安乎아 曰 安하나이다
  기가이의   자왈 식부도   의부금 어녀 안호   왈 안

女安則爲之하라 夫君子之居喪에 食旨不甘하며 聞樂不樂하며 居處不安故로
여 안 즉 위 지　　　부 군 자 지 거 상　　식 지 불 감　　　문 악 불 락　　　거 처 불 안 고

不爲也하나니 今女安則爲之하라 宰我出이어늘 子曰 予之不仁也여 子生三
불 위 야　　　금 녀 안 즉 위 지　　재 아 출　　　자 왈　여 지 불 인 야　　자 생 삼

年然後에 免於父母之懷하나니 夫三年之喪은 天下之通喪也니 予也有三年之
년 연 후　　면 어 부 모 지 회　　　부 삼 년 지 상　　천 하 지 통 상 야　　여 야 유 삼 년 지

愛於其父母乎아
애 어 기 부 모 호

국역　재아가 여쭈었다. "삼년상은 기간이 너무 깁니다. 군자가 3년을 예를 행하지 않으면 예가 반드시 무너지고, 3년을 음악을 하지 않으면 음악이 반드시 붕괴될 것입니다. 묵은 곡식이 다 없어지고 햇곡식이 이미 오르며, 불씨 만드는 나무도 바뀌니, 1년이면 그만둘 만합니다." 공자께서 말씀하셨다. "쌀밥을 먹고 비단옷을 입는 것이 너는 편안하냐?" 재아가 말했다. "편안합니다." "네가 편안하다면 그렇게 해라. 대체로 군자가 상에 거처할 때는 맛있는 것을 먹어도 달지 않으며, 음악을 들어도 즐겁지 않으며, (집에) 거처해도 편안하지 않기 때문에 하지 않는 것이다. 지금 네가 편안하다면 그렇게 해라." 재아가 밖으로 나갔다. 공자께서 말씀하셨다. "재여는 불인하구나. 자식은 태어나서 3년이 지난 후에 부모의 품을 면한다. 삼년상은 천하에 공통된 상이니, 재여는 그 부모에게서 3년의 사랑을 받음이 있었는가?"

글자풀이　三年之喪 삼년상. 25개월. 期 기간. 1년. 일주년. 壞 무너지다. 崩 붕괴되다. 무너지다. 舊穀 묵은 곡식. 沒 盡과 같음. 다하다. 新穀 햇곡식. 升 올라오다. 鑽燧 불씨 만드는 나무. 稻 쌀밥. 錦 비단옷. 女 너. 汝와 같음. 懷 품 안. 通喪 천자로부터 서민에 이르기까지 두루 통하는 상례.

강講 부모의 마지막을 보내는 마음의 표현인 삼년상은 25개월로, 부모에게 받은 사랑을 돌려주는 것을 의미한다. 오늘날은 재여가 제기한 1년상보다도 짧은 삼우제三虞祭로 끝내는데, 형식은 짧아졌지만 부모에 대한 그리움과 애통하는 마음은 변치 않기를 바라는 마음이다.

22. 무엇이든 하렴

子曰 飽食終日하여 無所用心이면 難矣哉라 不有博奕者乎아 爲之猶賢乎
자 왈 포 식 종 일   무 소 용 심   난 의 재   불 유 박 혁 자 호   위 지 유 현 호
己니라
이

국역 공자께서 말씀하셨다. "배부르게 먹고 하루를 마치도록 마음 쓰는 곳이 없다면 곤란하구나. 장기나 바둑이라도 있지 않은가? 그것을 하는 것이 아무것도 하지 않는 것보다는 나을 것이다."

글자풀이 飽食 배부르게 먹다. 終日 아침부터 저녁 사이. 종일. 博 장기. 奕 바둑. 之 장기와 바둑. 猶 ~보다 낫다. 賢 낫다. 己 그만두다.

강講 종일을 빈둥거리며 시간을 보낼 바엔 장기나 바둑이라도 두는 것이 낫다. '마음을 쓴다[용심用心]'는 점에서 그것에라도 몰두하여 집중하면 머리를 쓰고 악에 빠지지 않게 된다.

23. 군자의 용맹, 소인의 용맹

子路曰 君子尚勇乎잇가 子曰 君子는 義以爲上이니 君子 有勇而無義면 爲亂이
자로왈 군자상용호   자왈 군자 의이위상   군자 유용이무의 위란

요 小人이 有勇而無義면 爲盜니라
소인   유용이무의 위도

국역　자로가 말했다. "군자도 용맹을 숭상합니까?" 공자께서 말씀하
셨다. "군자는 의를 으뜸으로 삼는다. 군자가 용맹스러운데 의가 없으면
난을 일으키고, 소인이 용맹스러운데 의가 없으면 도적이 된다."

글자풀이　尚 숭상하다. 勇 용기. 용맹. 上 으뜸.

강講　군자의 용맹과 소인의 용맹은 다르다. 군자는 의義를 중심에 두
고 용맹을 실천하기에 나라를 올바르게 이끈다. 만일 용맹스럽기만 하고
의가 없다면 군자는 난을, 소인은 도적질로 세상을 어지럽힌다.

24. 공자와 자공이 미워한 것

子貢曰 君子亦有惡乎잇가 子曰 有惡하니 惡稱人之惡者하며 惡居下流而訕
자공왈 군자역유오호   자왈 유오   오칭인지악자   오거하류이산

上者하며 惡勇而無禮者하며 惡果敢而窒者니라 曰 賜也 亦有惡乎아 惡徼以
상자   오용이무례자   오과감이질자   왈 사야 역유오호 오요이

爲知者하며 惡不孫以爲勇者하며 惡訐以爲直者하노이다
위지자   오불손이위용자   오알이위직자

국역 자공이 말했다. "군자도 미워하는 것이 있습니까?" 공자께서 말씀하셨다. "미워하는 것이 있다. 남의 나쁜 점을 들먹이는 자를 미워하고, 낮은 자리에 있으면서 윗사람을 비방하거나 헐뜯는 자를 미워하며, 용기만 있고 예가 없는 자를 미워하고, 과감하기만 하고 꽉 막힌 자를 미워한다." 공자께서 말씀하셨다. "사야, 너도 미워하는 것이 있느냐?" "엿보아 살피는 것을 지혜로 여기는 자를 미워하며, 불손한 행동을 용감하다고 여기는 자를 미워하며, (남의 비밀을) 들추어내는 것을 정직으로 여기는 자를 미워합니다."

글자풀이 惡 미워하다. 稱 들먹이다. 訕 헐뜯다. 비방하다. 窒 막히다. 불통. 徼 훔치다. 살피다. 孫 공손. 遜과 같다. 訐 들추어내다. 비방하다.

강講 군자는 모든 이에게 친절한 무골호인無骨好人이 아니다. 군자는 옳은 것을 좋아하고 그른 것을 미워한다. 공자는 인仁·의義·예禮·지智를 따르지 않는 사람을 미워했고, 자공은 지知·용勇·직直을 바르게 행하지 않아 탕蕩·란亂·교絞의 폐단에 빠진 사람들을 미워했다. 공자와 자공이 미워한 것은 인하지 않음이었다. 그것은 미움이 아니라 안타까움이며 사랑이다.

25. 거리 유지하기

子曰 唯女子與小人은 **爲難養也**니 **近之則不孫**하고 **遠之則怨**이니라
자 왈 유 여 자 여 소 인   위 난 양 야   근 지 즉 불 손   원 지 즉 원

국역 공자께서 말씀하셨다. "여자와 소인은 다루기가 어렵다. 가까이 하면 불손하고, 멀리하면 원망한다."

강講 사람과 사람 사이에는 일정한 간격과 거리가 중요하다. 그 거리가 잘못되면 불손하거나 원망이 따른다. 그 거리를 잘 유지해 서로 간에 예를 지키는 것이 군자의 역할이다.

26. 마흔이라는 나이

子曰 年四十而見惡焉이면 其終也已니라
자 왈 연 사 십 이 견 오 언　　기 종 야 이

국역 공자께서 말씀하셨다. "나이가 마흔이 되어서도 (남으로부터) 미움을 받는다면, 그대로 끝난 것이다."

글자풀이 年 나이. 見 받다. 수동태.

강講 마흔은 자신의 얼굴과 이름에 책임을 져야 할 나이다. 한데 이 나이에도 덕을 이루지 못해 미움을 받는다면 더 이상 기대할 것이 없다.

제18편

미자
微子

．
．
．
．

공자의 길, 은자의 길

．
．
．

미자편은 공자가 노나라를 떠난 이유를 알려준다. 그
와 함께 공자가 천하를 주유할 때 만난 은자에 관한
기록이 많다. 그들은 세상에서 벗어나 세상에 관심
없이 유유자적 살았는데, 자신들과 다른 공자를 조롱
하고 비판하는가 하면 무시하기도 했다. 그들의 태도
를 통해 혼란한 세상을 살아가는 지식인 집단의 한
면을 볼 수 있다. 모두 11장이다.

1. 은나라의 세 인자

微子는 去之하고 箕子는 爲之奴하고 比干은 諫而死하니라 孔子曰 殷有三
미자 거지 기자 위지노 비간 간이사 공자왈 은유삼

仁焉하니라
인 언

국역 미자는 떠나가고, 기자는 노예가 되었으며, 비간은 간하다가 죽
었다. 공자께서 말씀하셨다. "은나라에 세 명의 인자가 있었다."

글자풀이 微子 殷나라 마지막 왕인 폭군 주紂의 이복형. 이름이 계啓. 箕子 주의
숙부. 이름이 서여胥余. 子 작위. 比干 주의 숙부.

강講 은나라의 마지막 인자인 세 사람이 인仁과 의義, 충忠과 신信으로
무너지는 나라를 구하려 애썼지만 불가능했다. 하지만 인자란 이름을 얻
었다.

2. 유하혜의 도

柳下惠爲士師하여 三黜이어늘 人曰 子未可以去乎아 曰 直道而事人이면 焉往
유 하 혜 위 사 사   삼 출   인 왈 자 미 가 이 거 호   왈 직 도 이 사 인   언 왕

而不三黜이며 枉道而事人이면 何必去父母之邦이리오
이 불 삼 출   왕 도 이 사 인   하 필 거 부 모 지 방

국역　유하혜가 사사가 되어 세 번이나 쫓겨났다. 어떤 사람이 말했다. "그대는 떠날 만하지 않습니까?" 유하혜가 말했다. "도를 곧게 지켜서 사람을 섬긴다면 어디를 간들 세 번은 쫓겨나지 않겠습니까? 도를 굽혀서 사람을 섬긴다면 굳이 부모의 나라를 떠나야 합니까?"

글자풀이　士師 옥관의 우두머리. 법의 책임자. 黜 쫓겨나다.

강講　무도한 세상에서 도를 지키는 자는 설 자리가 없다. 유하혜가 쫓겨나는 것은 당연하다. 그런데 세상이 온통 무도하니 굳이 조국을 떠날 이유가 없다. 묵묵히 정도正道를 걷는 유하혜의 꿋꿋함이 군자의 걸음이다.

3. 공자, 제나라를 떠나다

齊景公이 待孔子曰 若季氏則吾不能이어니와 以季孟之間으로 待之호리라하고
제 경 공   대 공 자 왈 약 계 씨 즉 오 불 능   이 계 맹 지 간   대 지

曰 吾老矣라 不能用也라한대 孔子行하시다
왈 오 노 의   불 능 용 야   공 자 행

국역　제나라 경공이 공자를 대접하면서 말했다. "계씨처럼은 내가 대

우하지 못하겠지만, 계씨와 맹씨의 중간 정도는 대우하리다." 다시 말했다. "내가 늙어서 등용할 수 없소이다." 공자께서 떠나셨다.

글자풀이　待 대접하다. 대우하다. 用 등용하다.

강講　기원전 517년, 35세의 공자가 제경공을 만났다. 공자에게서 정치의 요체를 들은 경공이 등용하려 했지만, 재상인 안영晏嬰의 반대에 입장을 바꾼다. 공자가 제나라를 떠날 수밖에 없었다.

4. 공자, 노나라를 떠나다

齊人이 **歸女樂**이어늘 **季桓子受之**하고 **三日不朝**한대 **孔子行**하시다
제　인　　　귀　여　악　　　　계　환　자　수　지　　　삼　일　부　조　　　공　자　행

국역　제나라 사람이 여악을 보내왔다. 계환자가 그것을 받고 3일 동안 조회하지 않자 공자께서 (노나라를) 떠나셨다.

글자풀이　歸 선물로 보내오다. 궤饋와 같다. 女樂 음악을 연주하고 춤을 추는 미녀. 季桓子 노나라 대부인 사斯. 朝 조회.

강講　공자의 정치 참여로 노나라의 질서가 잡히고 예의와 윤리가 행해지자 위협을 느낀 제나라에서 미녀 악공 80명과 말 120필을 보내왔다. 군주인 정공과 계환자가 정사를 돌보지 않자 공자는 노나라를 떠날 수밖에 없었다. 공자의 천하주유天下周遊의 시작이다.

5. 접여의 노래

楚狂接輿 歌而過孔子曰 鳳兮鳳兮여 何德之衰오 往者는 不可諫이어니와 來
초 광 접 여 가 이 과 공 자 왈   봉 혜 봉 혜   하 덕 지 쇠   왕 자   불 가 간   래

者는 猶可追니 已而已而어다 今之從政者 殆而니라 孔子下하사 欲與之言이러
자   유 가 추   이 이 이 이   금 지 종 정 자 태 이   공 자 하   욕 여 지 언

시니 趨而辟之하니 不得與之言하시다
    추 이 피 지   부 득 여 지 언

국역　　초나라의 광인인 접여가 노래를 부르며 공자 곁을 지나갔다.
"봉황이여, 봉황이여! 어찌 덕이 쇠했는가? 지나간 일은 간할 수 없지만,
(앞으로) 오는 일은 오히려 따를 수 있으니, 그만두어라, 그만두어라! 오
늘날 정치에 종사하는 자들은 위태롭도다." 공자께서 수레에서 내려와
더불어 말하고자 하셨으나 빨리 걸어서 피하니 함께 말할 수가 없었다.

글자풀이　　接輿 이름이 육통陸通. 초나라의 광인. 장자에도 나온다. 鳳 봉황새의 수
컷. 세상에 도가 있으면 나타나고 도가 없으면 숨는 상서로운 새. 순임금 때 나타났고
문왕 때 기산에서 울었다. 已而 그만두어라. 殆 위태롭다. 위험하다. 趨 종종걸음으로
빨리 걷다.

강講　　은자들의 특징은 자신의 생각과 선택만 옳다고 여기며 남의 말
은 듣지 않는다는 것이다. 접여도 그랬다. 그는 공자를 봉황에 비유하며
덕이 쇠했으니 그만두라고 노래한다. 그러나 역사는 세상을 바꾸려는 걸
음이 모여 흐름을 바꾸었다. 공자와 접여의 다른 점이다.

6. 천하에 도가 있다면

長沮 桀溺이 耦而耕이러니 孔子過之하실새 使子路問津焉하신대 長沮曰 夫執
장저 걸닉 우이경 공자과지 사자로문진언 장저왈 부집

輿者 爲誰오 子路曰 爲孔丘시니라 曰 是魯孔丘與아 曰 是也시니라 曰 是知津
여자 위수 자로왈 위공구 왈 시노공구여 왈 시야 왈 시지진

矣니라 問於桀溺한대 桀溺曰 子爲誰오 曰 爲仲由로라 曰 是魯孔丘之徒與아
의 문어걸닉 걸닉왈 자위수 왈 위중유 왈 시노공구지도여

對曰 然하다 曰 滔滔者天下皆是也니 而誰以易之리오 且而與其從辟人之士
대왈 연 왈 도도자천하개시야 이수이역지 차이여기종피인지사

也론 豈若從辟世之士哉리오하고 耰而不輟하더라 子路行하여 以告한대 夫子
야 기약종피세지사재 우이불철 자로행 이고 부자

憮然曰 鳥獸는 不可與同群이니 吾非斯人之徒與요 而誰與리오 天下有道면
무연왈 조수 불가여동군 오비사인지도여 이수여 천하유도

丘不與易也니라
구불여역야

국역 장저와 걸닉이 짝을 이루어 밭을 갈고 있었다. 공자께서 지나시다가 자로로 하여금 나루터를 묻게 하셨다. 장저가 물었다. "저 수레 고삐를 잡고 있는 자는 누구시오?" 자로가 대답했다. "공구입니다." "노나라의 공구란 말이요?" "그렇습니다." "그 사람은 나루터를 알 것이오." (자로가) 걸닉에게 물었다. 걸닉이 물었다. "그대는 뉘시오?" "중유입니다." "바로 그 노나라 공구의 무리요?" "그렇습니다." (걸닉이) 말했다. "도도하게 흐르는 것은 천하가 모두 그러한데, 누가 그것을 바꿀 수 있겠소? 또 그대는 사람을 피하는 선비를 따르기보다는 차라리 세상을 피하는 선비를 따르는 것이 낫지 않겠소?" 그러면서 밭 가는 것을 그치지 않았다. 자로가 가서 공자께 말씀드렸다. 공자께서 한동안 멍하니 계시다가 말씀하셨다. "새와 짐승과는 함께 무리를 이루어 살 수 없으니, 내가 이 사람들과 함께하지 않고 누구와 함께하겠는가? 천하에 도가 있다

면, 내가 바꾸려고 하지 않을 것이다."

글자풀이　長沮·桀溺 당시의 은자. 耦 짝을 이루다. 津 나루터. 問津 나루터를 묻다. 학문의 길을 묻다. 滔滔 물이 넘치다. 혼탁한 세상. 誰以 누구와 함께. 以는 여與와 같음. 易 바꾸다. 변역하다. 而 그대. 與其~豈若… ~하기보다는 차라리 …한 것이 낫다. 輟 그치다. 憮然 멍하니. 안타깝게.

강講　당시 공자는 정치인들에게는 이상주의자로, 은자들에게는 무모한 자로 인식되어 조롱받았다. 밭을 갈던 두 사람도 그랬다. 하지만 공자는 세상을 구제하는 것을 사명으로 여겼기에 거부할 수도 피할 수도 없었다. 하늘의 뜻을 꿋꿋이 행할 뿐이다.

7. 군자가 벼슬하는 까닭

子路從而後러니 遇丈人이 以杖荷蓧하여 子路問曰 子見夫子乎아 丈人曰
자로종이후　　우장인　이장하조　　자로문왈　자견부자호　장인왈

四體를 不勤하며 五穀을 不分하나니 孰爲夫子오하고 植其杖而芸하니라 子路
사체　불근　　오곡　불분　　숙위부자　　치기장이운　　자로

拱而立한대 止子路宿하여 殺鷄爲黍而食之하고 見其二子焉이어늘 明日에 子
공이립　지자로숙　　살계위서이사지　　현기이자언　　명일　자

路行하여 以告한대 子曰 隱者也라하시고 使子路反見之러시니 至則行矣러라
로행　이고　자왈　은자야　　사자로반견지　지즉행의

子路曰 不仕無義하니 長幼之節을 不可廢也니 君臣之義를 如之何其廢之리
자로왈 불사무의　　장유지절　불가폐야　군신지의　여지하기폐지

오 欲潔其身而亂大倫이로다 君子之仕也는 行其義也니 道之不行은 已知之
　욕결기신이난대륜　군자지사야　행기의야　도지불행　이지지

矣시니라
의

자로가 (공자를) 따르다가 뒤처졌는데, 지팡이를 짚고 삼태기를 멘 장인丈人을 만났다. 자로가 물었다. "노인께서는 (우리) 선생님을 보셨습니까?" 노인이 말했다. "몸을 부지런히 움직이지 않으며, 오곡도 분별하지 못하는데, 누구를 선생이라고 하는가?" 노인이 지팡이를 꽂고는 김을 맸다. 자로가 공손하게 손을 모으고 서 있었다. 그러자 자로를 집에 머물러 잠자게 하고, 닭을 잡고 기장밥을 먹이며 그의 두 아들로 하여금 뵙게 했다. 다음날 자로가 떠나와서 공자께 말씀드렸다. 공자께서 말씀하셨다. "은자로구나." 그리고 자로로 하여금 되돌아가 뵙게 했지만 도착하니 떠나고 없었다. 자로가 말했다. "벼슬을 하지 않는 것은 군신의 의가 없는 것이다. 어른과 아이 사이의 예도 폐할 수 없는데, 군신의 의를 어찌 폐할 수 있는가? 자신의 몸만을 깨끗이 하고자 큰 윤리를 어지럽히는 것이다. 군자가 벼슬하는 것은 그 의를 행하려는 것이니, 도가 행해지지 않음은 이미 알고 계시다."

글자풀이 丈人 은자. 杖 지팡이. 荷 메다. 蓧 삼태기. 四體 팔다리와 몸. 온몸. 勤 부지런하다. 五穀 쌀·보리·콩·기장·조 등 곡식. 植 꽂다. '치寘'와 같다. 拱 두 손을 맞잡고 공손함을 표하다. 黍 기장밥. 明日 다음 날. 反 되돌아가다. 至 도착하다.

강講 자로가 만난 노인은 군신의 의義는 외면하면서 장유長幼의 예에는 정성을 다했다. 그런데 장유의 예만큼 군신의 의도 중요하다. 군자가 벼슬을 하는 것은 의를 행하여 세상을 바르게 하는 길이다. 의를 외면한 채 자기만 깨끗하고자 하는 것은 큰 인륜을 어지럽히는 것이다.

8. 일곱 명의 은자와 공자

逸民은 伯夷와 叔齊와 虞仲과 夷逸과 朱張과 柳下惠와 少連이니라 子曰 不
일 민　백 이　숙 제　우 중　이 일　주 장　유 하 혜　소 련　　　자 왈 불

降其志하며 不辱其身은 伯夷叔齊與인저 謂柳下惠少連하시되 降志辱身矣나
강 기 지　불 욕 기 신　백 이 숙 제 여　위 유 하 혜 소 련　　　강 지 욕 신 의

言中倫하며 行中慮하니 其斯而已矣이니라 謂虞仲夷逸하사되 隱居放言하나
언 중 륜　행 중 려　기 사 이 이 의　위 우 중 이 일　　　은 거 방 언

身中淸하며 廢中權이니라 我則異於是하여 無可無不可호라
신 중 청　폐 중 권　아 즉 이 어 시　무 가 무 불 가

국역　숨어 사는 사람은 백이와 숙제와 우중과 이일과 주장과 유하혜
와 소련이다. 공자께서 말씀하셨다. "그 뜻을 굽히지 않으며, 그 몸을 욕
되게 하지 않은 자는 백이와 숙제다." 유하혜와 소련을 평하셨다. "뜻을
굽히고 몸을 욕되게 했으나 말은 윤리에 맞으며 행동은 사리에 맞았으
니 그것일 뿐이다." 우중과 이일을 평가하셨다. "숨어 살면서 함부로 말
했으나, 몸은 깨끗함에 맞았고 (벼슬을) 폐함은 권도에 맞았다. 나는 이
들과 달라서 해야 하는 것도 없고, 해서는 안된다는 것도 없다."

글자풀이　逸民 초야에 묻혀서 숨어 살며 벼슬하지 않는 사람. 虞仲 태백의 동생
이며 계력의 형인 중옹仲雍. 少連 동이東夷 사람. 倫 윤리. 의리의 차례. 慮 사려. 其 그
들. 放言 거리낌 없이 함부로 말하다.

강講　일민은 학문과 덕행은 높지만 벼슬하지 않고 초야에 묻혀 사는
사람들이다. 그들은 성품과 기질에 따라 숨는 방식이 달랐다. 공자는 이
들과 달리 오로지 때와 상황에 맞게 중中을 행했다. 이 때문에 시중지인時
中之人이 된 것이다.

9. 뿔뿔히 흩어진 악사들

大師摯는 適齊하고 亞飯干은 適楚하고 三飯繚는 適蔡하고 四飯缺은 適秦하고
태사지　적제　　아반간　적초　　삼반료　적채　　사반결　적진
鼓方叔은 入於河하고 播鼗武는 入於漢하고 小師陽과 擊磬襄은 入於海하니라
고방숙　입어하　　파도무　입어한　　소사양　격경양　입어해

국역　태사인 지는 제나라로 가고, 아반인 간은 초나라로 갔다. 삼반
인 료는 채나라로 가고, 사반인 결은 진나라로 갔다. 북을 치던 방숙은
하내로 들어가고, 소고를 흔들던 무는 한중으로 들어갔으며, 소사인 양
과 경쇠를 치던 양은 바다의 섬으로 들어갔다.

글자풀이　大師 태사太師. 노나라 악관의 우두머리. 亞飯 점심 식사 때의 연주자.
三飯 점심과 저녁 사이의 연주자. 四飯 저녁 식사 때의 연주자. 鼓 북을 치다. 河 하
내. 播鼗 소고를 흔들다. 漢 한중. 小師 악관의 보좌관. 海 해도海島.

강講　예악과 문화가 무너져 궁중에서 때에 맞게 음악을 연주하던 악
사들의 설 자리까지 사라졌다.

10. 통치자의 도

周公이 謂魯公曰 君子不施其親하며 不使大臣으로 怨乎不以하며 故舊無
주공　위노공왈 군자불이기친　　불사대신　　원호불이　　고구무
大故면 則不棄也하며 無求備於一人이니라
대고　즉불기야　　무구비어일인

주공이 노공에게 이르셨다. "군자는 그 친척을 버리지 않으며, 대신들로 하여금 등용되지 않더라도 원망이 없도록 하며, 옛 친구를 큰 잘못이 없으면 버리지 않으며, 한 사람에게 완벽하게 갖추기를 요구하지 말아야 한다."

글자풀이 魯公 주공의 아들인 백금伯禽. 주공 대신 노나라에 분봉됐다. 君子 통치자. 施 이弛와 같다. 버리다. 以 등용하다. 故舊 옛 친구. 옛 신하. 大故 큰 연고. 반역. 역모. 備 완벽하게 갖추다.

강講 주공이 아들에게 전한 통치자가 명심해야 할 네 가지 '도'다. 먼저 혈육과 화목하고, 공정함으로써 대신들의 원망이 없도록 하며, 큰 잘못이 없는 한 옛 사람을 버리지 않고, 각각의 능력에 따라 사람을 써야 한다. 이렇게 한다면 누가 원망하겠는가?

11. 주나라의 선비들

周有八士하니 伯達과 伯适과 仲突과 仲忽과 叔夜와 叔夏와 季隨와 季騧니라
주유팔사　　백달　　백괄　　중돌　　중홀　　숙야　　숙하　　계수　　계와

국역 주나라에 여덟 명의 선비가 있었다. 백달과 백괄과 중돌과 중홀과 숙야와 숙하와 계수와 계와다.

강講 성왕成王 때, 혹은 선왕宣王 때의 사람이라고 한다. 백伯·중仲·숙叔·계季의 차례로 두 명씩 짝을 이루고 있어서 한 어머니가 네 번 생산해서 여

덟 아들을 낳았다고 보기도 한다. 주나라에 이 같은 선비가 있었기에 역사
를 이을 수 있었음을 말한 것이다.

제19편

자장

子張

·
·
·
·

제자들의 갈래

·
·

자장편은 공자 사후死後 각각의 성격과 특징에 따라 다른 길을 걷는 제자들의 모습이 펼쳐진다. 공자의 사상을 자신의 학문과 어떻게 접목하는지도 살펴볼 수 있고, 제자들 간의 갈등도 볼 수 있어 흥미롭다. 편명과 달리 자하의 말이 가장 많고, 그다음이 자공의 말이며, 자장의 말은 세 번째인데, 자장의 말로 시작되기 때문에 자장편이라 이름 붙여졌다. 모두 25장으로, 제자들의 말과 대화, 문답으로 구성되어 있다.

1. 선비의 도

子張曰 士見危致命하며 見得思義하며 祭思敬하며 喪思哀면 其可已矣니라
자 장 왈 사 견 위 치 명　　건 득 사 의　　제 사 경　　상 사 애　기 가 이 의

국역　자장이 말했다. "선비가 위태로운 일을 보면 목숨을 바치고, 이득을 보면 의로운지 생각하며, 제사를 지낼 때는 공경할 것을 생각하고, 상사에서는 슬픔을 다할 것을 생각한다면 괜찮을 것이다".

강講　자장은 국가의 위기와 개인의 이익 앞에서는 의義를 생각하고, 제사와 상사에는 공경과 슬픔을 다하여 예를 행하는 것을 선비가 행해야 할 도리라고 보았다.

2. 무엇이 있는가?

子張曰 執德不弘하며 信道不篤이면 焉能爲有며 焉能爲亡리오
자 장 왈 집 덕 불 홍   신 도 부 독   언 능 위 유   언 능 위 무

국역 자장이 말했다. "덕을 지키는 것이 넓지 못하고, 도를 믿는 것이
독실하지 못하다면, 어찌 있다고 할 수 있으며, 어찌 없다고 할 수 있겠
는가?"

글자풀이 執德 덕을 실천하다. 不弘 좁다. 信道 도를 신뢰해 따르다. 亡 없다.

강講 덕을 굳게 잡아 덕을 실천하고, 도를 굳게 믿어 독실하게 할 때,
비로소 덕과 도의 사람이 될 수 있으며 참 사람이 된다는 점에서 덕과
도를 자기의 책임으로 삼아야 한다.

3. 벗 사귀는 도리

子夏之門人이 問交於子張한대 子張曰 子夏云何오 對曰 子夏曰 可者를 與
자 하 지 문 인   문 교 어 자 장   자 장 왈 자 하 운 하   대 왈 자 하 왈 가 자   여

之하고 其不可者를 拒之라하더이다 子張曰 異乎吾所聞이로다 君子는 尊賢而
지   기 불 가 자   거 지   자 장 왈 이 호 오 소 문   군 자   존 현 이

容衆하며 嘉善而矜不能이니 我之大賢與인댄 於人에 何所不容이며 我之不賢與
용 중   가 선 이 긍 불 능   아 지 대 현 여   어 인   하 소 불 용   아 지 불 현 여

인댄 人將拒我니 如之何其拒人也리오
   인 장 거 아   여 지 하 기 거 인 야

국역　자하의 문인이 자장에게 벗 사귀는 것에 대해 묻자 자장이 되물었다. "자하는 무엇이라고 했는가?" 자하의 문인이 대답했다. "자하께서 말씀하시길 '괜찮은 자와 함께하고, 괜찮지 않은 자는 거절하라'라고 하셨습니다." 자장이 말했다. "내가 들은 것과는 다르다. 군자는 어진 이를 존경하고, 많은 사람을 용납하며, 잘하는 자는 좋게 여기고, 능하지 못한 자는 불쌍하게 여겨야 한다. 내가 크게 어질다면 남에 대해서 무엇을 용납하지 않겠으며, 내가 어질지 못하다면 남들이 장차 나를 거절할 것이니, 어찌 남을 거절할 수 있겠는가?"

글자풀이　可者 괜찮은 자. 올바른 자. 拒 거절하다. 막다. 異 다르다. 矜 불쌍히 여기다.

강講　벗을 사귀는 것은 쉽지 않다. 무엇보다 먼저 자신의 인격을 닦고 도량을 갖추어야 올바른 자와 함께할 수 있고, 많은 사람을 포용하는 넓은 가슴을 지닐 수 있다.

4. 작은 도를 행하지 않는 이유

子夏曰 雖小道나 必有可觀者焉이어니와 致遠恐泥라 是以로 君子不爲也니라
자 하 왈 수 소 도　필 유 가 관 자 언　　치 원 공 니　시 이　군 자 불 위 야

국역　자하가 말했다. "비록 작은 도일지라도 반드시 볼 만한 것은 있지만, 원대함에 이르는데 장애가 될까 두렵기 때문에 군자는 하지 않는다."

글자풀이　小道 농사·의술·점복 등 전문적인 기예나 기능. 泥 장애. 빠지다. 不爲 소도를 공부하지 않는다.

강講　'당장 먹기에 곶감이 달다.'고 작은 도에 매달려 당장의 이익과 즐거움에 빠지면, 대도에 나아가 자신과 세상의 변화를 이루는 데 방해가 된다. 그 때문에 하지 않는다.

5. 자하의 공부 방법

子夏曰 日知其所亡하며 月無忘其所能이면 可謂好學也已矣니라
자 하 왈 일 지 기 소 무　　월 무 망 기 소 능　　　가 위 호 학 야 이 의

국역　자하가 말했다. "날마다 그 없는 것을 알며, 달마다 그 능한 것을 잊지 않는다면, 배우기를 좋아한다고 말할 수 있다."

강講　꼼꼼하고 실천적 예를 중시하는 자하의 공부법이다. 날마다 자신이 모르는 것을 익히고, 달마다 자신이 잘하는 것을 잊지 않는 것을 통해 그의 호학은 이루어졌다. 공자의 공부법과는 달랐지만 이 방법으로 자하는 배움의 길을 열었다.

6. 인을 이루는 길

子夏曰 博學而篤志하며 切問而近思하면 仁在其中矣니라
자 하 왈 박 학 이 독 지   절 문 이 근 사   인 재 기 중 의

국역　자하가 말했다. "배우기를 널리 하고 뜻을 독실하게 하며, 간절하게 묻고, 가까이 생각하면 인이 그 가운데 있다."

글자풀이　博學 군자가 갖추어야 할 학문과 덕행. 육예六藝를 널리 익히다. 切問 깊이 파고들어 질문하다. 近思 현실에 필요한 것을 생각하다. 자신이 할 수 있는 일을 생각하다.

강講　널리 배우고 뜻을 다지며 간절히 묻고 생각하는 과정을 거치다 보면 인을 행할 수 있다. '하고자 하면 인이 이르는' 공자의 수준에 이르기 위해 거쳐야 할 과정이다.

7. 군자의 배움

子夏曰 百工이 居肆하여 以成其事하고 君子學하여 以致其道니라
자 하 왈 백 공   거 사   이 성 기 사   군 자 학   이 치 기 도

국역　자하가 말했다. "모든 장인들은 공방에 거처하면서 자신의 일을 이루고, 군자는 배워서 그 도를 이룬다."

百工 모든 장인. 肆 관청의 물건을 만드는 곳. 공방. 공장.

강講　장인들이 공방에서 최선을 다할 때 자신의 일을 이룰 수 있듯이, 군자는 배움을 통해 도를 이루어야 한다. 그럴 때 인하고 의로운 세상이 되어 장인들이 능력을 펼칠 수 있다.

8. 소인의 특성

子夏曰 小人之過也는 必文이니라
자 하 왈 소 인 지 과 야 　 필 문

국역　자하가 말했다. "소인들은 잘못하면 반드시 꾸며댄다."

강講　잘못을 했을 경우 그것을 인정하고 바로 고치는 존재가 군자라면, 소인은 변명하거나 꾸미고, 축소하거나 남에게 떠넘긴다. 결국 더 큰 잘못에 이르게 돼 고칠 수가 없다.

9. 군자의 모습

子夏曰 君子有三變하니 望之儼然하고 卽之也溫하고 聽其言也厲니라
자 하 왈 군 자 유 삼 변 　 망 지 엄 연 　 즉 지 야 온 　 청 기 언 야 려

국역　자하가 말했다. "군자는 세 가지 변화가 있다. 멀리서 바라보면

엄숙하고, 그에게 나아가면 온화하며, 그의 말을 들어보면 명확하다."

글자풀이 儼然 의젓하다. 용모가 씩씩하다. 卽 나아가다. 之 군자. 厲 엄하면서 명확하다.

강講 카메라 줌을 당기듯 멀리서부터 가까이에 이르기까지 살펴본 공자의 모습이다. 멀리서 볼 땐 엄숙했지만 가까이 다가가면 온화하고 부드러우며, 말은 엄격하면서도 확실하다. 자하가 본 공자의 모습으로 경외와 존경이 담겨 있다.

10. 신뢰가 답이다

子夏曰 君子는 信而後에 勞其民이니 未信則以爲厲己也니라 信而後에 諫이니
자 하 왈 군 자　　신 이 후　　노 기 민　　미 신 즉 이 위 려 기 야　　　신 이 후　　간

未信則以爲謗己也니라
미 신 즉 이 위 방 기 야

국역 자하가 말했다. "군자는 (백성들의) 신뢰를 얻은 뒤에 그 백성을 수고롭게 할 수 있으니, 신뢰를 얻지 못하면 자신들을 괴롭힌다고 여긴다. (군자는 윗사람의) 신뢰를 얻은 뒤에 간해야 하니, 신뢰를 얻지 못하면 자기를 비방한다고 여긴다."

강講 군자는 위로든 아래로든 신뢰를 얻어야 임금에게 간하여 정책을 추진할 수 있고, 백성들의 마음을 얻어 일을 이룰 수 있다. 신뢰가 답이다.

11. 큰 덕과 작은 덕

子夏曰 大德이 不踰閑이면 小德은 出入이라도 可也니라
자 하 왈 대 덕   불 유 한   소 덕   출 입   가 야

국역 자하가 말했다. "큰 덕이 한계를 넘지 않으면 작은 덕은 드나들
어도 괜찮다."

글자풀이 踰 넘다. 閑 한계. 문지방.

강講 대덕은 오륜伍倫처럼 사람이 행해야 할 도리이며, 소덕은 개인
간의 약속 등이다. 어긴다고 문제되지 않지만 작은 것을 못 지키는데, 큰
덕을 지킬 수 있을까는 생각해볼 일이다.

12. 자유와 자하의 교육관

子游曰 子夏之門人小子 當灑掃應對進退則可矣니 抑末也라 本之則無하니
자 유 왈 자 하 지 문 인 소 자 당 쇄 소 응 대 진 퇴 즉 가 의   억 말 야   본 지 즉 무

如之何오 子夏聞之하고 曰 噫라 言游過矣로다 君子之道 孰先傳焉하며 孰後
여 지 하   자 하 문 지   왈 희   언 유 과 의   군 자 지 도 숙 선 전 언   숙 후

倦焉이리오 譬諸草木컨대 區以別矣니 君子之道 焉可誣也리오 有始有卒者는
권 언   비 저 초 목   구 이 별 의   군 자 지 도 언 가 무 야   유 시 유 졸 자

其惟聖人乎인저
기 유 성 인 호

국역 자유가 말했다. "자하의 문인들과 어린 제자들은 물 뿌리고 청

소하며, 응대하는 일과 나가고 물러나는 예에 임해서는 괜찮으나 이는 지엽적인 것이다. 근본적인 것은 없으니 어찌하겠는가?" 자하가 듣고 말했다. "아! 언유의 말이 지나치구나. 군자의 도에서 어느 것을 먼저라 해서 전하고, 어느 것을 뒤라 해서 게을리하겠는가? 초목에 비유하자면 종류에 따라 구별되는 것과 같으니, 군자의 도를 어찌 속일 수 있겠는가? 처음과 끝을 갖춘 자는 오직 성인이실 것이다."

글자풀이　小子 어린 제자들. 灑 물 뿌리다. 掃 비로 쓸다. 應對 응하고 상대함. 抑 접속사. 그러나. 末 지엽적. 중요하지 않다. 噫 탄식하다. 감탄사. 倦 게으르다. 譬 비유하다. 區 종류. 誣 속이다.

강講　근본을 중시하는 자유가 구체적인 소학의 예를 중시하는 자하를 비판했다. 그러자 자하는 먼저 일상의 예로 시작해 근본과 이치를 가르쳐야 한다고 말한다. 자유와 자하의 교육관으로, 방법론의 차이일 뿐 중시하는 것은 같다.

13. 벼슬과 배움

子夏曰 仕而優則學하고 **學而優則仕**니라
자 하 왈 사 이 우 즉 학　　　 학 이 우 즉 사

국역　자하가 말했다. "벼슬을 하면서 여력이 있으면 배우고, 배우고서 여력이 있으면 벼슬을 한다."

벼슬을 하기 위해서는 공부를 해야 하고, 벼슬을 한 후에도 공부를 멈춰서는 안 된다. 그럴 때 이론과 현실의 조화를 통해 안정되고 바른 세상을 이룰 수 있으며, 자신의 자리 역시 굳건히 할 수 있다.

14. 상례의 예

子游曰 喪은 致乎哀而止니라
자 유 왈 상   치 호 애 이 지

국역 자유가 말했다. "상례는 슬픔을 극진히 하는 데서 그쳐야 한다."

강講 상례에 임해서 슬픔으로 인해 몸이 상하는 것을 부모가 바라지 않을 것이다. 슬픔이 극진하더라도 그에서 그칠 것, 그것이 상례의 지극함이다.

15. 자유가 자장을 평가하다

子游曰 吾友張也 爲難能也나 然而未仁이니라
자 유 왈 오 우 장 야 위 난 능 아   연 이 미 인

국역 자유가 말했다. "나의 벗인 자장은 어려운 일에는 능하지만, 그러나 아직 인仁하지는 못하다."

강講　자장은 남들이 하기 어려운 높고 지나친 일을 행하고자 했지만, 말만 하고 실천력이 부족하며 성실하지 않았던 듯하다. 함께 공부하는 입장에서 그런 벗이 달가울 리 없다.

16. 증자가 자장을 평가하다

曾子曰 堂堂乎라 張也여 難與並爲仁矣로다
증 자 왈 당 당 호   장 야   난 여 병 위 인 의

국역　증자가 말했다. "당당하구나, 자장이여! (그러나) 함께 인을 행하기는 어렵구나."

글자풀이　堂堂 거리낌 없는 떳떳한 태도. 용모가 훌륭함. 並 함께.

강講　'당당'은 용모가 훌륭한 것이다. 자장은 외모는 잘 가꾸었지만 내면은 부족했다. 포용력과 배려, 조심성과 성실함이 없다면 함께 일하기도 어려운데, 어떻게 인을 함께 하겠는가?

17. 극진히 하는 예

曾子曰 吾聞諸夫子호니 人未有自致者也나 必也親喪乎인저
증 자 왈 오 문 저 부 자   인 미 유 자 치 자 야   필 야 친 상 호

국역 증자가 말했다. "내가 선생님께 들으니, '사람이 스스로 지극히 하는 것이 없다 하더라도 반드시 부모의 상에는 극진히 해야 한다'라고 하셨다."

강講 뿌리를 잃는 것만큼 큰 슬픔이 있을까? 부모의 상에 임해서는 시키지 않고 가르치지 않아도 극진히 한다. 마음에서 자연히 우러나오는 감정이기에 스스로 하는 것이다.

18. 맹장자의 효

曾子曰 吾聞諸夫子호니 孟莊子之孝也는 其他는 可能也어니와 其不改父之
증 자 왈   오 문 저 부 자   맹 장 자 지 효 야   기 타   가 능 야   기 불 개 부 지

臣與父之政은 是難能也니라
신 여 부 지 정   시 난 능 야

국역 증자가 말했다. "내가 선생님께 들으니 '맹장자의 효 중에서 그 다른 것은 할 수 있지만, 아버지의 신하와 아버지의 정치를 고치지 않는 것, 이것은 하기 어려운 일이다.'라고 하셨다."

글자풀이 孟莊子 노나라의 대부인 속速.

강講 맹장자의 아버지 맹헌자孟獻子는 어질고 바른 정치를 편 대부다. 그는 공직자의 도리와 자세를 중시했고, 백성의 재물을 소중히 여겨 통치자의 자세를 확립했다. 아들이 아버지의 신하와 정치를 고치지 않았던 이유지만, 아들도 훌륭했기에 가능했다.

19. 백성을 가엽게 여겨라

孟氏使陽膚로 爲士師라 問於曾子한대 曾子曰 上失其道하여 民散이 久矣니
맹씨사양부   위사사   문어증자   증자왈 상실기도   민산   구의

如得其情이면 則哀矜而勿喜니라
여득기정   즉애긍이물희

국역　맹씨가 양부를 사사로 삼았다. (양부가) 증자에게 물었다. 증자
가 말했다. "윗사람이 바른 도를 잃어서 백성들이 흩어진 지 오래되었다.
만일 그 실정을 안다면 슬퍼하고 불쌍하게 여기며 기뻐하지 말아야
한다."

글자풀이　孟氏 맹경자孟敬子. 陽膚 증자의 제자. 士師 법관. 其道 정도正道. 得 알
다. 파악하다. 얻다. 情 실정.

강講　윗사람이 바르지 못해서 백성들이 흩어지고, 목숨을 부지하기
위해 범죄를 저지를 수밖에 없는 세상이다. 그 실정을 안다면 백성들을
가엽게 여겨야지, 범인을 잡았다고 기뻐해서는 안 된다.

20. 하류에 처하면

子貢曰 紂之不善이 不如是之甚也니 是以로 君子惡居下流하나니 天下之
자공왈 주지불선   불여시지심야   시이   군자오거하류   천하지

惡이 皆歸焉이니라
악   개귀언

국역　자공이 말했다. "주왕의 불선이 그처럼 심하지는 않았을 것이다. 이 때문에 군자는 하류에 처하는 것을 싫어하니, 천하의 악이 모두 그에게로 돌아가기 때문이다."

글자풀이　紂 폭군의 대명사인 은殷나라의 마지막 임금인 수受. 下流 지형이 낮아서 모든 물이 모이는 곳. 惡 악명惡名. 歸 돌아가다. 모이다.

강講　온갖 더러운 것이 모여들어 악취가 진동하는 하류처럼, 악한 사람으로 규정되면 모든 악행이 덧씌워져서 지울 수 없는 낙인이 된다. 이 때문에 군자는 하류에 처하지 않고자 늘 자신을 성찰하고 닦으며 노력한다.

21. 군자의 허물

子貢曰 君子之過也는 如日月之食焉이라 過也에 人皆見之하고 更也에 人
자공왈　군자지과야　여일월지식언　　과야　인개견지　　경야　인

皆仰之니라
개앙지

국역　자공이 말했다. "군자의 잘못은 마치 일식이나 월식과 같아서, 잘못을 하면 사람들이 모두 보고, 고치면 사람들이 모두 그를 우러러 본다."

글자풀이　日月之食 일식과 월식. 일식은 그믐 전후에, 월식은 보름 전후에 일어난다. 食 식蝕과 같다. 更 고치다.

강講   군자의 허물은 만천하에 드러나기 때문에 실망과 불신을 양산하지만, 잘못을 인정하고 고치면 오히려 우러러 본다.

22. 성인의 배움

衛公孫朝 問於子貢曰 仲尼焉學고 子貢曰 文武之道 未墜於地하여 在人이라
위 공 손 조 문 어 자 공 왈   중 니 언 학   자 공 왈 문 무 지 도   미 추 어 지   재 인

賢者는 識其大者하고 不賢者는 識其小者하여 莫不有文武之道焉하니 夫子焉
현 자   지 기 대 자   불 현 자   지 기 소 자   막 불 유 문 무 지 도 언   부 자 언

不學이시며 而亦何常師之有시리오
불 학   이 역 하 상 사 지 유

국역   위나라의 공손조가 자공에게 물었다. "중니는 어디에서 배웠소?" 자공이 말했다. "문왕과 무왕의 도가 아직 땅에 떨어지지 않아 사람들에게 남아 있습니다. 현명한 자는 그 큰 것을 기억하고, 현명하지 못한 자는 그 작은 것을 기억해 문무의 도 아닌 것이 없습니다. 선생님께서 어디에선들 배우지 않으시겠으며, 또 어찌 일정한 스승을 두었겠습니까?"

글자풀이   公孫朝 위나라의 대부. 墜 추락하다. 떨어지다. 識 기억하다. 莫不~ ~하지 않음이 없다. 이중부정. 焉 어디. 常師 일정한 스승.

강講   비록 어지러운 세상이지만 문왕과 무왕의 도가 남아 있는 현실이 배움터다. 그러므로 선생님은 어디에서든 배웠으며 누구에게나 배웠다. '성인은 일정한 스승이 없다.'는 '성인무상사聖人無常師'가 여기서 나왔다.

제자들의 갈래   447

23. 공자의 높이

叔孫武叔이 語大夫於朝曰 子貢이 賢於仲尼하니라 子服景伯이 以告子貢한
숙손무숙   어대부어조왈 자공   현어중니   자복경백   이고자공

대 子貢曰 譬之宮牆컨댄 賜之牆也는 及肩이라 窺見室家之好어니와 夫子之牆
자공왈 비지궁장   사지장야   급견   규견실가지호   부자지장

은 數仞이라 不得其門而入이면 不見宗廟之美와 百官之富니 得其門者 或寡
수인   부득기문이입   불견종묘지미 백관지부   득기문자 혹과

矣니 夫子之云이 不亦宜乎아
의   부자지운 불역의호

국역 숙손무숙이 조정에서 대부들에게 말했다. "자공이 중니보다 뛰어나다." 자복경백이 이것을 자공에게 일러주자 자공이 말했다. "궁궐의 담장에 비유하자면 나의 담장은 어깨에 미치므로 집안의 좋은 것을 들여다볼 수 있지만, 선생님의 담장은 몇 길이나 되어서 그 문으로 들어가지 않으면 종묘의 아름다움과 백관의 부유함을 볼 수 없소이다. 그 문을 얻은 자가 적으니, 숙손의 말이 또한 당연하지 않겠소?"

글자풀이 叔孫武叔 노나라의 대부인 주구州仇. 朝 조정. 賢 뛰어나다. 及肩 어깨 높이. 窺 엿보다. 仞 길. 일곱 자. 宗廟之美 종묘의 아름다움. 공자의 덕. 百官之富 백관의 많음. 공자의 지혜와 덕의 충실함. 寡 드물다. 宜 마땅하다. 당연하다.

강講 말에는 그 사람의 인격과 품격, 심성이 담겨 있다. 이 때문에 말을 조심해야 한다. 말이 가벼운 숙손의 칭찬에 자공은 비유를 들어 숙손의 수준을 넌지시 말해준다. 자공의 공자에 대한 존경과 인품을 알 수 있다.

24. 공자는 훼손할 수 없다

叔孫武叔이 毁仲尼어늘 子貢曰 無以爲也하라 仲尼는 不可毁也니 他人之賢
者는 丘陵也라 猶可踰也어니와 仲尼는 日月也라 無得而踰焉이니 人雖欲自絶
이나 其何傷於日月乎리오 多見其不知量也로다

국역 　숙손무숙이 공자를 헐뜯었다. 자공이 말했다. "그러지 마시오. 중니는 훼손할 수 없소이다. 타인들 중 현명한 자는 언덕과 같아서 오히려 넘을 수 있지만, 중니는 해와 달과 같아서 넘을 수 없다오. 사람들이 비록 스스로 끊고자 하지만 어찌 해와 달을 훼손하겠소이까? 다만 자기의 분수를 알지 못함을 드러낼 뿐이외다."

글자풀이 　毁 헐뜯다. 비방하다. 丘陵 언덕. 동산. 多 다만. 祗와 같다. 量 분수. 不知量 자기의 분수를 모른다.

강講 　자공의 선생님에 대한 존경이 빛을 발하는 순간이다. 공자에 대한 숙손의 비난이 계속되었지만 자공은 철저하게 방어하며 선생님을 높였다. 자공이 있었기에 공자의 자리는 더욱 단단해졌다.

25. 공자에게는 다다를 수 없다

陳子禽이 謂子貢曰 子爲恭也언정 仲尼豈賢於子乎리오 子貢曰 君子一言에
진자금 위자공왈 자위공야 중니기현어자호 자공왈 군자일언

以爲知하며 一言에 以爲不知니 言不可不愼也니라 夫子之不可及也는 猶天
이위지 일언 이위부지 언불가불신야 부자지불가급야 유천

之不可階而升也니라 夫子之得邦家者인댄 所謂立之斯立하며 道之斯行하며
지불가계이승야 부자지득방가자 소위입지사립 도지사행

綏之斯來하며 動之斯和하여 其生也榮하고 其死也哀니 如之何其可及也리오
수지사래 동지사화 기생야영 기사야애 여지하기가급야

국역 진자금이 자공에게 말했다. "그대가 공손해서 그렇지, 중니가 어찌 그대보다 뛰어나겠습니까?" 자공이 대답했다. "군자는 한마디의 말로 지혜롭다고 여겨지기도 하고, 한마디의 말로 지혜롭지 못하다고 여겨지기도 하니, 말은 신중하지 않을 수 없소이다. 선생님께 미칠 수 없는 것은 마치 하늘에 사다리를 놓고 올라갈 수 없는 것과 같소이다. 선생님께서 나라를 얻으신다면, 이른바 (백성들을) 세우면 이에 서고, (백성들을) 인도하면 이에 행하며, (백성들을) 편안하게 해주면 이에 몰려오며, (백성들을) 고무시키면 이에 조화를 이루어, 그가 살아계시면 (백성들이) 영광으로 여기고, 그가 돌아가시면 (백성들이) 슬퍼할 것이니, 어찌 미칠 수 있겠소?"

강講 진자금의 말에 자공은 공자를 하늘에 비유하여 설명한다. 공자가 나라를 다스린다면 백성들 모두가 제역할을 하는 덕치의 세상을 이룰 수 있다는 것이다. 자공의 선생님에 대한 그리움과 존경을 알 수 있다.

제20편

요왈
堯曰

·
·
·

정치의 요체

·
·

요왈편은 매우 짧다. 하지만 요·순·우·탕·문·무의

이제삼왕二帝三王의 덕치와 정치의 요체가 기록되어

있고, 군자가 갖추어야 할 도리가 집약되어 있다. 지

금까지와는 다른 구성으로, 『논어』의 본편이 아니라

고 보는 학자들도 있다. 하지만 군자가 갖추어야 할

기본 덕목으로 끝맺음함으로써, 논어의 문을 연 '학

學'과 조응되며 다시 학으로 돌아간다. 모두 3장이다.

1-1. 진실로 그 중을 잡아라

堯曰 咨爾舜아 天之曆數 在爾躬하니 允執其中하라 四海困窮하면 天祿이
요왈 자이순 천지력수 재이궁 윤집기중 사해곤궁 천록

永終하리라 舜이 亦以命禹하시니라
영종 순 역이명우

국역 요임금께서 말씀하셨다. "아! 그대 순이여! 하늘의 역수가 그대
의 몸에 있으니, 진실로 그 중을 잡아라. 사해가 곤궁해지면 하늘의 녹이
영원히 끊어지리라." 순임금 또한 이 말씀으로 우에게 명령하셨다.

글자풀이 咨 감탄사. 아! 爾 그대. 曆數 책력. 제왕들이 서로 승계하는 차례. 제위
를 선양함을 말한다. 允 진실로. 四海 천하. 天祿 하늘이 내려주는 모든 은혜. 천자가
될 명운命運.

강講 뛰어난 현자를 찾아서 왕위를 계승하는 선양禪讓은 동아시아의
이상적인 왕위 계승방법이다. 요임금에서 순으로, 순임금에서 우로 이어

진 선양은 그 중심에 "진실로 그 중용의 도로 정치를 행하여라."[윤집기 중允執其中]가 있었다.

1-2. 탕왕의 기도

曰 予小子履는 敢用玄牡하여 敢昭告于皇皇后帝하노니 有罪를 不敢赦하며
왈 여소자리 감용현모 감소고우황황후제 유죄 불감사

帝臣不蔽하여 簡在帝心이니이다 朕躬有罪는 無以萬方이요 萬方有罪는 罪在
제신불폐 간재제심 짐궁유죄 무이만방 만방유죄 죄재

朕躬하니라
짐궁

국역 (탕임금이) 말씀하셨다. "나 소자 리履는 감히 검은 수소를 써서, 감히 거룩하고 거룩하신 상제께 밝게 아룁니다. 죄 있는 자를 감히 용서하지 않겠으며, 상제의 신하를 폐하지 않겠으니, (신하를) 간택하는 것은 상제의 마음에 달려 있습니다. 제 몸에 죄있는 것은 만방의 백성과는 상관없지만, 만방에 죄가 있다면, 죄가 제 몸에 있는 것입니다."

글자풀이 小子 자신을 낮추어 이르는 말. 履 탕임금의 이름. 玄牡 검은 수컷 소. 昭 밝고 분명하다. 皇皇 거룩하고 거룩하다. 后帝 상제. 천제. 后 임금. 赦 용서하다. 사면하다. 簡 간택하다. 朕 천자가 자신을 낮추어 부르는 칭호. 萬方 모든 곳. 천하의 백성.

강講 『서경書經』「상서商書·탕고湯誥」의 내용이다. 최초로 역성혁명易姓革命을 일으켜 은나라를 세운 탕임금은 하나라의 예인 검은 희생을 써서 하

늘에 제사를 지낸다. 하늘의 뜻을 따를 것을 맹세하고, 백성들의 죄까지 자신의 책임으로 끌어안으면서 민심을 달랬다.

1-3. 무왕의 맹세

周有大賚하신대 **善人**이 **是富**하니라 **雖有周親**이나 **不如仁人**이요 **百姓有過**는
주 유 대 뢰   선 인   시 부   수 유 주 친   불 여 인 인   백 성 유 과

在予一人이니라
재 여 일 인

국역　주나라에 큰 베풂이 있으니, 착한 사람들이 이에 부유하게 되었다. (무왕이 말하기를) "(은나라의 주에게) 비록 지극히 가까운 친척이 있으나 어진 사람이 있는 것만 못하며, 백성들에게 있는 허물은 (책임이) 나 한 사람에게 있는 것이다."

글자풀이　賚 선물. 주다. 하늘이 내린 선물. 周親 지극히 친함.

강講　앞 문장은 『서경』 「주서周書·무성武成」, 뒷 문장은 「주서·태서泰誓」의 내용이다. 혁명기의 통치자는 민심을 수습해야 하기에 백성의 잘못을 끌어안아 안정을 꾀해야 한다. 탕왕과 무왕이 백성들의 죄를 자신의 죄로 여기고 하늘에 용서를 구하는 것도 그 때문이다.

1-4. 통치의 도

謹權量하며 審法度하며 修廢官하신대 四方之政이 行焉하니라 興滅國하며 繼
근 권 량   심 법 도   수 폐 관   사 방 지 정   행 언   홍 멸 국   계

絶世하며 擧逸民하신대 天下之民이 歸心焉하니라 所重은 民食喪祭러시다 寬
절 세   거 일 민   천 하 지 민   귀 심 언   소 중   민 식 상 제   관

則得衆하고 信則民任焉하고 敏則有功하고 公則說이니라
즉 득 중   신 즉 민 임 언   민 즉 유 공   공 즉 열

국역　저울과 도량형을 신중히 하고, (예악과 제도 등) 법도를 살피며, 폐해졌던 관직을 복구하니, 사방의 정치가 제대로 행해졌다. 멸망한 나라를 일으켜주고, 끊어졌던 대를 이어주며, 숨은 인재를 등용하니, 천하의 백성들이 마음을 돌렸다. 소중하게 여겼던 것은 백성의 식생활과 상례와 제례였다. 너그러우면 백성을 얻고, 신뢰가 있으면 백성들이 신임하고, 민첩하면 공이 있고, 공정하면 기뻐한다.

글자풀이　謹 삼가다. 權 저울대와 저울추. 신중하다. 量 말斗과 섬斛. 法度 예악과 제도 등의 법도. 修 설치하다. 닦다.

강講　무왕이 실행한 정책이다. 경제와 법도, 정치를 안정시키고 인재를 등용함으로써 백성들의 마음을 얻었고, 백성들의 삶과 기본적인 예를 확보함으로써 백성들이 사람답게 살 수 있도록 했다.

2. 다섯 가지 미덕과 네 가지 악

子張이 問於孔子曰 何如라야 斯可以從政矣니잇고 子曰 尊五美하며 屛四惡이
자장   문어공자왈 하여   사가이종정의   자왈 존오미   병사악

면 斯可以從政矣리라 子張曰 何謂五美니잇고 子曰 君子 惠而不費하며 勞而
  사가이종정의   자장왈 하위오미   자왈 군자 혜이불비   노이

不怨하며 欲而不貪하며 泰而不驕하며 威而不猛이니라 子張曰 何謂惠而不費
불원   욕이불탐   태이불교   위이불맹   자장왈 하이혜이불비

니잇고 子曰 因民之所利而利之니 斯不亦惠而不費乎아 擇可勞而勞之어늘 又
     자왈 인민지소리이리지   사불역혜이불비호   택가로이로지   우

誰怨이리오 欲仁而得仁이어니 又焉貪이리오 君子는 無衆寡하며 無小大히 無敢
수원   욕인이득인   우언탐   군자 무중과   무소대   무감

慢하나니 斯不亦泰而不驕乎아 君子는 正其衣冠하며 尊其瞻視하여 儼然하면
만   사불역태이불교호   군자 정기의관   존기첨시   엄연

人望而畏之하나니 斯不亦威而不猛乎아 子張曰 何謂四惡이닛고 子曰 不敎
인망이외지   사불역위이불맹호   자장왈 하위사악   자왈 불교

而殺을 謂之虐이요 不戒視成을 謂之暴요 慢令致期를 謂之賊이요 猶之與人
이살   위지학   불계시성   위지포   만령치기   위지적   유지여인

也로되 出納之吝을 謂之有司니라
야   출납지린   위지유사

국역　자장이 공자께 물었다. "어떻게 해야 정사에 종사할 수 있겠습니까?" 공자께서 말씀하셨다. "다섯 가지의 미덕을 높이고 네 가지의 악을 물리치면 곧 정치에 종사할 수 있다." 자장이 물었다. "무엇을 다섯 가지 미덕이라고 합니까?" 공자께서 말씀하셨다. "군자는 은혜롭게 하지만 낭비하지 않으며, 수고롭게 하지만 원망하지 않도록 하며, 하고자 하면서도 탐욕스럽지 않으며, 태연하지만 교만하지 않으며, 위엄이 있으면서도 사납지 않아야 한다." 자장이 물었다. "무엇을 은혜롭게 하지만 낭비하지 않는 것이라고 합니까?" 공자께서 말씀하셨다. "백성들이 이롭게 여기는 것을 따라서 이롭게 해주니, 이것이 은혜롭게 하지만 낭비

하지 않는 것이 아니겠는가? 수고롭게 할 만한 일을 택해서 수고롭게 하니, 또 누가 원망하겠는가? 인을 하고자 해 인을 얻었으니, 또 무엇을 탐하겠는가? 군자가 많든 적든, 작든 크든 관계없이 감히 교만하지 않으니, 이것이 또한 태연하되 교만하지 않은 것이 아니겠는가? 군자가 의관을 바르게 하고, 그 보는 것을 높게 해 엄숙하게 하면 사람들이 바라보고 경외하니, 이것이 또한 위엄은 있지만 사납지 않은 것이 아니겠는가?" 자장이 물었다. "무엇을 네 가지의 악이라고 이릅니까?" 공자께서 말씀하셨다. "가르치지 않고 죽이는 것을 학虐이라 하고, 미리 주의를 주지 않고 성공 여부를 책하는 것을 포暴라고 하며, 명령을 게을리하고서 기일을 각박하게 하는 것을 적賊이라고 하고, 사람들에게 고르게 주어야 하는데도 출납에 인색한 것을 소인배의 짓거리라고 한다."

글자풀이 從政 정치에 종사하다. 정치를 담당하다. 屛 물리치다. 斯 이에. 그러면. 瞻視 사물을 바라봄. 儼然 엄숙하다. 근엄하다. 虐 사납다. 잔혹하다. 戒 주의를 주다. 暴 포악하다. 갑작스럽게 하다. 賊 해치다. 느슨하게 하다가 급작스럽게 하는 것. 猶之 같다. 균지均之와 같다.

강講 은혜, 신뢰, 무욕, 넉넉함, 위엄의 오미五美를 갖춰 정치에 종사할 때 백성을 위한 정치를 할 수 있다. 해서는 안 될 것은 학虐·포暴·적賊·유사有司의 사악四惡이다. 오미가 공직자의 행동지침이라면, 사악은 경계해야 할 요소다.

3. 군자의 덕목

子曰 不知命이면 無以爲君子也요 不知禮면 無以立也요 不知言이면 無以知
자 왈 부 지 명   무 이 위 군 자 야   부 지 례   무 이 립 야   부 지 언   무 이 지

人也니라
인 야

국역　공자께서 말씀하셨다. "명을 알지 못하면 군자가 될 수 없고, 예
를 알지 못하면 설 수가 없으며, 말을 알지 못하면 사람을 알 수 없다."

강講　지명知命·지례知禮·지언知言은 군자의 덕목으로, 명을 모르면 교
만하고, 예를 모르면 제 역할을 하지 못하며, 말을 모르면 사람을 알지
못한다. 군자는 하늘의 명을 알아서 예를 행해 사람의 길을 내는 존재다.
이 때문에 늘 공부해야 한다. '학學'이 그 출발점이다.

■ 독자 여러분의 소중한 원고를 기다립니다

메이트북스는 독자 여러분의 소중한 원고를 기다리고 있습니다. 집필을 끝냈거나 집필중인 원고가 있으신 분은 khg0109@hanmail.net으로 원고의 간단한 기획의도와 개요, 연락처 등과 함께 보내주시면 최대한 빨리 검토한 후에 연락드리겠습니다. 머뭇거리지 마시고 언제라도 메이트북스의 문을 두드리시면 반갑게 맞이하겠습니다.

■ 메이트북스 SNS는 보물창고입니다

메이트북스 홈페이지 www.matebooks.co.kr

책에 대한 칼럼 및 신간정보, 베스트셀러 및 스테디셀러 정보뿐만 아니라 저자의 인터뷰 및 책 소개 동영상을 보실 수 있습니다.

메이트북스 유튜브 bit.ly/2qXrcUb

활발하게 업로드되는 저자의 인터뷰, 책 소개 동영상을 통해 책에서는 접할 수 없었던 입체적인 정보들을 경험하실 수 있습니다.

메이트북스 블로그 blog.naver.com/1n1media

1분 전문가 칼럼, 화제의 책, 화제의 동영상 등 독자 여러분을 위해 다양한 콘텐츠를 매일 올리고 있습니다.

메이트북스 네이버 포스트 post.naver.com/1n1media

도서 내용을 재구성해 만든 블로그형, 카드뉴스형 포스트를 통해 유익하고 통찰력 있는 정보들을 경험하실 수 있습니다.

메이트북스 인스타그램 instagram.com/matebooks2

신간정보와 책 내용을 재구성한 카드뉴스, 동영상이 가득합니다. 각종 도서 이벤트들을 진행하니 많은 참여 바랍니다.

메이트북스 페이스북 facebook.com/matebooks

신간정보와 책 내용을 재구성한 카드뉴스, 동영상이 가득합니다. 팔로우를 하시면 편하게 글들을 받으실 수 있습니다.

STEP 1. 네이버 검색창 옆의 카메라 모양 아이콘을 누르세요. STEP 2. 스마트렌즈를 통해 각 QR코드를 스캔하시면 됩니다.
STEP 3. 팝업창을 누르시면 메이트북스의 SNS가 나옵니다.